臺灣歷史與文化 研究輯刊

十四編

第 8 冊

道文化與臺灣民間宗教研究
——以《易》、《老》、《莊》之「天」、「地」、
「人」、「鬼」、「神」概念爲核心

蘇何誠 著

花木蘭文化事業有限公司

國家圖書館出版品預行編目資料

道文化與臺灣民間宗教研究——以《易》、《老》、《莊》之
「天」、「地」、「人」、「鬼」、「神」概念為核心／蘇何誠 著 ─
初版 ─ 新北市：花木蘭文化事業有限公司，2018〔民107〕
序 6+ 目 2+236 面；19×26 公分
（臺灣歷史與文化研究輯刊 十四編；第 8 冊）
ISBN 978-986-485-591-9（精裝）
1. 民間信仰 2. 宗教文化
733.08   107012694

ISBN-978-986-485-591-9

9 789864 855919

臺灣歷史與文化研究輯刊
十四編　第八冊   ISBN：978-986-485-591-9

道文化與臺灣民間宗教研究──
以《易》、《老》、《莊》之「天」、「地」、「人」、「鬼」、「神」概念爲核心

作　　者　蘇何誠
總 編 輯　杜潔祥
副總編輯　楊嘉樂
編　　輯　許郁翎、王筑　美術編輯　陳逸婷
出　　版　花木蘭文化事業有限公司
發 行 人　高小娟
聯絡地址　235 新北市中和區中安街七二號十三樓
　　　　　電話：02-2923-1455／傳眞：02-2923-1452
網　　址　http://www.huamulan.tw 信箱 hml810518@gmail.com
印　　刷　普羅文化出版廣告事業
初　　版　2018 年 9 月
全書字數　201484 字
定　　價　十四編 16 冊（精裝）台幣 38,000 元

道文化與臺灣民間宗教研究
——以《易》、《老》、《莊》之「天」、「地」、「人」、「鬼」、「神」概念爲核心

蘇何誠　著

作者簡介

蘇何誠，中國文化大學哲學博士，專長爲道家哲學、臺灣民間宗教與信仰、生死學等，授課於國立臺北大學中文系、輔仁大學宗教學系、國立空中大學，以及虎尾科技大學、明新科技大學、大葉大學等校通識教育中心。

提　　要

　　臺灣作爲一個移民社會的文化傳統，其文化的形成，則可分爲原民社會型態與新移入的社會型態的文化混合體。明、清之際，正是閩、粵沿海一帶，漢民族大舉移入臺灣的高峰時期，以閩南人、客家人爲代表，與原有的原住民產生了文化衝突與激盪。自西元 1662 年，鄭成功驅除了荷蘭人在臺灣取得政權後，建立了以漢民族爲主體的移民社會，這樣的社會型態一直沿續至今。在遷臺的過程中，漢民族有著各樣的衝突與挑戰，身家性命的倍遭威脅與迫害。原本漢民族的傳統宗教信仰，延續著漢民族的鬼神崇拜與祭祀活動，以及宗親族群共同營造寺廟，作爲集體祭祀的神聖性場所，以凝聚社群生活的共同秩序規範的「宗教意識」，提供了先民們精神信仰與安頓。因此，臺灣民間宗教意識是集體生活傳承創建而成的文化模式，是遷臺的閩、客族群延續原鄉累積而成的社會思想體系。

　　臺灣民間宗教傳統保持著漢文化的原型，屬於一種儒釋道三教混和的神話信仰型態，自明、清之際，隨著臺灣先民的移入，由福建、廣東一帶傳入臺灣，三、四百年來，香火未斷，形成了獨特的宗教文化，其中包含了三教思想的哲學、文化、藝術等思想精隨，交融在臺灣的傳統宗教信仰之中，傳承了中國文化精神性的思想精髓，以極其精采璀璨的民族精神，轉換成民間宗教之形態。臺灣民間宗教傳統主要以禮俗與祭典爲表現方式，以「神話」與「儀式」宗教形態呈現，形成了以宗教的方式呈現的宇宙論、生命觀哲學型態。

　　本文主要分由兩個部分來探討，第一部份爲中國古代的天地鬼神觀，主要透過神話、儀式來探討，並以道文化《易》、《老》、《莊》之「天」、「地」、「人」、「鬼」、「神」概念爲核心，洞悉中國古代的天地鬼神觀；第二部份爲衍傳漢人生命信仰的臺灣民間宗教之天地鬼神觀，透過臺灣漢人的宗教意識與歷史源流爲核心，希望透由臺灣民間宗教神話與儀式之「天」、「地」、「人」、「鬼」、「神」哲學省察，還原出臺灣民間宗教意識與信仰情懷。

序：邁向新存在

　　蘇何誠博士將其博士論文《臺灣漢人宗教神話與儀式之哲學省察—以〈易〉、〈老〉、〈莊〉之「天」、「地」、「人」、「鬼」、「神」概念爲核心》修訂出版成書，對於比較哲學，臺灣的宗教文化研究具有開拓之功，值得慶賀。蘇博士的新書由海德格的「天、地、神、有死者」（Erde，Himmel，Göttlichen und die Sterblichen）的「四方」（Geviert）的思想，十分類似於老子第二十五章所說的「道大，天大，地大，人亦大，域中有四大」的四大之思想，蘇博士的著作由此一比較研究爲背景，更擴大到宗教學之中的鬼神的討論，其中運用了許多《易》、《老》、《莊》之哲學，乃是具有新意的哲學討論，對於海德格與道家哲學的對話以及中國道家哲學的當代詮釋，尤其是在融會宗教學研究上具有意義。

　　蘇博士的新書這些開拓之新視野值得學界與文化界的參考。此中，還要考慮到下面的背景：在《存有與時間》出版後不久，海德格開始闡釋謝林哲學，謝林發展了意志形上學（Willensmetaphysik），並且從這個觀點討論了虛無主義的問題，意志形上學與虛無主義都在尼采哲學之中繼續加以討論。海德格隨即研究了尼采的意志形上學。但是，除了意志形上學之外，謝林哲學也包含了關於泰然任之（Gelassenheit）與無知之知的討論，謝林《神話哲學》哲學從形上學的基本問題的高度高度評價了老子討論的無與道，闡釋了超存有學的重要性，海德格與謝林的哲學對話決定性地影響了海德格晚期哲學的核心思想——無與泰然任之，並由此而通達於他與道家哲學的對話，我曾經就此展開闡釋。《存有與時間》出版後不久，海德格便開始細讀《論人類自由的本質》（1809），《海德格全集》第 86 卷中收入 1927 年至 1928 年冬季學期

馬堡大学討論班的相關記錄。1927 年至 1928 年，九鬼周造再度從學於海德格，參加了海德格的這個馬堡大學的謝林哲學討論班。並於九年後，即 1936 年，就此一謝林著作開設了研討課，也就是《海德格全集》第 42 卷之中的《謝林的〈論人類自由的本質〉（1809）》。海德格闡釋謝林哲學以及他們與道家哲學的對話也是一個虛無主義如何超越的問題。

現當代的虛無主義如何超越的問題具體來說涉及到人與人之間的伙伴關係的建立、生態的永續、超越界的重新連結於人的世界等等課題，簡言之就是新的存在的界域的重新建立，也就是回到老子的「道大，天大，地大，人亦大，域中有四大」的新存在，有如莊子說「天籟」、「天鈞」、「化聲之相待，若其不相待。和之以天倪，因之以蔓衍」。這也是蘇博士以《易》、《老》、《莊》之「天、地、人、鬼、神」為核心探討臺灣漢人宗教神話與儀式之哲學省察的意義所在。

邁向新存在需要存在的實踐勇氣。我所知道的蘇博士是一位具有仁者胸懷之勇氣的實踐家，近年來投入數位創作、人文影像紀錄、民間宗教實務都具有很好的成績。祈願在新時代有更多的蘇博士這樣的人才能夠投入新存在的建設。是為序。

賴賢宗（國立臺北大學中文系教授暨人文學院東西哲學與詮釋學研究中心主任、民俗藝術與文化資產研究所所長）

2018 年 5 月 31 日

序：不廢江河萬古流

　　臺灣漢人的生命文化是以傳統中國的神道設教信仰作爲積墊基因，隨著生命信仰的縱橫交融與揚棄淬煉，所匯聚而成的生命價值和生活型態。

　　蘇博士何誠賢者素具人文涵養，家學淵源且有二十餘年深耕文化礦脈之功力。於華梵大學與文化大學攻讀哲學碩博士班期間，戮力於東西方生命哲學之探賾幽微、以啓蹊徑、縱貫古今、橫繫西學，誠然有會通中西哲學經絡之眼目。

　　於今，蘇博士將其博士論著《臺灣漢人宗教神話與儀式之哲學省察──以〈易〉、〈老〉、〈莊〉之「天」、「地」、「人」、「鬼」、「神」概念爲核心》付梓，貢獻所學予教育學術殿堂，乃至植蔭宗教社會各階層，實乃社稷之福、黌學之光。

　　本鉅著之思想理論根源於中國文化所蘊蓄之典籍神話，爲中國漢文化之生命信仰，透過天人合一與易、老、莊的宇宙觀和人生觀，构勒出生生不息的生命文化之活水源頭。更且濡沫佛教與儒學之神髓，將三教信仰之精神樞紐予以更化演義，終能體現出臺灣漢文化之宗教信仰特色。

　　臺灣政經結構歷三百餘年屢經變遷，移民社會之常民生機，之所以能在動亂侵擾的板蕩勢劫中未曾消磨，反而愈挫彌強，其根源實乃惠澤於雄渾而根深之生命信仰所致。

　　在此世道蒙塵、瓦釜雷鳴之氛圍中，蘇博士之人文鉅作適時擲出金玉之聲，斯乃鴻儒擊鐘鼓、高士發宏宣之典範示現。故樂爲作序，以顯正命之長懷！以昭日月之明光！

劉易齋（前景文科技大學人文藝術學院院長，新生護專教授）謹識於臺北新店淨心齋。2018 年 5 月 28 日

自 序

　　本論文爲我於 2012 年在中國文化大學哲學研究所畢業的博士論文。本論文原名爲：臺灣漢人宗教神話與儀式之哲學省察—以《易》、《老》、《莊》之「天」、「地」、「人」、「鬼」、「神」概念爲核心。眾所周知，《易》、《老》、《莊》在中國古代稱爲「三玄」，亦是道家文化的主幹思想，因此將題目修正爲：道文化與臺灣民間宗教研究—以《易》、《老》、《莊》之「天」、「地」、「人」、「鬼」、「神」概念爲核心。

　　這篇論文的撰寫過程，首先感謝我的兩位指導教授鄭志明老師、石朝穎老師的細心指導，使得這篇論文得以順利完成。鄭志明老師在臺灣民間宗教的研究上，是首屈一指的學者，鄭老師待人謙和、處事寬厚，將近兩年在輔仁大學宗教研究所聽課，沐淋鄭老師法語加持、提壺灌頂，使我在臺灣民間宗教的學習上，能夠登堂入室。

　　我的另外一位指導教授石朝穎老師，是國內西方宗教哲學的權威，石老師將西方靈知哲學的研究引進國內學術殿堂，造福哲學、宗教學系的莘莘學子。石老師對我的照顧無微不至，提供我許多西方宗教哲學寶貴的資料，讓我除了本身中國哲學的訓練之外，更能與西方一流宗教哲學巨擘對話。在我的論文撰寫過程中，石老師也慷慨的將研究室提供給我使用，使我在撰寫論文過程中，有一玄思冥想的寫作天地。

　　其次，在文化大學哲學博士班四年多的日子裡，我要感謝教導我的老師，謝謝陳鼓應教授、王曉波教授、林照田教授與曾春海教授。陳鼓應教授帶領我走入道家哲學的精神世界之中，領略了道家哲學在中國哲學道統上的主幹地位。王曉波教授打通了我從道家到法家的任督二脈，以及帶我緬懷那段可

歌可泣被人遺忘的臺灣人抗日史，也間接地啓發了我以臺灣民間宗教爲主題的研究意識。還有，耳中猶記著林照田教授的名言：「研究生要研究才能生存；研究生不研究就難生存。」林教授時常提醒我，研究中國哲學不能僅用單向文學思維而已，而必須要有當代的科學思維才行，才不致走入文學思想的死胡同裡。以及，擔任曾春海教授助理期間，幫曾教授整理許多中國哲學的學術資料，也因此墊積了我在中國哲學的基礎，謝謝曾教授給予我學習的機會。另外，我也要感謝張永儁教授、孫長祥教授，謝謝他們在課堂上給我許多指導。同時，也感謝論文口試的另外兩位考試委員，潘朝陽教授與劉易齋教授提供給我的寶貴意見。還有，謝謝鄭淑敏助教與陳勤謀同學，給予我行政上與學務上的許多提醒。

最後，我想感謝我的父親、母親與家人，我的父親是臺灣宗教民俗的專家，論文中有許多的靈感來自我的父親的啓發，謝謝他老人家提供給我最道地的本土宗教見解，我將一篇論文獻給我的父親！我也謝謝我的母親這段日子的耐心陪伴，使我有完成論文的勇氣與決心。茲此，從碩士班到博士班的學習過程中，還有許許多多陪伴我的師長、同學，我也一併的謝謝你們，謝謝你們一路上對我不吝賜教、友情相挺，使我銘感五內，我將這篇論文完成的喜悅，與你們一起分享！

蘇何誠　謹識

於臺北大學　2018 年 6 月 2 日

第一章 緒 論

「認識你自己」相傳是刻在古希臘德爾斐的阿波羅神廟的箴言中，最有名的一句。尼采在（Nietzsche）《道德系譜學》說：「悲哀的眞理是我們仍必然對自己是一個異鄉人，我們不了解我們的本質，我們必然誤解我們自己。此格言：『每一個人是遠在他自己之外』將執著我們直到永恆。對我們自己而言，我們並不是『認知者』。」〔註 1〕當代德國著名的哲學家海德格（Martin Heidegger）認爲：「世界對世內存在者起決定性的規定作用，從而爲當『有』世界，世內存在者才能在照面，才能顯現就他的存在得到揭示的存在者。」〔註 2〕海德格之意即是，人存有的基本結構就是在世界的存有，人是一種在世存有，他不是獨立自存的實體，他顯示他自己於存有者中，人的存有的基本結構就是在世界的存有。

日本學者增田福太郎在《臺灣本島人的宗教》開宗名義的說道：「臺灣人青年諸君，視其固有文化爲迷信，爲被時代遺棄的文化而不顧。只有認識自己者才能認識他人。宗教是文明的母胎，是文化的根柢，將會發現它有內地（日本）文化與東方的、汎神論的聯繫。」〔註 3〕雖然增田福太郎所言，臺灣的宗教與日本文化聯繫的部分，或有不實，但臺灣人的宗教確實是與東方的、汎神論有密切的聯繫，這是無庸置疑的。他對於臺灣青年所提出的建言，確是語重心長，值得我們深思反省。

〔註 1〕 尼采（Nietzsche），陳芳郁譯，《道德系譜學》，臺北：水牛出版社，1975 年，頁 2。

〔註 2〕 海德格（Martin Heidegger），王慶節、陳嘉映譯，《存有與時間》，臺北：桂冠出版社，1990 年，頁 105。

〔註 3〕 增田福太郎，黃有興中譯，《臺灣宗教信仰》，臺北：東大圖書公司，2005 年，頁 381～382。

　　臺灣人之所以爲臺灣人，必然有其政治、歷史、地理、文化的形成條件，才構成臺灣人有別於世界其它地區的生活樣態。而臺灣人也安於這樣的存在狀態，悠悠蕩蕩地度過了數百年的時光歲月。然而，在這樣獨特的文化之下，翻開歷史，歷經荷蘭人、鄭成功、清朝、日治時期、戰後時期，歷經了數個統治政府，臺灣人依然以其超然的生存方式，委身於強權壓制、戰亂摧殘的時代變局之下，默然的隱身在世界舞台中，看似不起眼又含藏著耀眼光芒。我們不禁要問，臺灣人如此刻苦耐勞、樂天知命、充滿活力、不屈不撓的民族種性，究竟是以哪一種生存意識，作爲存在的基礎。然而，我們發現，臺灣先民大部分是明、清時期的閩、客族群爲躲避戰禍、尋覓墾地的庶民，不畏險惡的海候天險，渡過黑水溝到臺灣開墾，期能在臺灣這片土地開創新天地。

　　對於臺灣漢人文化而言，所謂「意識」，意指在某個地區的人，共同擁有的一種價值，具有一種的時空背景、歷史情結，形成一區域居民的意識狀態，在這樣的心智意識下，造成一個地區的風俗民情、文化氣息。理所當然，臺灣漢人文化下的「臺灣意識」，即是生活在臺灣這片土地，大部分人們的價值與精神意識。因此，在臺灣人的心靈意識深處，早已埋藏了堅韌的生存意識。在這樣豁達又富有生命力的臺灣人身軀背後，必定有一股的精神力量，在生死搏鬥、性命不保的關頭上，提供臺灣人綿綿不斷的生命意志，形成臺灣人的民族意識。

　　筆者的父親是臺灣民間宗教的民俗人士，因此從小耳濡目染各種流傳於民間的各種宗教儀式、民俗禮儀，都略有所聞。可悲的是，對於一般常民百姓而言，對於日常生活所奉行的各種宗教活動，卻都僅能靠世代口耳相傳、依樣畫葫蘆，造成常民百姓只知其然，而不知其所以然，形成百姓日用而不知的窘境，因此，臺灣固有的宗教精神文化日漸凋零，也乏人問津，甚至被冠上穿鑿附會之「迷信」污名。筆者在碩士期間就讀於華梵大學東方人文思想研究所，在碩士研修期間對於三教經典、四書五經的汲取，有長時間的學習投入。加上近幾年在中國文化大學哲學研究所博士班研習期間，主要是以研修中國哲學爲主，因此，本身學養上，浸淫於東方哲學思想的學習上，約莫有十年光景。所以，本論文筆者以才疏學淺的學識，嘗試以中國哲學的研究方法，針對臺灣民間宗教文化作哲學研究，希冀爲臺灣民間宗教文化的研究上，略盡棉薄之力，建構起一套的宗教哲學思想系統。

　　因此，本文是以探討臺灣人的宗教意識與歷史源流爲核心，透由中國古代宗教「神話」與「儀式」研究，還原出臺灣人原有的宗教意識與信仰情結。本論文的研究進路上，嘗試以中國哲學的研究方法，作爲主要的研究方法，對於臺灣民間傳統宗教予以哲學的詮釋，並輔以中國神話學、宗教學、人類學等研究領域，作爲彼此參照、對話、互補的研究比較。本章爲緒論，總共分爲三節，分別是研究動機與目的、文獻回顧與研究方法。

第一節　研究動機與目的

　　誠如劉易齋先生所言：「我們這個世界到了二十世紀之後，隨著物質文明的突飛躍進，人們在生活機制上獲得了很大進展，卻在操控科技與處理自然和人慾的對等關係上，顯得低能而無知，更有甚者，是以唯物思想和器識觀念來否定人類精神文明的結晶，以致造成思想智慧的斷層，進而演變成世紀末的率獸食人之災禍。天災、人禍頻傳，絕大部份原因是肇始對於宗教的蒙昧，對傳統文化的摒棄，對人倫規範的墮落，對自然資源無節制的開發，對生命結構的曲解，對感官覺受的無限貪婪、對政治權勢的恣意掠奪，對教育主題喪失了人文質素的內核。」〔註4〕

　　本論文之研究，是筆者積累了近十年對哲學、宗教、教育、文化等學理的探討和實際經驗中，所擬定的探索目標。從研究動機的肇端以迄研究目的之確定，均具有深遠的歷史意識及人文關懷，茲將本文的研究動機與目的鋪陳如次。

　　第一、臺灣的傳統文化與大陸的文化是息息相關的，從歷史上來說，自1662年，鄭成功驅除了荷蘭人在臺灣取得政權後，建立了以漢民族爲主體的移民社會。1895年馬關條約後，開始了日本人統治臺灣的時期。1911年，國父　孫中山先生革命成功，推翻了滿清政府，成立中華民國政府。1947年，二戰結束，國民政府收復臺灣。1949年，國共內戰國軍敗北，退守臺灣，開始了臺灣現代的政治型態。而大陸在中共的統治下，在1956年開始歷經了十年的文化大革命，對於中華文化的摧毀，至今尚未恢復元氣，而產生了「斷層文化」。相對的，臺灣歷經清代與戰後國民政府的統治，經過了兩次漢文化

〔註4〕劉易齋（原名：劉廣華），《宗教社會化與國家發展之研究——從社會化觀點探討宗教與國家之關係》博士論文，臺北：臺灣師範大學，1998年，頁5。

的洗禮，相較於大陸因文革時期所造成的文化斷層現象，反具有連續性的文化傳承。

但近年來，由於西風東漸的快速西方化下，臺灣傳統文化的特殊性，逐漸失去了漢民族母體文化汲取，中華文化的傳統盪然無存，是否就如同卡謬的《異鄉人》所言，猶如活在家園，卻像走在他鄉的孤魂野鬼，行屍走肉、漫無目的遊走在這異次空間中？我們不禁感到憂心，臺灣人與臺灣文化，何去何從？誠如王曉波先生言：「傳統文化已不能也無能充分的解決由資本主義中心向邊陲地區進行的同化壓力，固步自封抱殘守舊式的傳統主義無疑成了坐以待斃的代名詞。然如何保持主體性以重編傳統文化及吸納西方文化，擺脫對西方中心的依賴，而創造一獨立的文化體系，這卻又正是第三世界各國普遍的苦悶，要解脫這項苦悶，無疑的必須根據主體性的自覺而打破西方意識的教條框架，尤其受西方教育的知識份子，更須有主體性民族意識的覺悟，才能衝決西化的天羅地網，猶如衝決傳統天羅地網，以求自我的解放。」〔註5〕

西方著名的社會學學者薩依德（Edward W. Said）也曾在《東方主義》（Orientalism）指出：「整個西方對於東方的教誨過程，既不困難瞭解，也容易解釋的通。我們應回頭去想，所有的文化都在原始的現實上，施加「改造」，將散落原本的物質改善成人類的各個知識單元，這種知識轉化會發生，本身並不是問題。一般人傾向抗拒自己內心，其實也很自然；因為，一個文化總是傾向全盤轉變其他的異文化，往往轉變的方式，也不是以其異文化本來的眞面目去見他，而是用他本位的好處觀點，來說明文化因該怎樣。」〔註6〕因此，身處在臺灣的知識份子如何自覺的鼓起勇氣，奮而抵抗這一波波的西方文化侵略，為固有的中華文化承先啓後地再創新局。

宗教是文明的母胎，是民族文化的靈魂所在。筆者認為，欲喚起臺灣人之民族自覺，若僅由一般性的歷史性、文化性學術研究著手，確有無法直驅精神之核心之缺陷，必須回到臺灣人的文化核心來探討，即是臺灣人的宗教意識。臺灣人特殊的民族屬性，透過宗教意識來得到確定，得到普羅大眾各階層的普遍共識，也便能承繼與發展。因此，如何能喚起臺灣人能重視自我文化異化的問題，是當代學者不可推卸的時代責任。

〔註5〕王曉波，《臺灣史與近代中國民族運動》，臺北：帕米爾書店，1986年，頁6。
〔註6〕薩依德（Edward W. Said），王志弘等譯，《東方主義》（Orientalism），臺北，立緒出版社，1971年，91頁。

　　第二、中華文化的傳承，自從夏、商、周三代，到先秦諸子如孔、孟、老、莊，到魏晉玄學、隋唐佛學、宋明理學，直到近代清朝到民初，有淵遠流長的數千年文化傳承。臺灣漢人思想在文化血統的傳承上，秉承了中國文化精髓正統思想。在中國哲學的學統上，延續了朱熹閩學在福建的傳統，清代臺灣兩百年，民間儒學以家學、私塾、書院等方式補官學之不足。〔註7〕在宗教的傳承上，來自明、清時期的三教思想與民間教派，結合了儒釋道三教的宗教型態文化，由大陸福建、廣東一帶傳入臺灣，三、四百年來，香火未斷，形成了獨特的宗教文化，其中包含了三教思想的哲學、文化、藝術等多重思想精髓，交融於臺灣的傳統宗教信仰之中，也傳承了中國文化精神性的思想精髓，以極其精采璀璨的民族精神，轉換成民間宗教之形態，即是張光直先生所稱「中國文化連續體」〔註8〕，臺灣民間宗教傳統雖非是以義理為主的哲學形態，但卻是源自從史前時代延續下來的宇宙觀、巫術、天地人神的宗教信仰，而流傳於民間的宗教。

　　戰後政府的教育體系與日治時期的教育體系不同，發生了「文化誤解」現象，造成兩代的民眾教育取向不同，而形成不同的價值觀、歷史觀，實在是時代的造化下誤解與遺憾。所謂的「文化誤解」即是，文化的本身是相同的一套文化系統，只是由於詮釋的方式不一樣，所以讓人誤以為是兩套系統。就人類的文化活動來說，不同的民族會建立其各自的觀念世界與生活社會，每個民族都擁有其獨特性的精神價值體系。可是在現代化與工業化的過程中，各個民族的傳統體系開始失去了其原先扮演的社會功能，舊有的文化系統消退了，新的文化系統尚未建構完善，產生了迷亂脫序的現象。有些人認為舊有的體系是落後愚昧的產物，將被全盤的否定，因此從文化的持續觀念，認為各種人類的文化體系，是需要重新地整合，以有效維持新的社會秩序。〔註9〕因此，如何能銜接戰後的「大傳統」教育體系，與日治時期之普遍留存於民間的「小傳統」教育體系，使大、小傳統間可彼此溝通對話，讓兩代的教育可和平共存。

　　第三、以臺灣的人口結構來看，主要分為漢族與原住民兩大種群。而漢族又可區分為，明、清渡海移民來臺的閩南人、客家人族群，與戰後播遷來

〔註7〕潘朝陽，《臺灣儒學的傳統與現在》，臺北：臺大出版中心，2008年，頁144。
〔註8〕張光直，《考古學專題六講》，臺北：稻鄉出版社，1988年，頁23。
〔註9〕陳秉璋、陳信木，《邁向現代化》，臺北：桂冠圖書公司，1988年，頁23。

臺的外省人族群，以閩、客族群為大多數。在教育文化的沿革上，外省族群主要以中華文化的道統思想「大傳統」為文化依據，而閩、客族群的文化沿革上，雖也有大傳統教育的洗禮，但大多是庶民階級，所以隸屬於閩、粵沿海一帶流傳下來的「小傳統」民間宗教習俗教養為主。戰後以來，統治階層的組成是以外省族群掛帥，而所擔任教育工作者，大多是沿用於國民政府在大陸時期的文官知識菁英，因此，過去對臺灣文化的探討與理解，大多偏向於知識理性的思維傳統，且架構在中國文化的大傳統之下，是以少數精英的上層建構，追究其高層次的心靈活動，偏重在形而上終極實體的體驗與發明上，提昇到超越面的理想文化，展現出各種豐富的抽象理論系統。可惜的是，戰後由日治時代遺留下來的那些受「小傳統」廣大的閩、客族群來說，大多是未受教育的庶民階層，對他們來說孔孟之說、四書五經的「大傳統」教育讀本，成為一種既陌生又無法理解的教條文字，形同是一種異族之文化。

不可諱言，上層建構是中國文化最寶貴的精神系統與思想結晶，長期的傳承與發揚，且經由各種傳播的管道散佈於民眾的生活傳統之中。上層建構與下層民眾之間在文化心靈上是如何接合，涉及到中國文化具體實踐的回應系統，從形上的抽象思維貫通為形下的具象行為，二者之間未必是完全黏合，可能存在著更迭、變異與混合的過程。可是這方面研究卻極為稀少，對民眾心靈世界的理解相當有限，以及忽略了生活傳統下所展現出來的生存理性，誤以為民眾在信仰層次上是愚昧與低下的。

誠如鄭志明先生所言：「『民間信仰』是民眾世代傳承下的觀念系統，是長期生活實踐下的精神現象，是社會活動中派生出來的心靈活動，是求生過程中的主導性意識活動，是民眾在各種文化傳承下的心靈建構，是集體智力自發地整合與加工而成，在世代的積累中固定下來的思維定勢與行為模式。其思想的完成與擴充不是全般地繼承了上層建構的文化傳統，而是扣緊在人們現實的社會需要與心理需要，經過眾人的心血長期地灌溉而成，是在民眾的集體經驗下所發展出來的認知與實踐系統，保留了其自身特殊的心靈活動模式。」〔註10〕

筆者認為，問題是在於上層的「大傳統」系統，無法與下層的「小傳統」系統接軌，造成文化的停滯與誤解，甚至呈現不同的意識型態，甚至造成政

〔註10〕 鄭志明，〈民間信仰「合緣共振」與「含混多義」的思維模式〉，臺北：華梵大學第五次儒佛會通研討會，2001 年。

治主張的分野。因此，民眾如何將上層建構的文化樣式，進行現實生活的凝聚與實踐。在主流教育的「大傳統」與民間宗教的「小傳統」，雖同屬漢民族文化傳統之列，但所呈現的思維系統不一致的文化背離現象，是值得當代學者深思之處。

第四、臺灣傳統文化的精髓，主要以宗教禮俗與祭典爲主要的表現方式，多以「神話」與「儀式」宗教形態呈現，形成了一種以宗教方式呈現宇宙論、生命觀的哲學型態。不過就目前臺灣宗教的研究而言，往往以歷史學、社會學、人類學的研究方式，較不容易透視其本質。宗教文化的研究主要是在「理念、制度、器物」三個層次上。對於臺灣宗教的研究，不乏宗教學或社會學，甚至人類學的學者投入研究。但就其研究的重心而言，宗教學與社會學的學者太重於制度、器物的研究，對於歷史、文獻的考據與宗教的變遷，或有相當深入的研究，但少提及宗教理念與精神內涵。而人類學學者雖多藉以神話學或人類符號哲學的觀點進行研究，但若論其歷史、文化的內涵，卻多少於交代，形同是一種斷頭的人類學研究。因此，以中國哲學的角度研究臺灣民間宗教課題，則成爲一個極需開創的研究領域。

第五、臺灣民間信仰沒有成文的教義制度，卻擁有相對的宗教儀式傳承下，而每個祭祀的神祇，也都有相對的神話流傳，因此，潛藏著深層的觀念系統，長久以來，支配了民眾的信念與感情。形成了神靈崇拜的信仰體系，就其本質來說，是一種非儒、非道、非佛的宗教信仰，卻又與三教有著密不可分的關係。但回歸到臺灣目前的資本主義社會下，原有以農業爲主的社會組織結構發生了變化，導致於社會生活的種種文化面向也隨之改變，尤其是傳統的漢人宗教系統遭受瓦解，舊有的宗教系統無法再擔負起提供社會百姓精神食糧的滋潤，又再加上新的社會呈現是一種多元分化的小眾社群的文化分立，也很難再形成如舊有的傳統宗教般的一種全面性的民間宗教文化。

臺灣民間宗教信仰本身即含有一套形而上學體系，這套的思想系統來自漢人民間社會長期共同傳承的觀念系統，發展出一定的宇宙觀、價值觀、人生觀與社會觀，含藏在常民的宗教信仰、生活習俗與日常活動之中。民間宗教思想是一套統合的宗教意識，支配了人們的社會活動與精神活動，雖然這套思想系統，必須透過宗教儀式、生活習作之形而下的操作演練，但本質蘊含中國哲學的形上思想，包含著儒家的「天」、道家的「道」的思想，可藉由中國哲學的研究方法，解析出一套抽象的觀念與思想體系，進而歸納出臺灣人特有的心理素質與宗教情懷。

第六、臺灣民間宗教保持著漢文化原型，屬於一種儒釋道三教混和的神話信仰型態，但長期以來被統治者不重視，甚至被教育體制輕忽，以致逐漸邊陲化，並且以「穿鑿附會」、「迷信」之汙名，加諸於民間宗教之上，但民間宗教確與常民生活息息相關，長期缺乏知識系統的建構，而造成百姓日用而不自知之窘境。當代學者如未能及時地將臺灣民間的宗教文化遺產予以保存，可能會趨於走向文化滅亡之路。若僅是以宗教思想作爲研究目標的研究者而言，宗教思想因時代轉換而變遷，乃是司空見慣視爲是一種宗教思想的變換現象。但對於身處於這樣轉變的知識份子而言，在這種社會轉型與變遷的過程中，信仰文化自身的思想系統因外在環境的量變而產生內在思想質變，舊思想系統被人們遺忘或排斥，在內容上發生了極大的質變問題，進而造成價值觀念的混淆與衝突，以及生活秩序的緊張錯亂，在時代價值觀念的巨變關鍵時刻裡，如何力挽狂瀾的守住固有文化的最後防線，是當代學者所不能忽視的課題。

綜合上述，是筆者對於本文所提的六項的動機與目的。誠如北宋哲學家張載所言：「爲生民立命，爲天地立心，爲往聖繼絕學，爲萬世開太平。」（《西銘》）中國哲學家之承先啓後之憂患意識，是千古不變之天命。當代研究學者如何能承繼舊時代的宗教思想，又如何能洞悉新時代之宗教變革，在新、舊社會轉變之間，宗教派別改朝換代之際，將舊有的宗教思想之精髓，轉換成新時代宗教之思想基礎，擔負起「繼往開來」之時代使命，是當代學者所需擔負之時代任務。

第二節　文獻回顧

臺灣位於中國中心東南方的邊陲地帶，主要以明、清之際閩、客移民爲主，將中國內陸型的傳統漢人思想，導到臺灣海島型的生活場域，在這樣特殊的傳承下所實現而來的文化景致，也是民間信仰與社會文化的結晶體。由於臺灣漢人的宗教信仰包含著社會性與地方性的兩個面向，是民眾生活的需要而形成的信仰意識，容攝內在信仰心理與外在信仰行爲爲一體，彼此是生命共同體，相濡以沫的共生結構。臺灣民間宗教的文化內涵包含的範圍、層面相當地廣泛，包含了宗教形態、宗教信念、宗教感情、宗教行爲、宗教經驗、宗教儀式、宗教修行到宗教組織與宗教制度，都是臺灣民間宗教研究的範圍。

　　早期學界對於臺灣民間宗教的研究並不多，自戰後以來，大多是日治時期的學者所遺留的研究成果，因此，早期的研究成果，大多是廣泛的論述，較缺乏深度的信仰心理與宗教行為分析。在縱向的歷史時間上，不過由於起步較晚，且自日治時期結束後，研究因而產生終止，而形成斷層，此屬先天不足。在橫向的地理空間上，戰後兩岸的政治情勢處於對立狀態，在無法取得大陸閩、粵一帶的研究資料下，無法作及時兩岸的研究比對，直到近二十年兩岸關係逐漸冰釋，兩岸學者才開始交流，此屬後天失調。不過雖然在如此先天不足、後天失調的情況下，自 1980 年以後，對於臺灣本土宗教的研究逐漸受到學界注目，開始有了這方面專著的編纂與出版。其中的研究橫跨了人文學界與社會學界，人文學界包含了歷史、文學、哲學、宗教等學科，社會學界則是社會學、人類學、心理學、教育學等學門，其他又如醫學學門對民俗醫療等相關課題，也得到相關研究學者重視。

　　對於臺灣民間宗教的研究文獻回顧，一般來說，學界會先由日治時代的日本人類學與民俗學學者所保留下的調查資料、禮儀記錄來作為入手處，一方面也由於日學者的嚴謹治學，二方面日治時期臺灣人少有受高等教育之權力，幾乎找不到臺灣本地的學者，從事宗教相關的研究。因此，對於早期研究臺灣宗教相關的文獻，大部分都是日本學者的著作為主，如增田福太郎的《臺灣宗教信仰》〔註11〕、《臺灣舊慣習俗信仰》〔註12〕、臺灣總督府編著《臺灣宗教調查報告書》〔註13〕等，都是早期研究臺灣宗教方面相關的重要文獻。二戰之後，初期研究臺灣宗教的學者，由於受限於學術環境的不開放，大都延續日治時期的宗教研究成果，多為寺廟的研究或神明的普查居多。自 1970 年後，陸續有不同領域的學者投入，才使得臺灣民間的宗教活動，得到較多學者的青睞。

　　早期學者著重在漢人移民在空間經營上與宗教信仰的互動關係，如李添春的〈臺北地區之開拓與寺廟〉〔註14〕、李獻章的〈笨港聚落的成立及其媽

〔註11〕增田福太郎，《臺灣宗教信仰》。（原書名：《臺灣的宗教》，東京：養賢堂，1939年。）

〔註12〕鈴木清一郎著，高賢治、馮作民譯，《臺灣舊慣習俗信仰》，臺北：眾文圖書，1981年。

〔註13〕臺灣總督府編著，《臺灣宗教調查報告書》，臺北：小塚商店，大正 8 年。臺北：捷幼出版社，1993 年重印。

〔註14〕李添春，〈臺北地區之開拓與寺廟〉，《臺北文獻》第一期，臺北：臺北市文獻委員會，1962 年 6 月，頁 67～76。

祖祠祀的發展與信仰實態〉〔註15〕、王世慶的〈民間信仰在不同祖籍移民的鄉村之歷史〉〔註16〕，探討漢人來臺的過程之中，廟宇所扮演的角色。到了1980 年後，開始分為田野調查派與學院研究派兩大研究陣營投入臺灣本土宗教的研究。在田野派上，由民間文化工作者基於對於本土文化的關愛，致力於鄉土崇拜與祭典的田野採錄，留下了豐富研究史料，主要有黃文博、劉還月等人，其中黃文博著有《臺灣信仰傳奇》，劉還月著有《臺灣歲時小百科》、《臺灣民間信仰小百科》等書，也在田野派的帶動下，各種的宗教儀式的田野研究，在這時期如火如荼的展開，如李豐楙〔註17〕、黃有興〔註18〕等人。而學院派的學者，除了進行田野調查外，也開始引用西方宗教社會學的各種理論，企圖為臺灣本土宗教建立社會學理論。如瞿海源對臺灣地區的宗教變遷作整體性的探討，〔註19〕以及林美容對於「祭祀圈」的定義作出新的見解與探討。〔註20〕

1990 年以後，學者們開始注重心理學、宗教學等信仰心理與行為功能課題，以及自身宗教信仰的身分認同以及宗教態度與宗教行為，如林本炫根據西方學者所提出的「改宗」理論，該理論分析臺灣社會信仰的變遷現象，民眾如何在不同宗教派門下流動模式。〔註21〕鄭志明提出「游宗」的概念，說明臺灣人如何不從一而終，而採對宗教的開放態度，以廣結善緣的方式漫遊

〔註15〕 李獻章，〈笨港聚落的成立及其媽祖祠祀的發展與信仰實態（上）〉，《大陸雜誌》357 期，臺北：大陸雜誌社，1967 年 10 月，頁 7～11；〈笨港聚落的成立及其媽祖祠祀的發展與信仰實態（中）〉，《大陸雜誌》358 期，1967 年 10 月，頁 22～26；〈笨港聚落的成立及其媽祖祠祀的發展與信仰實態（下）〉，《大陸雜誌》359 期，1967 年 11 月，頁 22～29。

〔註16〕 王世慶，〈民間信仰在不同祖籍移民的鄉村歷史〉，《臺灣文獻》卷 22 期 3，南投：國史館臺灣文獻館，1972 年，頁 1～38。

〔註17〕 李豐楙，〈鎮瀾宮建醮科儀之探討〉，《民俗曲藝》，臺北：財團法人施合鄭民俗文化基金會 58 期，1989 年 3 月，頁 23～45。

〔註18〕 黃有興，〈澎湖的法師與乩童〉，《臺灣文獻》卷 38 期 3，1987 年，頁 133～164。

〔註19〕 瞿海源、姚麗香，〈臺灣地區宗教變遷之探討〉，瞿海源、章英華編，《臺灣社會文化變遷》，臺北：中央研究院民族學研究所，1986，頁 655～685。

〔註20〕 林美容，〈由祭祀圈到信仰圈——臺灣民間社會的地域構成與發展〉，張炎憲編，《第三屆中國海洋發展史研討會論文集》，臺北：中央研究院三民主義研究所，1988 年，頁 95～125。

〔註21〕 林本炫，《當代臺灣民眾宗教信仰變遷的分析》博士論文，臺北：臺灣大學社會學研究所，1998 年。

於各個宗教的信仰形式，發展出獨特的宗教信仰的特殊性格。〔註22〕在同個時期，學者對民間信仰的各種通靈經驗與民俗醫療投入了相當多的關注，各式各樣的靈媒活動，以及其相關的醫療體系與醫療行為，是學者們所共同有興趣的，如林富士〔註23〕、張珣〔註24〕等學者，都有深入廣泛的研究。除此之外，也有一些學者著墨於宗教與政治關係，或宗教與社會關係，如黃維憲〔註25〕等學者，又有一些專注於宗教與科學的議題上，如黃光國〔註26〕等學者。

因此，由以上我們約略地將戰後臺灣宗教的研究發展作了簡短的回顧，我們就不難發現，臺灣宗教研究的學者大多從事民間宗教有形的文化形態，或是在儀式與行為的外在形式上，佔了大多數的研究數量。但針對本文所研究的臺灣民間宗教哲學的側面，卻鮮有學者在發掘其宗教的形上理念，或是將其核心思想賦予哲學系統化的研究。眾所周知，西方文明根植於希臘哲學，而歷經約一千年的中世紀經院哲學的傳統，而隱藏在經院哲學之後，即是基督教文化，至今基督教思想文化，仍持續位居於西方世界之主流文化思想之列，其背後推動基督教文化即是神學的哲學體系。由此可見，哲學與宗教在思想上相互依存，哲學透過宗教現象來推演形上思想，宗教藉由哲學體系來鞏固思想成分，哲學與宗教是互為表裡、相互伴隨。由此看來，宗教思想建構哲學體系確有其必要性。

臺灣民間宗教思想中，也蘊藏著宗教核心思想的哲學體系，主要的思想成分來自漢民族多種宗教的混合體，是古老的巫術信仰結合了周代以來的儒家思想、道教與佛教等宗教形態混合而成，主要是民間宗教傳統與儒釋道三教義理傳統的糾結混合，是儒釋道三教的匯集，然而又不等同於儒釋道三教。

〔註22〕鄭志明，〈華人的信仰心理與宗教行為〉，《鵝湖月刊》第二十七卷，臺北：鵝湖月刊雜誌社，2003年第12期，頁12～24。

〔註23〕林富士，〈略論臺灣漢人社群的厲鬼信仰──以臺北縣境內的「有應公」信仰為主的初步探討〉，收入李豐楙、朱榮貴主編，《儀式、廟會與社區：道教、民間信仰與民間文化》，臺北：中央研究院中國文哲研究所籌備處，1996年，頁327～357。

〔註24〕張珣，《文化媽祖：臺灣媽祖信仰研究論文集》，臺北：中央研究院民族學研究所，2003年。

〔註25〕黃維憲，《變遷中臺省寺廟的社會福利服務》，臺北：五南圖書出版公司，1990年。

〔註26〕黃光國，〈從科學哲學的演變論社會心理學本土化的方法論問題〉，社會科學的應用與中國現代化研討會學術研討會論文，花蓮：東華大學，1997年。

其宗教型態，主要偏重在神明崇拜與祭祀活動，直接經由神話思維來傳播教義，以及儀式的操作來交感天地鬼神，實現人自身與宇宙的和諧，形成生命存有的意義與目的。近一、二十年來，開始有些學者注意到哲學面向的重要性，進行研究探討，企圖為臺灣民間宗教建構哲學思想體系。不過由於意識到建立宗教哲學體系重要性的學者並不多，有些研究論作散落在人類學的研究成果中，而且博士論文的數量也很有限，因此在資料的蒐集上成果並不豐碩，筆者就針對較有代表性的專書、論文、期刊的分類方式，作分別的文獻回顧。

一、專書部分

（一）呂理政於 1990 年出版《天、人、社會：試論中國傳統的宇宙認知模型》〔註 27〕專書，此書結合了古書新詮，田野調查以及科學考古的成果，使學術研究更具應用的可能性。特別是大幅田野調查的資料，雖然只以臺灣地區的宗教信仰儀式為主，但大部分的篇幅都是在為傳統宗教信仰建立宇宙論的認知模型，深入探討天、人、社會等三者的互動理念型態與互動模式。說明「天」、「人」、「社會」間均衡和諧的對應關係，如何發展出順天應人的關係網絡。

（二）潘朝陽於 2005 年出版《心靈・空間・環境——人文主義的地理思想》〔註 28〕專書，此書內容大體可以區分為兩類，一是人文主義地理學的詮釋，一是依據人文主義地理學而詮釋的經典文本中的空間和環境思想。前者討論了地理學的人文關懷，表彰出地理學對於人與世界之深度關懷的精神，也闡明人文主義地理學以主體存有性批判科學主義地理學，並詮釋觀念論地理學和存在現象學地理學的精義，也透過康德哲學與新康德哲學詮釋傳統區域論中的人文主義精神。後者依人文主義地理學，詮釋了道家的空間和自然觀，也詮釋了儒家的空間思想和環境倫理，又詮釋了陰陽五行思想的「中心——四方」之存在空間論，以及猶太教、基督教的創世記之環境倫理。

〔註 27〕 呂理政，《天、人、社會——試論中國傳統的宇宙認知模型》，臺北：中研院民族所，1990 年。

〔註 28〕 潘朝陽，《心靈・空間・環境——人文主義的地理思想》，臺北：五南圖書出版公司，2005 年。

　　（三）張珣在 2008 年出版《媽祖·信仰的追尋》〔註29〕專書，此書以人類學家把在儀式現場的觀察與訪問記錄下來，佐以學理分析，讓讀者理解媽祖信仰與整個大社會的政治經濟互相扣連，與臺灣社會的變遷息息相關。可以感受到這是一個活生生的信仰，牽動著多少信徒的實際生活與情感。社會科學雖然在研究臺灣民間信仰上已有時日，但是多數僅是描述與紀錄，或是轉用國外理論來解釋。張珣同意社會科學需要本土化，學界也需要發展本土理論。而本土理論的發展與其重新開始，不如借力使力，在國外的理論基礎或經驗基礎之上，從觀念、方法、觀點、模型、到理論，以本土現象與材料來驗證，從逐步修正當中建立本土理論。因此，該書採取與國外理論對話的方式，目的是拋磚引玉，嘗試建立本土宗教理論。

　　（四）林美容在 2008 年出版《祭祀圈與地方社會》〔註30〕專書，此書說明祭祀圈是一種地方組織，表現出漢人以神明信仰來結合組織地方人群的方式。不同層次祭祀圈的擴展模式，表現出傳統漢人社會以聚落為最小運作單位之融合與互動的過程。地域性民間宗教組織對於了解漢人移民在臺灣社會的發展有其重要性。因此，作為探討地域性民間宗教組織的依據。前人已經提出「祭祀圈」這一概念，而且有很多的探討，但是這一概念的應用如前所述顯然還有混淆、不足的地方，而「信仰圈」正是一個可以清除混淆，彌補「祭祀圈」之不足的概念。此書將綜合評述前人提出的祭祀圈概念，再提出信仰圈的概念，將兩者加以對照區別，藉以確立地域性民間宗教組織的兩個類型。這兩個概念可以使我們對臺灣民間宗教信仰的社會本質，最後，說明祭祀圈如何可能發展成信仰圈，藉以闡明臺灣民間信仰之發展的社會與歷史脈絡。

　　（五）鄭志明於 2009 年出版《傳統宗教的文化詮釋——天地人鬼神五位一體》〔註31〕專書，此書從神話的起源與儀式發展過程，討論人們崇拜的信仰問題，指出神話與儀式是互為一體的，不是原始社會才有神話，神話乃人類精神的自主性表現，新的神話會隨著歷史的進展不斷地產生，而成為描述社會行為的特殊方法；神話可以說是社會固有的信仰、態度與情感的混合物，

〔註29〕張珣，《媽祖·信仰的追尋》，臺北：博揚文化公司，2008 年。
〔註30〕林美容，《祭祀圈與地方社會》，臺北：博揚文化公司，2008 年。
〔註31〕鄭志明，《傳統宗教的文化詮釋——天地人鬼神五位一體》，臺北：文津出版社，2009 年。

經由鬼神崇拜，展現其特有的文化魅力。傳統宗教主要是建立在「天地人鬼神五位一體」宇宙觀與神話的實現，再經由宗教儀式來廣為傳播，其內涵是兩個「天地人三位一體」與「人鬼神三位一體」等神聖經驗的組合，追求天地人合一的自然和諧秩序與人鬼神合一的超自然和諧秩序，相信人的靈性是相通與契合於天地鬼神的靈性，是以人作為主體同時參與天地的自然造化與鬼神的靈性變化。

二、博士論文部分

（一）潘朝陽於 1994 年撰寫的《臺灣傳統漢文化區域構成及其空間性——以貓裏地區為例的文化歷史地理詮釋》〔註 32〕博士論文，論文中討論臺灣的平原地區如何成為另一個江南的魚米之鄉。在宗教信仰上，當聚落或村莊在形成的過程中，也傳承了移民漢族社群共有的價值認知系統，延續著漢民族的鬼神崇拜與祭祀活動，開始共同出資來營造寺廟，作為集體祭祀的神聖性場所，是漢民移臺在現實生活實踐下的體證，綜合各種知識與文化而形成精神性的心靈建構，來凝聚出社群生活秩序規範的我群意識。論文中提到漢人的聚落本身是一種神聖空間的營造，而發展出「中心——四方」的向心圓空間，漢人在這個所創造出的空間裡安身立命。漢人社會四方是由村落的角頭所組合，發展出村落性質的「境」，其中心點即是「神廟」，來作為各角頭共同祭祀的主神與場所，進而確立人們主體存在的生活網絡。因此，「神廟」作為宗教共同祭祀場所的神聖中心，安置漢族宗親精神信仰的歸宿，也搭起了漢民與天地、祖先、鬼神的溝通管道，成為人與天地、鬼神共處的神聖空間。

（二）蔡維民於 1996 年撰寫的《批判理論與臺灣民間信仰研究：從社會及文化觀點批判》〔註 33〕博士論文，該文是以批判的思考與批判理論作為基礎，對於臺灣民間信仰如「天命」概念、意識型態、崇拜儀式之分析、「信仰與社會互動層次」、民間信仰儒家道德之探討，進而分析出民間信仰對臺灣社會之影響，推斷出臺灣民間信仰之批判與預測。最後，產生出行動方向及行動策略的訂定，並作出實踐危機的反省。

〔註32〕 潘朝陽，《臺灣傳統漢文化區域構成及其空間性——以貓裏地區為例的文化歷史地理詮釋》博士論文，臺北：臺灣師範大學地理研究所，1994 年。
〔註33〕 蔡維民，《批判理論與臺灣民間信仰研究：從社會及文化觀點批判》博士論文，臺北：輔仁大學哲學研究所，1996 年。

　　（三）江志宏於 2003 年撰寫的《臺灣傳統常民社會的明幽二元思維——從中元普度談起》〔註 34〕博士論文，論文中由臺灣社會的鬼神信仰來討論中元普渡的功能，追朔到上古的鬼神思想，與佛教的普渡觀念由來，如何在臺灣傳統社會中，結合道教、民間習俗在農曆七月期間超渡亡魂。說明明幽二元思維是如何在民間所沈澱累積的鬼神觀念，至於觀念如何產生，又如何在民間產生作用，該論文有精闢的討論。

　　（四）李崇信於 2003 年撰寫《臺灣社會宗教現象的哲學省思——宗教信仰之法律規範的可能性探討》〔註 35〕博士論文，該文將宗教事件、宗教現象放置在法律脈絡中，來分析法律對宗教現象、宗教事件規範的可能、極限與爭議。研究方法採用「理論」與「個案」結合的研討方式來進行。先建構一個屬於宗教理論性的陳述及結構的圖式，然後再配合宗教事件的法院判決，討論爭議的問題點，及法律所能、所不能介入的範圍與理由，透過處理具體的宗教事件，從中建構出理念型概念。

三、期刊部分

　　（一）李亦園於 1987 年發表〈宇宙觀與宗教文化〉〔註 36〕論文，該文是首篇正式提出哲學宇宙觀論述的論文，有別於儀式的繁文縟節的描述，討論民間宗教內在的哲學系統，企圖由表面的宗教文化，歸納出內在邏輯與規則，並指出文化有「可觀察的文化」與「不可觀察的文化」兩個層面。「可觀察的文化」有物質文化、社群文化、精神文化與儀式研究等。「不可觀察的文化」則是下意識的存在，是不易觀察或不可觀察，稱之為「文化的文法」。所謂「文化的文法」，就是一套價值觀念、符號系統或意義系統，在具體行為的背後的抽象理念的行為組合，也就是宗教上文化的形而上學部份，屬於臺灣民間宗教哲學範疇。

　　（二）李亦園於 1988 年發表另一篇〈和諧與均衡——民間信仰中的宇宙詮釋與心靈慰藉模式〉〔註 37〕論文。李亦園這篇文章結合了人類學與中國哲

〔註 34〕江志宏，《臺灣傳統常民社會的明幽二元思維—從中元普度談起》博士論文，臺北：臺灣大學社會學研究所，2003 年。

〔註 35〕李崇信，《臺灣社會宗教現象的哲學省思——宗教信仰之法律規範的可能性探討》博士論文，臺北：文化大學哲學研究所，2003 年。

〔註 36〕李亦園，〈宇宙觀與宗教文化〉，《社會變遷中的幼兒教育》，臺北：泰豐文化基金會，1987 年，頁 24～30。

〔註 37〕李亦園，〈和諧與均衡——民間信仰中的宇宙詮釋與心靈慰藉模式〉，《現代人心靈的真空及其補償》，臺北：宇宙光出版社，1987 年，頁 5～24。

學，探討民間信仰背後所蘊藏的抽象意義系統，是漢人文化系統中最深層次的意識形態。他認為民間信仰實際上是漢人文化意識的集大成，是漢人生存背景、生存條件與生存結局的全面反映，是世代文化傳承與累積，表達了人們自身與宇宙關係的自覺體證與主觀調整，包含了其內在穩定的文化意識與生命價值，形成人與社會對應下宇宙運作的闡釋模型。「和諧與均衡」一詞包含個體或有機體系統、人際關係系統與自然關係。以「和諧與均衡」來看待民間信仰的宇宙意識，不把民間信仰的超經驗行為視為迷信，而視為是文化背後深層的穩定結構，人的存在等同於宇宙的超驗精神層面上，實現自身與宇宙和諧與均衡的「天人合一」對應關係。

（三）潘英海、陳永芳於 1997 年發表〈五行與中國人的心理療法：以萬國道德會的性理療法為例〉〔註38〕論文，該文主要的探討，透過萬國道德會的民間團體所發展出來的「性理療法」，研究中國人的個性理論與心理療法理論。萬國道德會結合中國傳統社會的五行理論與性理思想，發展出「五行性」的個性理論與「性理療法」的心理療法理論。該文應用實地觀察與訪談的資料，並透過性理會談的諮商過程，說明「性理療法」在心理療法上的意義，以及說明「五行性」在人格理論上的意涵。

（四）羅正心於 2000 年發表〈身體力行：形、氣、神的互動與文化創造〉〔註39〕論文，該文分析的「身體」結構、「氣功練習四階段」以及表演藝術之「氣脈」系統。歷來研究「氣」文化的研究者也許可分為兩個極端，一邊趨向觀念論，一邊趨向物質論，本論文從「形、氣、神」或「心、氣、體」的身體結構，在身體經驗的基礎上，發現觀念與物質兩個觀點的侷限，點出了「氣」的中介，一邊與「身」有關，一邊與「心」有關。該文主張文化的創造是始於身的操作，以氣為媒介而轉化身體「氣質」，而終於身之使用；亦即從具象的身體行為，經由無象的體內變化，又出之以具象之文化活動。因此，本文在「觀念」與「物質」之外，提出「氣」作為瞭解文化的主要因素。

〔註38〕潘英海、陳永芳於 1997 年發表〈五行與中國人的心理療法：以萬國道德會的性理療法為例〉，楊國樞主編，《文化、心病及治療》，臺北：桂冠圖書公司，1997 年，頁 36～92。

〔註39〕羅正心，〈身體力行：形、氣、神的互動與文化創造〉，《氣的文化研究：文化、氣與傳統醫學》學術研討會論文，臺北：中央研究院民族學研究所，2000 年 10 月。

　　根據上述所載，是筆者針對近年來臺灣民間宗教研究與哲學方面相關的專書、博士論文、期刊所作的文獻回顧。由以上的文獻看出，目前對於民間宗教領域而言，對於主體思想的哲學研究而言，顯然是不足的。目前對於臺灣民間宗教領域的研究，主要是受世界宗教學、人類學的學術潮流的影響，因此在研究方法的使用上，大抵使用宗教學的社會學研究進路，與人類學者所重視的田野調查工作，但目前往往訓練出的學者大都是以西方背景所訓練出的，在研究主題的設定、研究方法的進路以及方法論的應用，都是以西方學術研究主題為馬首是瞻，但本身對於文化內涵經常理解不足，常以套公式的方式來進行田野的觀察，或僅是就所觀察的宗教現象進行分析，這樣僅是用「套公式」的方式運用在研究主題上，經常在研究上會產生瓶頸。因此，這樣的「西學東引」的研究方法經常產生水土不服的困境。對於臺灣宗教研究的學者而言，筆者認為，反倒是要加強本身漢人的主體文化學習，東方宗教文化的傳統思想所能提供的宗教思想、哲學、歷史、文學、藝術等相關的學術素養，如此中西合流的研究方式，對於本身的研究成果能夠合理的提出建構理論，相對的，也能對於長期以西方文化為主體的思想主幹，建構出有別於西方知識體系的東方說法。因此，本論文中筆者嘗試以中國哲學研究方法作為臺灣宗教的研究運用，希望建構出一套臺灣民間宗教本體的哲學思想體系，有別於目前多為社會學導向的民間宗教研究方法。

第三節　研究方法

　　所謂研究「方法」，廣義言之，與該學科提出之問題的研究進入方法有關；狹義言之，與找出問題的答案所使用的工具和程序有關。本文研究之廣義上，如研究動機與目的中所頗示，是以概括方式，將中國哲學對於臺灣民間宗教所呈現的各種宗教現象，尋求之根源的理論支撐，進而對於所呈現之豐富的宗教活動，賦予中國哲學的詮釋，企圖為臺灣民間宗教釐清之宗教型態，建立起宗教哲學之義理系統，使之在一比較的結構中，約博往返地相互參照形成哲學與宗教相互對話的臺灣民間宗教哲學研究論著。

　　哲學與宗教學之同一與差異上，哲學作為原理、原則的本質學問，在哲學與宗教學上隸屬於不同的效應和場域。中國哲學在發展上，主要是由中國古代宗教文化所蛻變而成，中國哲學企圖提升中國古代的人文素養，進而改

造古代的素樸的宗教文化，以抽象的哲學意涵，統攝流散於各地的各種民間宗教文化，將負有神秘色彩的中國古代宗教思想推敲其形上思想，經由文字義理的去神秘化，轉化成抽象之哲學語彙。因此，中國哲學對於宗教學的態度而言，始終一種不予重視，但又不容忽視的曖昧關係。哲學重視理論系統、理性思辨和範疇化地架構，而宗教學的研究，多數為光怪陸離的神話、儀式的探討，對於哲學而言，宗教多為是一些荒誕的迷信思想，毫無哲學研究價值。因此，從事中國哲學與臺灣民間宗教思想比較研究，不免會失其真義、實義，形成雞同鴨講、各說各話的不良研究成果。但如若不是在這樣的「視域交融」的「比較」下，又如何能發現出在此「差異」中的「同」和「異」，因此，經由中國哲學與臺灣民間宗教思想「比較」，「求同存異」是一種兼容並蓄的方法與策略，同時也是一種比較型態「哲學研究」方法的核心精神，因此，以中國哲學的研究法來探究臺灣民間宗教之哲學意涵，包含以下三原則：一、思想的內涵。二、價值之歸趨。三、生命型態底最終展現，是本論文所欲採用的研究目的。

在本文的題目上，筆者命名為《道文化與臺灣民間宗教研究——以《易》、《老》、《莊》之「天」、「地」、「人」、「鬼」、「神」概念為核心》，筆者在本文研究的設計上，主要將宗教的研究範圍放置在臺灣的漢人宗教範圍上，主體上還是以儒釋道三教信仰與民間教派的思想為主，排除掉臺灣原住民宗教信仰、荷蘭人統治時期傳入的基督教信仰、日治時期日本的神教思想，以及戰後蓬勃發展的新興宗教與大乘佛教信仰。在中國哲學的概念使用上，筆者延續了指導教授鄭志明先生所提出的「天地人鬼神五位一體」理論，作為本論文所探討的理論基礎，有別於鄭先生偏重於中國文學側面的研究成果，筆者則多著墨於早期中國哲學與宗教思想來探討，特別是《易經》與先秦時期的老莊思想上，都有明確的文獻記載與內在的哲學的系統。因此，本文以「天地人」、「人鬼神」的兩組哲學範疇，作為探討的核心概念，是筆者主要研究的方向。同時，也期盼本文所探討出的研究成果，能作為臺灣民間宗教思想哲學建構的理論支撐。筆者以下針對所使用的中國哲學、民間宗教的定義與研究方法、概念、範疇等，略作說明如下。

一、中國哲學的研究方法

西方哲學主要以客觀化的知識理性見長，靠著藉嚴密的邏輯思辨、精巧

的論證架構，形成解析性的形上學、本體論、宇宙論與知識論等系統化的思辨建構，也是自啓蒙時代以來，近代中國文明的殞落之後，形成目前世界主要是以西方哲學爲主幹的學術研究的風氣。對中國哲學而言，相較於西方的哲學知識論、邏輯等領域，雖也有涉獵，但中國哲學形上思想較著重於主體生命的生命感受，包含本體、工夫、境界之層面，而三者又有著不可分割性。在主體之外，天、地、宇宙、社會、萬物，尋求與外在世界達成和諧狀態，宇宙論、天人關係論，皆是中國哲學所關切的重要主題。

　　誠如牟宗三所言：「以當下自我超拔的實踐方式，『存在的方式，活動於生命』，是眞切於人生的。」〔註40〕中國哲學的特質是關切人生之意義與價值之生命的學問，貼身的產生生命之眞切感，是中國哲學首要重視的目標。除此之外，中國哲學在諸多特徵中有一核心的特質，那就是推天道以明人事的天人之學，如「天人合一」、「道通爲一」的命題與易經哲學的討論，基本論調都是根基於推天知人之學，都是深層的自我、追尋自我生命意義的根源。

　　「天」、「道」所代表的意義，可視爲一切存有者之本性彰顯之根源。誠如曾春海先生所言：「對生命根性探索及意義彰顯之歷程係發動於主體自覺性的返觀自照，以及也是與他者（包括他人、萬物、超越界的神靈）相互感通的脈動中所進行的實在性之體驗，這就是「修」與「悟」的功夫所在。由本體的內在證體之功夫，證成自性之眞諦，進而與他者的際性脈動中，證成天人一本、天人交感、天人和諧諸義諦所圓成的天人合一是人生終極價值的圓滿實現，亦即自我的終極性幸福與他者的幸福獲致和諧的共同實現，這是人生最高理想的境界所在。」〔註41〕

　　中國哲學研究發展而言，天道論或本體論、宇宙生成論或氣化論及人性論或自性論是中國哲學的三大形上學核心課題。中國形上學在方法進路上，尤其以主觀境界之形上思想爲重，主觀境界的形上學係以生命主體在生命世界的歷程中，採取當下實存性的體驗和辯證性的精神超越爲方法，這是一種採取生命實踐與內在省思的形上學進路。由體證所參悟出的形上其理是關切到主觀性本身的內蘊或主體心境對世界感受之觀照映發。〔註42〕主觀境界重視主觀的神會、妙用，重主觀性。相較於西方邏輯性的理性分析的哲學系統，

〔註40〕牟宗三，《中國哲學的特質》，臺北：臺灣學生書局，1975年，頁6。
〔註41〕曾春海主編，《中國哲學概論》，臺北：五南圖書出版公司，2005年，序頁2。
〔註42〕曾春海主編，《中國哲學概論》，頁12。

中國哲學則偏於主觀生命感受的形上探討，瞭解自我生命的感受、理解外在世界和安頓生命的人生智慧，用以作為安身立命、慈悲喜捨、修身養性的處世智慧，主要來自中國文化儒釋道三教的形上思想系統。若以中國哲學主觀境界之特質，放置於臺灣民間宗教研究上，應可投射出目前許多臺灣民間宗教學者所忽視的研究視角。

二、中國哲學概念範疇研究法的定義

本論文所採用的是中國哲學概念範疇研究法，所謂概念範疇法是藉由中國傳統思想中的概念範疇，以中國哲學的問題意識取代西方哲學傳統以來的基本哲學問題意識，然後，針對特定概念加以歸納，形成一組一組相關連的「概念叢」，來建立各家系統不同哲學立場。因此，這些「概念叢」的聚集，代表了該哲學派別問題意識，理所當然，也是該哲學系統理論主張的本身。

中國哲學概念範疇中如「理」、「氣」、「心」、「性」、「道」、「物」、「天」、「人」，皆是中國哲學中最核心的基本哲學問題，以概念範疇來對於中國哲學釐清概念、建立判準、建構系統的研究法，直接以中國哲學的核心概念為研究對象，展現了具有中國哲學特色的問題意識與內在觀念結構，是目前研究中國哲學領域中，較具特色又可與西方哲學分庭抗禮的一種研究方法。

三、民間宗教的定義

從宗教學的角度而言，「宗教」是一個哲學上抽象的形上概念，本質上是包含了各個民族數千年，甚至數萬年信仰體系的傳統，也包含了宗教文化累積長期的超越智慧。因此，我們若說哲學是世界文明的抽象形式的話，那麼宗教便是文明的具體實現方式，因此哲學與宗教有著一體兩面的關係，古今中外亦然。

「宗教」一詞作為英、德、法等西語 religion 之譯語。Religion 係由拉丁語 religio 而來，其語源有各種異說。或認為由 ligare（結）之動詞而來，含有神與人結合之意；或由，legare（整理）之動詞變化而來，表示嚴肅及儀禮之意。Religio 一語，最原始之意義是指對超自然事物之畏怖、不安等感情而言，其後則有成為感情對象的超自然之事物，及成為感情外在表現的儀禮之意，由之更進而指團體性與組織性之信仰、教義、儀禮之體系。亦即人類對具有超人威力之神秘力量或現象賦予意義，視之為絕對理想之主體，並生起畏怖、

神聖、信賴、歸依、尊崇之念，進而進行祭祀、祈禱、禮拜之儀禮，將戒律、信條等列為日常生活之規範，以期安身立命及向上發展完美之人格。〔註43〕

中國古代思想中，並無「宗教」一詞，可供參照的「宗」、「教」意涵，如《中庸》曰：「天命之謂性，率性之謂道，修道之謂教。」此句所言是以「天命」思想作為信仰的根據，再依天命所賦予的本性，遵循奉行在生活起居之中，《中庸》所言「宗教」，帶有一種天命信仰的修行生活方式。

另外，「神道設教」一語，可描述出中國傳統的宗教型態，「神道設教」出自《周易・觀卦・彖辭》。〈觀卦・彖辭〉曰：「觀天之神道而四時不忒，聖人以神道設教而天下服矣。」即是聖人順應自然之勢，利用神聖的道德建立教化，以感化萬物，教誨眾人。鄭志明先生釋曰：「從鄉民社會的社群走向而言，『神道設教』的觀念，已被普遍地注入到實際的運作層面上，建構了大眾常識性的經驗模式，有其獨立自足的宗教體系。在這個體系下，累積了歷史知識與精神智慧，成為社會大眾所認同與服務的社會規範與行為標竿。也就是說『神道設教』這個詞彙，在社會操作的具體實踐下，已承襲了原有生態環境下各式各樣的宗教思想，組合成獨立自足的信仰理論與實踐系統。」〔註44〕

因此，「宗教」在漢人民間的宗教型態上，綜合《中庸》的天命信仰與《周易》「神道設教」宗教觀，我們可得知是漢人民間的宗教觀，趨向是一種天道或天命信仰，透由宗教家依據各地的風俗民情之生活型態所建立的修身養性之宗教系統。

四、臺灣民間宗教中儒釋道三教屬性

臺灣民間宗教的文化特徵，主要是建立在「天人合一」的人文精神上，在宇宙中普遍存在著一個天理昭彰的普遍原理，萬事萬物不外乎都是遵循著這個法則、原理，來進行各種各式的生命孕育模式，可稱之為「天命」或「天道」，常人的生活作息也必須遵循此一原理，來達到個人身心和諧、家庭和樂以及與社會和平，且與天地、宇宙達成協調合一。

以儒家思想而言，儒者致力於社會的人文關懷，營造聖人德治的道德國度，在下學上達的生命境界提升過程中，不斷修身養性的身體力行，達到家齊、國治、天下平的聖賢境界。同樣的，道家則以崇尚自然、無為而治的形

〔註43〕慈怡主編，《佛光大辭典》（第四冊），高雄：佛光出版社，1989 年，頁 3159～3160。

〔註44〕鄭志明，《中國意識與宗教》，臺北：臺灣學生書局，1993 年，頁 178。

上智慧，透過「心齋」、「坐忘」的身體修練，達到煉精化氣、煉氣化神、修至「眞人」的出神境界。佛家則證成「悟緣起性」的無相智慧，在八正道之正見解、正思想、正語言、正行爲、正職業、正精進、正意念、正禪定的修持次第中轉識成智，識得生命空性實相契入涅槃境界。這樣的研究主題，基本上形上思想的質性上，有宗教哲學所偏重的主觀感受與神秘體驗。

另外，臺灣民間宗教中也有蘊藏三教思想。儒教主張，「仁智禮信義，溫良恭儉讓」、「孝悌忠信禮義廉恥」、「己立立人，己達達人」等道德實踐綱要，以完善自我、家庭、社群、國家、世界爲己任，達到天下爲公的太平盛世，這樣的生命訴求，不僅要追求個體生命的完善，進而要成就集體存在的社會安樂。臺灣民間的道教以「道」爲最高的形上核心觀念，並視爲老子爲太上老君作爲道教教主，與道家學說「自然無爲」、「反璞歸眞」的自然觀，有異曲同工之主張。雖道教多言內外修煉、符籙方術，其教義核心不外乎是「道」、「德」爲核心，認爲天地萬物都有「道」而派生，清靜無爲、回歸自然與天地並生，與萬物一體，回歸自然本性。臺灣民間的佛教以觀世音菩薩爲主體的觀音信仰，是中國佛教大乘佛教的傳統之一，觀音菩薩中的「菩薩」其實也是梵文的音譯，並且是簡譯，全譯是「菩提薩埵」。「菩提」是「覺」，「薩埵」是「有情」，菩薩便是「覺有情」。有情是指有情愛與情性的眾生，期能臻於轉識成智，修持成了卻我執和法執，自渡且普渡眾生的有情世界。

臺灣民間宗教的基本核心價值觀念，統合了中國文化三教思想的終極價值，有著儒家安身立命的「修身、齊家、治國、平天下」（《大學》）的人文關懷，也有著道家「道通爲一」（《莊子》）的自然觀，並融合佛教救贖「地獄不空，誓不成佛」（《地藏經》）的救贖宗教情懷。將人與自身、社群的關懷擴大，達到宇宙萬物的和諧，並且超越生命時間的生死限制，進而救渡、接濟人間的災難與禍殃，維護天界、人間以及地獄三界的和諧秩序。

臺灣民間宗教的內在思想，若揭開宗教思想神祕面紗來看，它所蘊含的思想精華，即是來自中國哲學之儒家哲學、道家哲學與佛學哲學的形上思想，並與遠古的巫的原始信仰，交融成爲一種蘊含哲學含精度極爲豐富的神話思想體系，包含個體生命的自我修養，宇宙存在的秩序法則，與社群和諧共融的信仰文化。對於臺灣民間宗教的研究，如僅是表面地記錄其儀式活動、宗教歷史沿革，難以望其項背地登堂入室到研究核心。實應深入其中國文化三教的思想核心之哲學觀念，才能撥雲見日地窺見其本來眞面目。

五、《易》、《老》、《莊》之「天」、「地」、「人」、「鬼」、「神」概念

以中國哲學的特質看來，臺灣民間宗教所秉持的內在宗教內涵，與中國哲學所傳承的道統脈絡，完全可以作爲相互參造、互爲表裡的哲學內涵與宗教外緣的一體系統。中國哲學的研究方法主要採取概念、命題到範疇的哲學系統建立，予以釐清概念之分野，然後建立主要論述系統，最後設定評判的標準。

另外，本文研究上偏重於中國哲學中《易》、《老》、《莊》之「天」、「地」、「人」、「鬼」、「神」概念爲參照座標。誠如陳鼓應先生所言：「在先秦典籍中，由於《易》、《老》、《莊》之富有玄旨—深富思辯性與抽象性的哲學思維，因而漢以後歷代哲學家無不借助於三玄之議題及其思想觀念與方法，爲其理論建構之基石。」〔註45〕《易》、《老》、《莊》思想古人稱爲「三玄」，主要是針對《老子》、《莊子》與《易經》、《易傳》之三玄四典而言，其中所蘊含的哲思玄想，是中國哲學古籍中，最富哲學意涵的代表作。另外，《易》、《老》、《莊》三玄四典中所談論的「天人之學」、天道觀，都深具民間宗教的主要義理意涵，與《易經》這部古老的占筮之書，所蘊涵著豐富的民族文化之人生哲理，《易》、《老》、《莊》是具有民間宗教參照的哲學基礎，因此本論文所設定的中國哲學範圍，主要以《易》、《老》、《莊》三玄四典之「天」、「地」、「人」、「鬼」、「神」概念爲主要參照座標。以下筆者針對在本文所提出的「天」、「地」、「人」、「鬼」、「神」概念作一釐清。

（一）「天」的概念

「天」在中國哲學是一個首要的概念之一，在先秦儒、道、墨、法等諸子學說之中，都是一個重要的概念，具有多面向、多層次的豐富概念。形上涵義而言，縱向上天與人、萬物之間的關係，天通常扮演著萬物皆由所出的實體，人與萬物的本性皆由天所賦予。橫向上天統攝人與萬物、自然之間的同一性相互感通。因此，天與人、萬物也基於縱向上有著同源出的從屬關係，橫向上又有著有機之相互聯屬的關係，形成中國哲學主要由天人關係的架構下，開展出不同的哲學主張和理解脈絡，產生豐富的形上學、宇宙論與天人關係論。

〔註45〕陳鼓應，〈三玄四典的學脈關繫——論三玄思想的內在聯繫之一〉，《道家易學建構》（增訂版），北京：商務印書館，2010年，頁157～193。

儒家孔子載於《論語》對於「天命」所言：「吾十有五而志於學；三十而立；四十而不惑；五十而知天命」（《論語·為政》）、「君子有三畏，畏天命，畏大人，畏聖人之言」（《論語·季氏》）孔子在心靈深處對於「天命」所賦予人之職命，即是「仁」所需展現的人性內涵。「仁」是天道、天命在人性深層的本真之性，具先天性和無限地超越性，這是儒家孔子學派對於人所領略出天之職命，而形成的「仁」之「人性論」觀點。

道家對於「天」之學說如老子所言：「域中有四大，而人居其一焉。人法地、地法天、天法道、道法自然。」（《老子·二十五章》）老子的學說，人的存在活動是為處於天、地之間的生活場域，應效法天地，崇尚無為，回歸自然的準則之道。

（二）「地」的概念

老子的「天地人」三才思想，也提出了「地」的主張，人在宇宙的位置除了置身於「天」的神性超越向度之外，「地」所代表的人類文明的建構，亦是人與天地合一中，不可或缺的人文向度。「地」在甲古文的意思，即是「土、方、社」等。若具體而言之，即人以工具所建立起之現實世界，如社會、國家等。因「地」字的出現，因此，所具有「自然」含意與人格超越色彩的「天」，與具有「自然」含意與人格現實色彩的「地」，理所當然，結合為以「人」為中心的雙重結構，一方面表示著自然世界浩瀚無邊的天空的「天」，與山川、平原、森林的「地」；另一方面，又象徵著宇宙精神超越的主宰的「天」，與人所建造的國家、社稷現實世界的「地」。因此，「地」是有自然地理與人文地理的兩種屬性。

（三）「人」的概念

「人」這一個概念，也是中國哲學思想發展的核心之一。在個體生命存在的基本要求下，早期中國哲人試以不同立基點而產生出不同的形上智慧。所以，也有許多學者認為，中國哲學的基本主軸是以人為中心，然後一層一層的擴展出去，也包含宇宙論上「天人關係」的討論，如《禮記·中庸》說：「誠者天之道也，誠之者，人之道也」，即是人與天的相互關係探討。

在人性論上，包含功夫境界的修養次第，如儒家主張：「心正而後身修，身修而後家齊，家齊而後國治，國治而後天下平。」（《大學》），從自身德性修養推廣到家庭、社會、國家甚至天下。而道家主張如《老子》所言：「道生

之，德畜之」(《老子·五十一章》)，《老子》一書除了豐富的道家形上思想之
外，另外也是一部君王統治的政治哲學著作，《老子》中所提人所稟賦「道」
所賦予的「德」，應依其自身所含蓄之「德」，來作爲處事之原則、方針。另
外莊子所提「至人、神人、聖人」等觀念，即是一種經由自我的修煉來提高
的身體與心靈層次。

由此看出，儒家主張天生人成，以人文化成天下的說法，使人性具符合
社會規範秩序的能力。而道家則人透過自身之「德」能上與「道」合而爲一，
以回歸自然本性，藉由身體、精神的鍛鍊，來使人恢復本性。

(四)「鬼」的概念

中國古代的原始信仰，「鬼」是一種泛靈思想所轉換形成的觀念，主要由
神祇、鬼魅、精怪所形成的神靈觀念，也稱之爲鬼神觀。中國古代的鬼神觀，
建立在人的靈魂的生死轉換而言，人生在世以「魂」、「魄」爲主宰，死後只
剩「魂」，而「魂魄」與神祇聯繫爲「神」。

《說文解字》的解釋即是人死後靈魂成爲鬼，而死後的靈魂會來騷擾人
間。另外，《列子·天瑞》曰：「精神者，天之分，骨骸者，地之分。屬天清而
散，屬地濁而聚。精神離形，各歸其眞，故謂之鬼。」「鬼」字的本義應該是指
靈魂，人死爲鬼，只是靈魂的形態之一。因此，「鬼」是漢字部首之一，相關字
如魑、魅、魍、魎、魃、魀、魖、魈、魕等，大多與靈魂、鬼神信仰有關。

(五)「神」的概念

「神」字之意象，從示從申，亦爲神字，從鬼從申，自祭台至鬼物，向
上反應向下宣示，即爲「神」字。「神」的古意，即是上帝、神祇之素樸意義
爲多。到了戰國時期「神」意義逐漸分歧，有神靈意解釋，如《莊子》、亦有
作認識含意的解釋，如《黃帝四經》。

《周易·繫辭》的解釋上，產生了本體的含意。在神靈意上來說，即是
《莊子·養生主》中對於「神」之與神感通，庖丁解牛的寓言中對「神遇」
描寫，來瞭解「神遇」的這種精神活動。中國古代使用「神」字的涵義，第
一類稱萬物之靈稱爲神，第二類稱人死爲神，第三類指出神鬼並稱時神爲人
的靈魂之轉化，第四類說神以靈的存在方式而與人類社會有密切關聯。

古代「神」的概念，主要可分成神靈（鬼神）、道之狀、精神、心神、神
妙等含意，在天地之間，爲「天之神」，在人體方面則有「精神」與「心神」

兩種含意，而「神靈」的含意形容詞化則爲「神妙」的含意。中國三代之前「神」的觀念，與神靈祭祀有關，主要指上帝神祇之意。

　　綜合上述，臺灣民間宗教的哲學研究內涵，包含了三教思想的哲學、文化、藝術等思想精髓，交融在臺灣的傳統宗教信仰之中，主要以禮俗與祭典爲表現方式之「神話」與「儀式」宗教形態，傳承了中國文化精神性的思想精髓，以極其精采璀璨的民族精神，轉換成民間宗教之形態。

　　以上筆者就本文所採用的研究方法略作說明，希望本文能藉由中國哲學的方法論，詮釋臺灣民間宗教保持著漢文化的原型，推衍出臺灣民間宗教本土的宇宙論、生命觀哲學的思想系統。

小　結

　　本文主要分由兩個部分來探討，第一部份爲中國古代的天地鬼神觀，主要透過神話、儀式來探討，並以《易》、《老》、《莊》之「天」、「地」、「人」、「鬼」、「神」概念爲核心，洞悉中國古代的天地鬼神觀；第二部份爲衍傳漢人生命信仰的臺灣民間宗教之天地鬼神觀，透過臺灣漢人的宗教意識與歷史源流爲核心，希望透由臺灣民間宗教神話與儀式之「天」、「地」、「人」、「鬼」、「神」哲學省察，還原出臺灣人的宗教意識與信仰情懷。其概略內容如下。

　　第一章緒論，計分三節，包含研究動機與目的、文獻回顧、概念界定及相關名詞釋義，藉以概定本論文的探討範時和研究取向。

　　第一部份爲中國古代的天地鬼神觀。分爲三章來討論，分別爲第二章中國古代神話與儀式、第三章中國古代的宇宙觀、第四章《易》、《老》、《莊》中的天地鬼神觀。

　　第二章是對於中國古代神話與儀式的起源與特色探討，在四個章節裡，依循著中國古代的神話起源、神話的思維方式、中國古代的儀式，以及古代典籍中儀式四個文化層面，介紹探討中國古代的神話特色，並說明神話與儀式一體兩面之特性，並以《周易》、《莊子》、《楚辭》等古代典籍探討之。

　　第三章從中國古代的宇宙觀中，匯集相關中哲文獻資料，以四節討論，解析中國古代的宇宙意識，並以《莊子・齊物論》「環中」的神聖空間、《周易》的宇宙觀以及《象傳》的乾元生物說，來說明中國古代的宇宙觀的緣起與特色。

第四章則以《易》、《老》、《莊》中的天地鬼神觀爲探討方向，四節內容包括《易》、《老》、《莊》思想中的天道推演人事、《老子》天地人三才思想、《莊子》人鬼神一體生命觀，以及天地人鬼神的思維模式。主要論述在於「天」、「地」、「鬼」、「神」與「人」的互動模式，成爲「天地人」、「人鬼神」兩套神話思維模式，形成民間宗教主要的思維方式。

　　第二部份爲衍傳漢人生命信仰的臺灣民間宗教之天地鬼神觀。分爲兩章來討論，分別爲第五章臺灣民間宗教之宗教意識、第六章臺灣民間宗教之宗教觀與生命觀。

　　第五章爲臺灣民間宗教之宗教意識，據以「天地人鬼神」思維模式，突顯原始宗教、天命宗教、道家、儒教、佛教、民間信仰、民間教派，都秉承著一個道統、多種宗派的屬性，歷史悠久、文化多元的華夏傳統，是中國的傳統宗教的特色。而討論上分爲四節，分別是臺灣民間宗教的源流、臺灣民間宗教之信仰內涵、臺灣民間宗教的宗教意識以及漢人原鄉的人文地理，以此作爲完善本文之哲學與宗教的系統整合。

　　第六章進而再以臺灣民間宗教之宗教觀與生命觀述之，分爲四節討論，分別是臺灣民間宗教儀式中的聖境、臺灣民間宗教的修行與靈修、中元普渡的儀式與文化內涵、臺灣民間宗教的生命禮儀，期待爲臺灣民間宗教以及中國哲學領域開創蹊徑，爲臺灣本土宗教哲學研究進路，提供一個可資研究的具體方向。

　　第七章結論就本文所探討的章節系統化的總回顧，歸納出一個脈絡分明、方向的理論定位，期待爲臺灣民間宗教以及中國哲學領域，提出研究出「哲學」與「宗教」研究上的「視域交融」研究的可能性。

　　本論文依據研究目的和研究範圍之設定，按照所列研究架構和研究目的，本論文概分成兩個部分共七個章節，第一部份有三章十二節，第二部份有二章八節，含第一章緒論和第七章結論，總計爲七章三十一節。綜合上述所列概念界定、研究方法、範圍概約等說明，仍存有許多疏漏之處，幸得指導教授的殷切指正，亟思補足凝合，循各種研究進入的鋪陳和相關義理的解析，將不同領域的學理予以交融會通，予以中國哲學與臺灣民間研究二重專屬分項，加以聯繫貫穿，賦予意義，提出推論，再從宏觀面向與微觀視角分合切入，徵引具體文獻，交集科際整合理論，期能達到學術研究的水準。

第一部分

中國古代的天地鬼神觀

第二章　中國古代神話與儀式

　　人類發明文字是從公元前二千年開始，在中國甲骨文的年代距今也超過三千年，而關於人類重要的神話文明，大約是從公元前一千年的神話傳說記載，換句話說，文字的發明是人類文明發展的新里程碑，而進入「文字時代」後的思想來源，也都是汲取公元前一千年的神話思想內涵。文字時代之前，人類是以語言的聲音傳播為文化傳播的方式，因此，可以稱為「聲音時代」或「語言時代」。「語言時代」進入到「文字時代」並不是立即性的，大約在西元前二千年到七千年之間，人們還無法靈活的運用文字，從結繩計數與圖象表達下，人類逐漸強化其抽象的思維能力，反映出在文字發明與運用之前，人類思維的意識活動已具有高度主觀的能動性，隨著語言性神話的成熟與繁榮，展現出人類在社會實踐活動中的精神創造。〔註 1〕在沒有文字的記載以前，人們已能經由口耳相傳的神話語言來累積與傳播集體意識下的精神文化，運用符號與數字進行各式抽象的思維想像，經過漫長歲月累積，將深層的文化意識及哲學義理，儲存在以口語傳播的神話思維中，成為文字時代的前思維。

　　中國古代神話一般來自上古的傳說、歷史、宗教和儀式的綜合體，通常以口耳相傳、祭典、儀式、寓言、小說、舞蹈或戲曲等方式流傳。在中國的古籍中，如《山海經》、《水經注》、《尚書》、《史記》、《禮記》、《楚辭》、《呂氏春秋》、《國語》、《左傳》、《淮南子》等，都有詳細的記載。中國上古的神話，也被假定是中國古代真實歷史一部份。中國古代神話如同其他民族的神

〔註 1〕于乃昌，〈關於神話的哲學研究〉，劉魁立等編，《神話新論》，上海：上海文藝出版社，1987 年，頁 52。

話一樣，來自於原始社會時期的先民，透過語言或文字的方式，推理和想像對各種自然現象提出合理解釋，進而達到生命情境籠罩在一種神聖氛圍之中，使自身生命達到心靈的洗滌與昇華，與宇宙、自然、民族、社會達到和諧狀態，是一種需實相伴的語言情境，由於古代先民的認知與口語表達能力未盡清晰，因此古代神話也經常籠罩著一層神秘的色彩。

另外，中國古代神話也是古代社會的縮影，如「三黃五帝」中黃帝、顓頊、帝嚳、堯、舜等，是神話中的英雄人物，後人為了表示尊敬他們崇高的行為，所賦予的神聖稱謂關於他們的種種傳說，如伏羲氏作八卦，教民結網，捕魚打獵。神農氏發明耒耜，教民種地，發現藥材，為民治病；黃帝統一中原，發明蠶桑、舟車、文字、音律、醫學和算術，反映出原始社會氏族和部落的歷史。而神話中的人物大多是原始人類的自身形象，如狩獵發達的部落所發展出的神話，大多與狩獵有關；農耕發達的部落，則創造出的神話多與農業有關。

中國古代神話與儀式，是中國古代宗教的兩個面向。神話偏重於宗教思想的傳播，偏重於精神層面；而儀式則強調宗教禮儀的身體力行，偏重於操作層面。中國古代的儀式，則來自古代的宗教祭典，是宗教信仰的一種特殊體現形式，而形成古代禮儀。禮儀的本質是治人之道，在禮儀的建立與實施過程中，孕育出了中國的宗法，如周朝的《禮記》、《儀禮》、《周禮》所呈現出禮儀發展的成熟階段。而禮儀與封建倫理道德說教相融合，即禮儀與禮教相雜，如周公的「制禮作樂」成為古代君王實施禮教在行禮勸德上的典範。

在本章我們介紹中國古代神話的種類，以「神話思維」的基礎，中國古代如何構成宗教信仰「靈感思維」的根源。另外，神話與儀式是一體兩面的，儀式如何透過身體來展演，並深入探討儀式背後的象徵意義。最後，透過古籍《周易》的占筮儀式，《莊子》的祭祀儀式，以及《楚辭》「巫」的儀式探討，揭開中國古代儀式的神秘面紗。

第一節　中國古代的神話

中國古代神話其形態與內容相當豐富與多樣。中國古代神話的緣起，大致是以探索自身存在的基礎，以及與生活世界間的各種對應關係，神雖然象徵著自然界的超自然力量，不過基本上還是「人本」為核心，所建構出來的

人文世界爲主體的神話系統。因此，中國古代神話的特色，相較於西方神話而言，在故事結構上，人並非抱持著敬畏之心理素質，而是以與人的生命與自然世界是相互對應的，彼此是共同順著宇宙造化的秩序而來，天、地、人共同參贊化育，共同賴以生存的生活場域。因此，中國起源神話不只要交代神的生命由來，也有著一份引領人性向上的精神內涵。在本節我們分爲中國古代神話的源起、中國古代神話的分類，以及中國古代神話的象徵三個方面來探討。

一、中國古代神話的源起

中國古代源神話的記載零散在各種古籍之中，經由學者們的整理與歸納，大約可以分爲下列五個主題：

（一）以「盤古」爲代表的天地起源神話

這一類神話主要是以盤古作爲主神的創世神話，盤古神話的主題有二，一爲宇宙卵生說，一爲盤古垂死化生萬物說，以下分別述之。

1. 《三五歷記》，又作《三五歷》，三國時代吳國人徐整著，內容皆論三皇已來之事，爲最早記載盤古開天傳說的一部著作，但此書已佚。主要的文獻依據是唐代歐陽詢等引用三國吳人徐整的《三五歷記》的文獻，所撰寫的《藝文類聚》就是描述盤古從混沌中開闢天地的歷程。《藝文類聚・卷一・三五曆紀》曰：「天地渾沌如雞子，盤古生在其中，萬八千歲。天地開闢，陽清爲天，陰濁爲地。盤古在其中，一日九變。」此類的神話隸屬於「宇宙卵」的主題題，以「宇宙卵」爲天地萬物生生不息的生殖力的象徵，天地萬物、日月運行、人與萬物等都經是「宇宙卵」從渾沌的物體轉化生而成的天地萬物，盤古正是這個開天闢地超於天地世界的神祇，象徵天地萬物開創的神話。

2. 清代馬驌所撰的《繹史》〔註2〕引徐整的《五運歷年記》，主要是敘述盤古死後身體化生萬物的歷程。《繹史・卷一・五運歷年紀》曰：「首生盤古，垂死化身：氣成風雲，聲爲雷霆，左眼爲日，右眼爲月，四

〔註2〕《繹史》正文分爲太古、三代、春秋、戰國和外錄五部分，一爲太古三皇五帝，共 10 卷；二爲三代即夏、商、西周，共 20 卷；三爲春秋十二公時事，共 70 卷；四爲戰國至秦亡，共 50 卷；五爲外錄，記天官、地志、名物、制度等，共 10 卷。

肢五體，爲四極五嶽，血液爲江河，筋脈爲地里，肌膚爲田土，髮髭爲星辰，皮毛爲草木，齒骨爲金石，精髓爲珠玉，汗流爲雨澤，身之諸蟲，因風所感，化爲黎甿。」此文敘述最先降生在天地的盤古，臨死之前變化自身，成爲了宇宙萬物的共同源頭，透過盤古的身軀轉化成天地萬物的各種生命型態，大至天地，小至蟲獸，上至日月星辰，下至川谷湖海，包羅宇宙天地萬物，已具有著相當高的概括能力，形成了人與天地萬物的共同始源。天地的起源神話，學者推論應是原始社會後期的產物。〔註3〕

另外，六朝梁國文人任昉所著的《述異記》，根據古代學者以及吳楚等地的神話傳說加以記錄《述異記》云：「昔盤古氏之死也，頭爲四岳，目爲日月，脂膏爲江海，毛髮爲草木。」、「盤古氏，天地萬物之祖也，然則生物始於盤古」，相同也是敘述盤古死後身體化生萬物的歷程。

（二）以「女媧」為代表之天地的起源神話

傳說曰：「鍊石補天，捏土造人，立極造物，別男女，通婚姻，造笙簧」。傳說女媧是人類的始祖，人類爲她和其兄伏羲的後代。《說文解字》云：「媧，古之神聖女，化萬物者也。」宋代《太平御覽》卷78引東漢應劭的《風俗通義》，云：「俗說天地開闢，未有人民，女媧摶黃土作人，劇務力不暇供，乃引繩於泥中，舉以爲人。」女媧創造人類的身體，基本上，女媧與盤古在神性上是一致的，同是宇宙造化的源頭，不過盤古偏重在天地，女媧重在萬物的起源。在女媧神話思維裡，不只關心開天闢地的宇宙起源，更要追問與探索人類誕生的根源，若天地萬物都是神造的，那麼人的生命也必然是由神授與的，女媧是象徵人類母親的宇宙大神，不但是萬物的造物者，也是人類的起源。

另外，「女媧補天」的神話也是與捏土造人神話相關，因爲既然女媧能夠創造了人類，作爲人類母親象徵的女神，那麼當人類在生態上遭遇浩劫、宇宙生存秩序被破壞時，也威脅到人類與萬物的生存的時刻，女媧的補天救援行動，修復與整頓宇宙的事蹟，就顯得有其母神救難的象徵意義。女媧作爲造人創物的始母神，擔負起了保護人類生命延續的希望，當天地萬物產生巨變之際，女媧便發揮出慈愛人類及生命的憐憫之情，幫助從被破壞的生態環

〔註 3〕劉城淮，《中國上古神話通論》，昆明：雲南人民出版社，1992 年，頁 318。

境中，使紊亂無序中重建次序，庇佑人類與萬物得以生生不息。原始社會對男性在繁殖後代的生理作用欠缺客觀認識，且一夫一妻的婚姻制度未確立，一般人只知其母而不知其父，因此，上古人認為自己的部族是由女始祖感生而來。例如：《帝王世紀》載述顓頊氏之母女樞感瑤光之星而生等，表徵了母系氏族社會女始祖的崇拜。

原始宗教的女性崇拜，衍生出崇尚女性的陰柔、守雌、含蓄、婉約、文靜、謙下的美德，道教中甚多女性崇拜的話語，女仙見於記載者，以西王母最早，可說是三代以來世襲的母系氏族原始宗教領袖，洋溢出貴陰尚柔的思想。《密藏通玄變化六陰調微遁甲真經》云：「凡有道之士用陰，無道之士用陽。陽則可測，陰則不可窮也。」《竹書紀年》和《穆天子傳》記述周穆王見西王母，《遁甲經》講九天玄女教黃帝遁甲祕術戰蚩尤，皆顯示出對女性的歌頌。〔註4〕

（三）以「伏羲」為代表人類的再生神話

司馬遷作《史記》，後司馬貞補有《三皇本紀》一篇，記述傳說的人類初祖伏羲，即是一個與庖廚職業有關係的人物。《本紀》說：「太昊伏羲養犧牲以庖廚，故曰庖犧。」或又稱「伏犧」，獲取獵物之謂也。《淮南子·原道訓》：「泰古有二皇」，高誘註：「二皇，伏羲、神農也。」《淮南子》中記載，伏羲為華夏太古三皇之一，又稱宓羲、庖犧、包犧、犧皇、皇羲、太昊等，與女媧同被尊為人類始祖，傳說與女媧一樣，龍身人首、蛇身人首。《淮南子·覽冥訓》：「伏羲女媧，不設法度。」《漢書·律曆志》：「伏羲繼天而王，為百姓先，首德始於木，故為首太昊。」《通鑑外記》：「上古男女無別，太昊始制嫁娶。」上古本無伏羲，但見自母系社會傳下的女媧，只有女無男，故在進入父系社會後，及補設一個男始祖神，曰伏羲，與之為兄妹，而結為夫妻。

在「伏羲」的神話上，大致上是以伏羲與女媧作為兄妹，遭遇洪水之後人類的再生神話。唐代李冗的《獨異記》云：「昔宇宙初開之時，有女媧兄妹二人，在崑崙山，而天下未來人民，議以為夫妻。」此段的文字記載，雖然已到了唐代，不過有關洪水遺民再造人類的神話，仍保留在東北、西北、中南、西南等民族的口語傳說中，涉及的民族有苗、瑤、侗、傈僳、彝、高山、

〔註 4〕曾春海，《先秦哲學史》，臺北：五南圖書，2010 年，頁 223～224。

布依、白、傣、納西、羌、基諾、水、景頗、怒、哈尼、拉祜、仡佬、崩龍、苦聰、普米、布朗、阿昌、獨龍、珞巴、黎、壯、畬、滿、鄂倫春、柯爾克孜、漢、毛南等。〔註5〕

　　一般而言，學者認為伏羲應該是女媧神話時代結束後才誕生的神祇，最重要的轉折是洪水破壞了天地，伏羲以人的形像重建宇宙秩序。女媧是神，伏羲則是帶有著人性的神，或者說伏羲本質上是人，也以人的方式來生育後代子孫，成為人類的始祖，由始祖的人轉而為崇拜的神。洪水神話的重點在於人類經過浩劫後，剩下一對兄妹，經由結婚後生育後代，是用來說明人類婚姻制度的形成，在年代上是晚於生殖崇拜，已有族群的血緣認知，進而有著反血緣婚的觀念，這個時期可能是母系社會與父系社會夾雜的時代，逐漸從群婚、對偶婚邁向一夫一妻的婚姻形態，發展出父權為主的父系社會。〔註6〕

　　因此，洪水的傳說可說是女媧與伏羲神話的分界點，女媧代表的是母系社會的主神，主要具有神祇的形象，而且人類還是屬於原始型態。而伏羲則是進入了人類婚姻制度型態的社會結構，父系社會的主神，其形像是半人半神，或者說是具有神性的人，進入到夫妻生兒育女的家庭時代，有了明確男女交配能繁衍人類的觀念。

　　伏羲神話所代表的是一個人類再生時代的來臨，人類在經歷大洪水的浩劫後，人類從原始時代遭受到大洪水的自然災害，伏羲的形象，代表一半是人，一半是神的混合體，即是人類與超自然力量的結合，共同拯救人類的浩劫，並恢復宇宙秩序，並以男女結合，產生以人類婚姻為主體結構的家庭社會型態，參與天地造化的能力，以其智慧來建構生存的秩序。

　　另外，《繹史》卷三引《河圖挺鋪佐》：「伏羲禪于伯牛，鑽木作火。」《世本》：「伏羲作琴。」、「伏羲全瑟。」《史記·太史公自序》：「余聞之先人曰，伏羲至純厚作《易》、《八卦》。」《易傳·繫辭下》說：「古者包犧氏之王天下也，仰則觀象於天，俯則觀法於地，觀鳥獸之文與地之宜，近取諸身，遠取諸物，於是始作八卦，以通神明之德，以類萬物之情。」說明伏羲還能通神、請神，從事占卜，因此，除了廚務工作外，伏羲在文化上也是有貢獻的。

〔註5〕朱炳祥，《伏羲與中國文化》，漢口：湖北教育出版社，1997年，頁86。

〔註6〕李子賢，《探尋一個尚未崩潰的神話王國》，昆明：雲南人民出版社，1991年，頁127。

（四）以「黃帝」為代表文化的起源神話

　　據《史記‧五帝本記》記載：「黃帝者，少典之子，姓公孫，名軒轅。……黃帝居軒轅之丘」。《史記‧五帝本紀》：「黃帝乃徵師諸侯，與蚩尤戰於涿鹿之野，遂禽殺蚩尤。」根據古代神話記載，炎帝在阪泉之戰敗給黃帝而後蚩尤糾集炎帝的部屬再於涿鹿之戰敗給黃帝。《史記‧五帝本紀》：「官名皆以雲命，為雲師。置左右大監，監於萬國。萬國和，而鬼神山川封禪與為多焉。獲寶鼎，迎日推筴。舉風后、力牧、常先、大鴻以治民。」《國語》魯語篇云：「黃帝能成命百物，以明民共財。」清代學者柳翼謀評論黃帝時代是洪水以前最盛之時代：「自燧人以迄唐、虞洪水之時，其歷年雖無確數，以意度之，最少當亦不下數千年。故合而觀其製作，則驚古聖之多；分而按其時期，則見初民之陋。犧、農之時，雖有琴瑟、罔罟、耒耜、兵戈諸物，其生活之單簡可想。至黃帝時，諸聖勃興，而宮室、衣裳、舟車、弓矢、文書、圖畫、律曆、算數始並作焉。故洪水以前，實以黃帝時為最盛之時。」伏羲的創造八卦雖已屬於文化起源神話的範疇，不過若以華夏民族文化的創造，大致上是以黃帝神話作為主要代表。

　　黃帝是以社會文化發展的神話型態，用以說明黃帝如何帶領中國古代人類在大自然建構起生活需求的文化，脫離原始生活形式，轉向人類文明的生活形是，包括生產工具與方法的發明，火的發現與運用，從漁獵進入到農業，各種手工器具的創造與運用，以及從食衣住行發展形成生活的常規，而形成的典章制度。這些文化的發明與創造，並不是黃帝一時或一人所創造，而是經過漫長時間的累積、改進與完成，並且以黃帝為共主，將人類的文化發展，歸之於黃帝的神話系譜之中。

　　有別於伏羲神話的意義在於，伏羲是隸屬半人半神的兒了，有屬於神性與人性各半，而黃帝則是另一種型態的神話演變，從古老的天帝崇拜變成為歷史先祖的古帝王，被視為民族開拓的始祖，是統一中原大業的文化共主，黃帝並非是以天神的形態受後人擁拜，而是以人類的帝始祖的姿態出現，脫離了神本時期的形式，開啟了人文時期典章制度的人類文明。一方面保有古老上帝崇拜的信仰內涵，一方面展現出血緣部落與地緣社會的始祖崇拜，將黃帝視為華夏民族的祖先，從畏懼大自然未知的超自然力量的神話時期，轉向人類文明開創的先祖的祭拜，而後的各種歷史文化事蹟，都歸諸於黃帝身上的榮耀，黃帝成為人類歌功頌德的聖君以及後代祭祀的祖帝。

（五）「民族始祖」的起源神話

華夏民族的發展上看來，是基於一個共通歷史脈絡爲主幹，並且與「少數民族」的民族史作爲枝幹，共同組成的龐雜歷史結構系統。因此，在神話學的觀點上，也存著這種「主——從」的神話脈絡。我們可將黃帝神話視爲中華民族的本源神話，而其他旁系的民族各有其祖先神的神話代表。印順認爲中國古代可分爲四大族系，第一、神羊族系，即羌族，或可稱爲神獸族系，其始祖神分爲四嶽伯夷與太岳許由二系，神話的炎帝、蚩尤屬於此族系。第二神鳥族系，又分爲姓風的鳳鳥系，鳳鳥系的始祖神爲太昊，神話的驩兜屬於此族系。姓嬴的鷙鳥系，鷙鳥系的始祖神少昊或稱帝摯，子姓的商民族源於此系，其始祖神契可能就是帝摯。姓偃的玄鳥族，其始祖神伯益，是從嬴姓分化出來。第三、神魚族系，包含蛇族，即古越族，其始祖神爲顓頊，分化爲崇奉禹的夏民族與崇奉舜的虞民族。第四、神龍族系，其始祖神爲黃帝，爲氏族，姬姓的周民族出於此系。〔註7〕

始祖神話即是一個民族的起源神話，該民族如何在始祖的領導下，建立一個的民族，並且將其始祖視爲流傳千古的精神領袖。中國上古的始祖神話大多以男性爲主，因此可以從始祖神話可以看出男權取代女權的歷史趨勢，從遠古的女性神話，轉變成爲男性神化的歷程。女性神話大抵以「生殖」作爲其生生不息的神本生命象徵，轉到男性神話，則開始脫離神本思想，除了產生以人類生活爲主軸的文化外，並在艱辛的環境中，帶領族人在激烈的征戰中展現其強烈的生存意志。因此，這些始祖也多是文化英雄，在生存競爭中，不斷地累積著各種文化，漸漸展現人類的生命力及權力意志，逐漸展露以「力量」爲導向的始祖英雄神話。學者蕭兵將這些個始祖英雄分成五類，即射手英雄、棄子英雄、除害英雄、治水英雄、靈智英雄等。尤其是在棄子英雄中很明顯可以看到從母權轉換到父權的過程，有關棄子的理由，古代典籍大多從後代的倫理觀來作詮釋。有不少荒謬的說法，其實很簡單，只不過是在母系社會男子過剩的處理方式，這些棄子有的得到神的特別眷顧，如周的始祖棄，在三棄三收的神話傳述中，成爲神選的創族英雄。〔註8〕

〔註7〕印順，《中國古代民族的神話與文化之研究》，臺北：正聞出版社，1975年，頁47～275。

〔註8〕蕭兵，《中國文化的精兵——太陽英雄神話比較》，上海：上海文藝出版社，1989年，頁217。

　　「民族始祖」的起源神話中的始祖，雖然很多是人的形象，但大多帶有著神的血緣，或是受到神所授命之人，有其神聖使命的「神的代言人」來建立該一民族血脈。此種神話思維，是建立在人神一體的混沌思維上，反映出集體共有的文化心理，神話與民族精神是相互作用的，表達了該一民族早期人類對超越力量的集體潛意識，反映人們對自身與族群起源的探索，透過經由天神所授予的化身的始祖英雄，建構其特殊民俗文化相對應宇宙的超越精神信仰，開啓出後代的人文世界。也透過「民族始祖」的起源神話，使其民族後世的子民，理解到自身存在的基礎，才能在自身的社會中實踐。

　　因此，經由五個主題神話時期的整理，我們可以得到一個較爲清楚的輪廓，由盤古到女媧神話，是隸屬於原始社會型態，屬於偏向女性社會的神話思維，屬於「神本」神話思維；由伏羲到黃帝，開始進入以婚姻爲主的男性社會，產生人類文化，並且開始產生「人本」神話思維；由黃帝再到民族始祖，則逐漸脫離「神本」的神話思維脫離到，進入到「人本」的神話思維的時期。

二、中國古代神話的分類

　　中國神話學的研究，大約是二十世紀開始，鄭志明先生歸納出「廣義神話」、「神話哲學」、「民俗神話」三個面向，提供給我們參考。〔註9〕

（一）廣義神話

　　中國神話學學者袁珂所提出否定狹義的神話的觀念，而是要重新界定神話的內在意涵，他認爲神話的主要內容是人類的集體創作，對於無法獲知的自然現象，在古代傳播不易的年代，透過口耳傳播，穿鑿附會出共同創作的神話故事，也反映出人類與大自然抗爭的心理歷程。因此，神話是群眾意識形成的反映，並且認爲神話不應該侷限於狹義神話，而是要隨著時代的衍進，與時俱進的結合後代社會的思想變遷，不斷地產生新的神話。也由於廣義神話的所採取較寬鬆的定義標準，因此，「擬神話」的神話範圍，如傳說、仙話、志怪小說、佛話、童話、民間的風俗典故、少數民族的神話傳說等，都可進入到廣義神話的研究範圍之中。袁珂則經由廣義神話的界定，也包含了狹義神話，並延長了神話的傳播時間，開闊了神話研究的視野。

〔註 9〕鄭志明，《中國神話與儀式》，臺北：文津出版社，2009 年，頁 1～20。

袁珂認爲神話的要素，主要有下列七項，一、以萬物有靈信仰觀念作爲主導思想。二、以變化、神力與法術作爲表現形式。三、以人神同台演出作爲中心主題。四、有意義深遠的解釋作用。五、對現實採取革命的態度。六、時間與空間的視野廣闊。七、流傳較廣影響較大。〔註10〕袁珂巧妙地將神話與原始宗教結合在一起，他認爲神話不只是一套原始的口頭文學，而是原始宗教的一套詮釋系統。古老原始社會中的初民並非是一種生理形式的反映，而是一種心理思維的形式，或可視爲是一種「神話思維」。神話在爲原始社會中由初民的口頭傳諭，而形成一種古老文化的語言化石。

（二）神話哲學

哲學的起源來自神話的說法，在學界漸形成了共識，因爲先民的語言尚未形成可精確表述哲理的語言能力，有些不可言喻的抽象思考，澱積在先民心靈的集體意識，經長期累積在群體的潛意識或無意識裏，其基本形態有的早潛存於神話中，因此也可以透過神話的重新反省，神話本身是一種活生生的思維原型模式，生靈活現地展現出人類意識活動的精神特徵，在哲學尚未興起之初，神話本身即具備了原始哲學的功能，以其幻想式的語言形態對宇宙萬物與人類自身的起源與性質，以直觀的體驗的表露，自然純眞情感的抒發，以神話的語言，傳達了原始社會的情感與價值觀。而隨著後代文明的興起，先民漸漸地發展出抽象的哲學詞彙，才取而代之將神話原始意識，以哲學語言陳述出來，因此，神話是屬於一種「前哲學」的形態。因此，唐君毅認爲此一思想體系確已包含了後代任何哲學形而上道體的共同性質。〔註11〕

（三）民俗神話

一般學者認爲，神話是民俗生活下的產物，與習俗禮儀相互結合，儀式文化相輔相成，進行雙向的溝通，展現出民俗生活的多元化與複雜化，神話本身不只是一套詮釋系統，是用來體驗民族現實生活的具體操作，即是一套民俗的操作系統。對於民俗神話的研究，主要收集各式各樣的民俗材料，進行神話的進行相互比較，透過這種方式，便可尋找到神話起源的規律，也可發現出神話中含藏著大量古代民俗文化聚合的結晶，積累出一套民俗神話與

〔註10〕袁珂，《中國神話史》，臺北：時報文化，1991年，頁17。

〔註11〕唐君毅，〈論中國原始宗教信仰與儒家天道觀之關係兼釋中國哲學之起源〉，《中華人文與當今世界補篇》臺北：學生書局，1988年，頁158。

發展的規律。另外，一般研究者，將神話視爲民俗生活的一部分，並且透過神話來探知民族傳承的材料，如神話中出現相關的民俗儀式，探知其內在的眞實內涵，有助於解答古籍中某些疑難的問題，或是理解原始圖畫的象徵意義與儀式功能。

　　目前研究的新趨勢，是將傳統文獻考證的方法與考古民俗材料結合，造成傳統考證方法的開放與融會，以傳統訓詁學的方法而言，引進新的神話民俗材料來詮釋，增強了訓詁考據的效用，產生了許多新的論點與突破。

　　上述的「廣義神話」、「神話哲學」、「民俗神話」三個面向的梳理，我們確實能更能掌握神話的型態，對於中國古代神話的研究也更能有精確的分判。

三、中國古代神話的象徵

　　在神話裡，蘊藏著原始的、古老的、世代相傳的種種「意象」（image），或稱爲「本源性」圖式或「模型」。例如，神話所寫及的水、土地、葫蘆、山體等等往往是「母親」原型；而英雌的受難、除害、救世、死亡等等，一般說屬於「生命」原型；包括「自然——生命」的誕育、演進、衰死與復活，等等。〔註12〕對於「原型」定義：「原始意象或原型是一種形象，或爲妖魔，或爲人，或爲某種活物，它們在歷史過程中不斷重現，凡是創造性幻想得以自由表現的地方。就有它們的蹤影，因而它們基本上是一種神話的形象。」〔註13〕在神話裡，先民以無數「典型經驗」以「形式」或「形制」顯現在各種古老的典籍、文獻上，這樣的共同語言象徵上，可視爲是無數同等經驗的心理凝結物，並散落轉化在各種神話世界中的形象的普遍心靈生活的圖畫，形成各種文獻的主要的「概念語言」，也代表著人類全體「集體無意識」的形象結晶。

　　其它在民間文學作品上，相同的，包含著公眾和習俗的共同「約定性」，在神話和神仙故事，也常出現於俗語、民歌、散文和詩歌在其中。神話的「話」，廣義上，也是一種「言語」的表達，帶著「泛詩歌」和詩性故事的意思。因此，神話象徵是一種充滿生命迴響的「活體語言」，超越一切的時空和個人經驗的扁現形式。可以是唯一「翻譯」的形式，能夠播散無盡延擴。因此，神話的「象徵」，是一種「言語」活動，帶有一種「故事」的話語「操練」，或

〔註12〕蕭兵，《神話學引論》，頁235。
〔註13〕蕭兵，《神話學引論》，頁235。

語言的「遊戲」，也是一種巫在儀式上操練的神聖「言語鏈」，即是「神之話語」。

　　從中國古代神話的起源上而言，以女蝸爲神話爲例，此一神話就與遠古社會的生殖崇拜的原型象徵有關，原始人類欲探知男女交媾的奧秘，由圖騰崇拜的轉換到對性行爲與性器的崇拜，因此，有些學者認爲女蝸原始象徵就是女性生殖器，類似老子所謂的「玄牝」，生殖信仰是母系社會的原型，象徵爲宇宙萬物的生生不息的根源。在此意義下展露出，古代人類面對原始生態的挑戰下，在原始環境中爲延續自身生命的相繼，在擬人化的素樸想像下，塑造女蝸爲宇宙萬物與人類起源的創造者，並以女性生殖器崇拜作爲象徵。

　　另外，當時代進入伏羲神話時代以婚姻家庭爲主的男性社會，甲骨文上的「祖」字顯示出，「且」是男性生殖器官的象形，「示」則有祭祀之意，表示對男性祖先的崇拜，透漏出有別於母系社會信仰的男系社會，男性生殖器爲信仰原型象徵。因此，古代人類在原始社會環境下，女蝸神話爲女系社會代表，伏羲神話爲男系社會代表，在這兩個時期中，男女生殖器的象徵，透露出生命力延綿不斷的原型象徵。相同的，發展到後來老子的「道」，這樣的原型理論來說，依然有其象徵意涵。《老子‧二十五章》曰：

　　　　有物混成，先天地生，寂兮寥兮，獨立不改，周行而不殆，可以爲
　　　　天下母。

　　以原型理論來說，道是一種「混沌」狀態的有機體「原型」，宇宙的創生是物質性的，是早於天地開顯之前，這背後的推進力量，老子即表示是觀念性的「道」。老子說：「吾未知其名，字之曰『道』，吾強爲之名曰『大』，他的「道」從「原型意象」的結構裡，「道」是不可言說而又不得不言說的，作爲原型性象徵或概念或「原始詞」，「道」是無法用符號、或是隱喻都無法將它表示出來，在語意上是含糊曖昧、充滿著半顯半露的，而且意義上是不可窮盡的。因此，「道」是「道可道，非常道。名可名，非常名」道是無法可用語言描述，但又不得不用語言來描述。道是不可命名的，但又不得不用命名來理解它。神話的思維方式來描摹，從道的不同側面的象徵來還原其核心原型。因此，《老子‧二十章》曰：「古之善爲道者，微妙玄通，深不可識；夫唯不可識，故強爲之容」。「容」的解釋上，就可理解爲形容、描寫、隱喻、象徵的意涵。〔註14〕《老子》曰：

─────────────
〔註14〕蕭兵，《神話學引論》，頁251。

豫焉若冬涉川，猶兮若畏四鄰，儼兮其若容，渙兮若冰之將釋，敦
兮其若樸，曠兮其若谷，混兮其若濁。（《老子・十五章》）

澹兮其若海，飂兮若無止，眾人皆有以，而我獨頑似鄙。我獨異於
人，而貴食母。（《老子・二十章》）

在神話的語言象徵中，神話語言的「原型」是帶有一種本源性和延續性象徵。老子之「道」的物象基礎是由具象的「道路」、「水」到半抽象的「氣」，再到抽象的「有」、「無」，可稱為「意象態的原型」或「原型性的意象」。相同的，亦如谷神、玄牝、女陰、母體、樸、匏、葫蘆等等。有如老子的「道」，語言中的象徵帶有一種既是具象又是抽象的虛實交容的意向，這樣的特性，也是神話原型象徵的範式。

因此，根據上述在早期的神話研究裏，並非認識到神話的哲學功能，一般都將神話視為是一種荒誕、非理性的思維，因此，隨著神話哲學研究的發展，逐漸體會到神話對於「前哲學」的重要性。體會到神話研究原來是與古文化、哲學結合在一起，文化與哲學的討論對象也正是神話可以參與的學術空間。神話哲學的研究說明了，神話原本來自於人類深層的原始心靈，不僅在過去的原始社會裏，直到現代社會中，人類在其心理底層中，仍然潛存著各種神話的原型與意象，說明了神話並非只是古代原始社會的研究，對於當代哲學研究，仍具備喚醒人類潛在精神系統的能力，透過神話重新回到生命的根源處，面對人性的問題。

第二節　神話的思維方式

中國古代神話的時期，大約是距今五千年至三千年之間，由於文字的發明，早期的先民開始脫離以語言方式的思維方式，將史前神話時期所流傳下來的宇宙觀、巫術、天地人神的溝通，以文字書寫的方式將語言時期神話的事蹟，轉換成可紀錄之文字記載，先民以超現實的想像與富有生命情感的方式，以抽象化文字將聲音記憶由簡入繁的豐富描寫，保留了自身的思想紀錄與情感，也投射出對於自然與社會的理解。中國古代神話時期所遺留下如《山海經》等文獻，都大量記載了語言時期的思維模式，呈現出許多與自然界虛幻的表達模式，在巫術、祭祀的宗教儀式裡，展現出神靈活現的人與天地鬼神交感方式，也體現出在神話時期先民的生存智慧。因此，人類還未發明文字之前所具有的語言思維能力，一般稱為「原始思維」或「神話思維」。

「原始思維」可視爲人類的啓蒙時期，經過數十萬年的經驗智慧累積，夾雜著穿鑿附會的天眞想像，含藏著民智未開的心智狀態。大約在十萬年至一萬年前的人類已能從直觀的動作思維與具體的形象思維，進入到類化的抽象思維，雖然在語言的運用很貧乏，但能通過類化意象來把握對象與處理信息。另外，人類自我體驗與意識表達的模式，創造出有目的、願望、情感與意志的生命活動，能從心理主體直接感受來建構觀念與文化，累積與形成早期人類集體表象下的世界觀。因此，就其思維本身，也並非是一些毫無意義的胡思亂想，夾雜著先民自身的理性與邏輯判斷，靈巧與機智的生命活動。「原始思維」或「神話思維」是早期人類的思維模式，也造就了之後古代神話的文獻依據。

「神話思維」與「靈感思維」在意涵上近乎相同，不過還是有些區別。「靈感思維」是比「神話思維」更具體的直觀思維活動與語言表現，在對神祇的虔敬之情中，人透過宗教的儀式或祭典中，感受一種神靈降臨的直觀，在思維過程中深化了人與靈世界能夠相通、相交與相感的認知，肯定人與靈是可以直接相互感應連爲一體，或者經由通靈之人、通靈之物與通靈之術等媒介，並將與超自然力量的所交感的思維能力。在本節我們就「神話思維」作說明，進而介紹「靈感思維」。

一、神話思維的思維模式

「神話思維」是原始思維的一種表現的形式，其表現的思維主要是針對未知的大自然，或未知的超自然力量，進行想像與擬人化的共同創作。從聲音時期進入文字時期，雖然人類運用文字的能力尙未有把握，但運用語言已能面對宇宙時空與萬物生息的種種挑戰，發展出對應自然環境的生活原理、技術原理與秩序原理。〔註 15〕「神話思維」在此一時期已意識到人與天地萬物有著時空交感的生存原理，進而體驗到形上鬼神的靈性存有，經由語言的表述方式進行人與靈間的虛實相關思維，產生了對靈神、巫祭、術祀等觀念行爲的信仰活動。〔註 16〕「神話思維」是一種人類情神實踐的思維模式，經過豐富的宗教儀式體驗而產生豐富的神話事蹟，產生更爲多采多姿的神話故

〔註 15〕 歐崇敬，《文化本源中的知識傳統》，臺北：傳統思潮社，1993 年，頁 18。
〔註 16〕 苗啓明、溫益群，《原始社會的精神歷史架構》，昆明：雲南人民出版社，1987 年，頁 61。

事。主要目有三個層面：即是了解自然、征服自然與祈求自然。〔註17〕因此，早期人類依其生存的實際需求與方向，進行攸關生死、生存之道的表象思維活動，呈現出奇幻性與現實性的綜合結合，人在天地之間如何安身立命、逢凶化吉、永保安康的求生之道，而非是漫無目標的自由聯想。向未知的大自然提出祈求，自身與虛空的關係合而爲一，形成了物我合一與天人交感的信仰文化。

　　中國古代神話「神話思維」是指擴大對神靈世界的理解與表述能力，以實存界的生活方式與生命體驗，創造出更爲多采多姿的神靈世界，傳達了人們對超自然力的嚮往與追求之情。能運用語言來強化對神靈世界的認識活動與思維活動。各種神話的編造與流傳，顯示出人的實存界與神靈世界間的互動更爲頻繁與熱絡，以超現實的神話來滿足實際生活中的需求與願望，拉近了神靈世界與人間世界的互動網絡，提昇了對神靈世界的抽象思維能力。〔註18〕「神話思維」本質上，還是以傳播神祇的萬能神力爲主，對神祇的豐功偉業予以歌功頌德般的讚揚，在這樣的口耳傳播的造神運動中，除了建立起神祇的神聖地位之外，也益增了人們內心觀念的神話思維能力。

二、靈感思維的思維模式

　　「靈感思維」是指人強化了對神靈世界的思維活動與信仰情感，肯定神靈世界具有主宰宇宙的生命能量，人可以經由與這種生命能量的相互感應與交通，來提昇自我的生命認知與生存能力，或以此靈力來化解各種生活的災厄與難關。靈感思維不單是觀念的認知，還產生積極對應的通靈行爲，在通向神靈世界的過程中，可以交感宇宙之力來成全人間，在具體行爲的操作過程中，能將人們的願望與敬意傳達給神靈，以神靈的超自然力來護庇人間。因此，「靈感思維」是人類最早的形上思維，以鬼神的抽象型態，創造人類的形上思維，以神話來象徵超自然力的超越力量，是人類高度思維能力的表現，並非是以理性邏輯思辨的概念來認知對象與處理訊息，而是以靈感思維的密契直觀來洞悉人生，而發展出人格化的神，都是各種大自然超越力量的神聖象徵。中國古代神話與希臘神話不同在於，中國古代神話中人並非是神的形

〔註17〕屈育德，〈神話創造的思維活動〉，劉魁立等編，《神話新論》，上海：上海文藝出版社，1987年，頁23。
〔註18〕屈育德，〈神話創造的思維活動〉，劉魁立等編，《神話新論》，頁28。

象構成，神話亦非人的模仿對象，而是神性中具有人性，人性中含藏神性，是一種神人同形、神人同性的一體思維，還從人的生命力裡投射帶出了神性，從神的話語中流露出人的情感。

另外，靈感思維也包含了人與神的共同理念，顯示神與人有共同的宇宙責任，必需神與人共同合作，才能完成天、地、人、神在生活世界中的神聖實現。神與人爲一體相面的有機生命結構，人有透過儀式、祭典、祈禱召喚神祇的降臨的心念發射能力。相對的，神有著被人的誠心善念感召的接收能力，透過心念的相契傳達，神人的信念結合爲意志共同體。不過人受限於物質生命的物理性自然法則，肉體必須面臨到生老病死的折磨，在成、住、壞、空的生命有限性中生存。因此，人若想超越物質肉體的限制來達到永恆，唯物論的主張變無法達成，必須藉由而神話中的靈感思維，感受神性的超自然的存在，才能幫助人類跳脫出物質性的自然法則，得到精神性的永恆。靈感思維必須掌握到宇宙精神力量的存在，透過與神靈進行的直觀聯繫，才能了解與控制超自然力量，以達成自身的超越。因此，經由神話、巫術、儀式等文化的系統操作，來與神靈進行交感，發展出各種與神交通的技術與方法，來與神靈進行交感，以獲得神靈保佑的目的。靈感思維是可以分成四種累積層次來探討。〔註19〕

（一）直覺的思維方式

神話的靈感思維與西方文化的思維傳統極爲不同，西方文化雖早源自希臘神話，但土要的文化結構還是以西方哲學、羅馬法典以及基督教神學爲主要內涵。在思想的內涵上，還是以架構於西方文化的發展的脈落爲主軸。對於西方哲學自近代啓蒙運動以來，已偏向以科學爲主的知識邏輯推理的哲學導向，已與古希臘神話的傳統脫離。相對於西方的文化傳統，傳統漢人的宗教信仰並非脫離古代的神話傳統，這些神話思維並非是知識的邏輯推理，而是以直覺的思維與超自然的精神相感通，以一種模糊朦朧狀的靈感思維模式進行思想活動。這種模糊的神話語言的巨集，反映出漢人宗教神話的思維模式，透過漢人宗教各種成型的文化系統加以大量地組合、重疊與錯置，在含混多義下，語言的功能性並非是精密的指謂與明確的意義相輔，而是有相當寬廣的詮釋。西方宗教強調是唯一終極的一，漢人宗教則是強調作用上的多，

〔註19〕鄭志明，《傳統宗教的文化詮釋——天地人鬼神五位一體》，頁109～112。

本質上是道的一，作用上是可以自行無限詮釋，達到作用上的多，並且，搭配直覺思維方式來發揮。因此，這樣的直覺式的靈感思維，是有其自身的詮釋程序，是人將源自於信仰土壤中的真摯情感，直覺地反應在直接事物的類化意象與集體表象結合起來，建立起一個朦朧渾沌的認知世界，以直觀的類比拼合，領受到生命存在的宇宙規律，這其中雖然有許多不可思議的神祕色彩，可是在現實生活中卻可經由經驗的感受，不斷地進行還原、重演、體悟與驗證。這其中還是有其思維的程序與規律，提供了民眾直覺意會的解釋模式。〔註20〕

（二）人類神聖的情感模式

人的思維模式主要分為知性、感性、靈性三類，理性代表的是知性的認知體系，感性代表的是情感的感知體系，靈性則代表宗教信仰的超越思想。因此，靈感思維並非是以理性的知識型態為訴求，而是架構於感性的思想感情，進而朝向思維上能以直觀過程中，領略存有語言的神聖親臨，整個思維發動於情感的需求上，而止於宗教神聖信仰的終極關懷。因此，人類對於宗教首先是投入自身的情感與情緒涉入到思維活動，也產生的自我取向十分濃烈的個人主義價值取向的宗教思維，這樣具有個人獨特性的宗教經驗是神話的情感語言表達，企盼靈感思維能引領自身進入到實際經驗之外的神聖境域。

神聖性是指靈感思維有其超越現實的引領能力，使人能超出了世俗經驗，進入到一種神聖的精神領域之中。有具體的體驗上，帶有著一種神祕主義的色彩，形成了與神交感的情感。透過巫師的中介，神將祂的意旨以神話語言來傳達人間，人也以一種與神契合的神祕感受到神聖體驗，在靈感思維言語的微妙指引，幫助民眾在這種情緒體驗中感到了激昂喜悅，進而達到了心理的平靜與輕鬆。漢人宗教與其他宗教一樣，也具有其神聖的宗教聖域的存在，使其民眾在面對人生、歷史、宇宙等課題，能直接產生超越思維的感受與體驗。企求神聖的情感，是傳統宗教靈感思維的一種情感的觸發，透過儀式、祭典的宗教饗宴，以各種神話思維的語言進行操作，使人們領略到神話世界形上世界的精神感受，起了人們心理緩解與情緒穩定的作用，產生了淨化人們心靈的教化功能。

〔註20〕鄭志明，《傳統宗教的文化詮釋——天地人鬼神五位一體》，頁110。

（三）深層穩定的序化結構

靈感思維在深層有一穩定的序化結構，有感知、聯想、投射與同化四個建構的過程。〔註 21〕所謂感知，是各種觀念信息的輸入，也是建立在已知的文化信息上，進行聯想，有意識的相互疊合與交叉滲透，進行新的整合與開展。所謂投射就是整合後的信息輸出，提供了新的觀念信息，這種新輸出的信息不是與舊的信息相對立的，而是進行同化，相互回饋與重新組合。〔註 22〕因此，靈感思維根源於民族文化的原有心理結構，在其母體文化中涵藏著許多深層序化，的確有其本身的內在結構存在。

（四）人類全體對應的共感體系

神話思維是集體潛意識共同創作，因此靈感思維是一種社會共同的思想濃縮，而不是一時一人一派的單獨創作。而從每一個局部思想可以推演到整體思想有著全體對應的關係，在整體思想之中又可捕捉到局部的吉光片羽。每一個信念牽涉到全體宇宙和諧，個體思維與整體思維形成互爲依存的有機思想系統，從部分可以契入到整體相同構造的對應系統之中，從整體中也可以分化到部分信仰的內涵中。漢人宗教傳統的神話思維，透過在神話或儀式中，喚起靈感思維的發想創造，達到神人相互感通融爲一體，透過直觀的冥想，喚起集體的共通神聖領悟，達到了人與宇宙間的和諧共感，其內部的存在著和諧均衡的調控機制，調和著每一個信念與宇宙的整體和諧，個體與宇宙在靈感思維的操作下，形成一個穩定發展的動態聯結系統。

中國遠古社會是經過漫長的宗教演變歷程，宗教的形成跟原始社會的思維型態有著密切的關係，先民經過長期生活的適應與經驗累積，以自身主體生命意識到外在的靈性世界，以泛靈方式去紀錄描寫各種神靈、巫祭、占筮的宗教活動，產生了「神話思維」的思想模式。而「靈感思維」的思想模式，進而將各種形式的神靈崇拜予以形式化與系統化的思維集結，去思索理解與把握世界，在人的實存生命型態中，安置了形上抽象的天地鬼神的靈體，認爲人與天地鬼神是可以互相滲透與相互感應，後來形成了神話文獻中各式的自然崇拜、圖騰崇拜、生殖崇拜、祖先崇拜的各式宗教型態，也爲後來「軸心時期」的哲學高度精神文明時期，深埋下了思想大躍進的文化種子。

〔註21〕 俞建章、葉舒憲，《符號：語言與藝術》，上海：上海人民出版社，1988，頁147。
〔註22〕 鄭志明，《傳統宗教的文化詮釋——天地人鬼神五位一體》，頁 111。

第三節　中國古代的儀式

　　在中國文化中，對於「儀」的定義，根據說文解字：「儀，度也，從人，義聲。」「義」原是「儀」古字，義本義爲犧，犧是由戈、牛、羊、豕與禾組成，本意是殺豬、宰牛羊作爲祭拜之供品。後來創新義字，儀式簡化只剩下殺豬、宰羊而已。義的甲骨文是由戈、牛與豕所組成，與現在的義字完全相同，義者儀也。原意爲羊肉味道佳、性情好的意思，再加上「人」字旁另成「儀」字，引申爲「威儀」。《說文》謂：「儀，度也。」「度」乃「法制」之意，一切禮儀規範都包括在內，而且「儀」是「從人義聲」的形聲字，依中國造字原則，其「音」每每與「義」相通。段玉裁注云：「義者，善也，宜也。」換言之，人之言行舉止合宜得體，就是「儀」。

　　另外，「儀」與「禮」是一組附和詞，所以有謂儀容、儀表、禮儀等等。《說文》對禮的解釋是：「禮，履也，所以事神致福也，從示從豐，行禮之器也。」禮最初是指事神致福的宗教行爲，它始終與祭神的器物和儀式聯繫在一起。禮，從示，從豐。「豐」是行禮之器，本義是「舉行儀禮，祭神求福。」因此，「儀」與「禮」本意上，都是宗教活動上的「儀式」所涵蓋的禮俗儀式。如《准南子·脩務》：「設儀立度，可以爲法則。」《國語·周語下》：「帥象禹之功，度之於軌儀。」《禮記·王制》：「脩六禮以節民性。」六禮即是，冠、昏、喪、祭、鄉、相見。《左傳·昭公二十五年》：「夫禮，天之經也，地之義也，民之行也。」《大戴禮記·本命》：「冠、婚、朝、聘、喪、祭、賓主、鄉飲酒、軍旅此之謂九禮。」因此，「禮儀」是夏、商、周三代宗教祭祀與社會秩序的準則，聯繫著國家與宗族社會的重要規範。在本節我們先就周公制禮作樂的禮儀作說明，其次探討儀式與神話之間的關係。

一、周公制禮作樂的禮儀

　　在周代以前，帝王以神話形上思維來操作形下儀式的宗教觀念，教育常民於日常信仰習俗之間，周公的制禮作樂，就是最好的事例，《尚書大傳》說：「周公攝政」，「六年制禮作樂」。《左傳》文公十八年記：「先君周公制周禮，曰：『則以觀德，德以處事。』」在禮樂文明形成的過程中，周公制禮作樂，不僅將遠古至殷商的禮樂加以改造和發展，形成系統化的典章制度和行爲規範，而且注入「德」的因素，使其具有道德倫理的深刻內涵，如「宗廟社郊

制度」、「供獻制度」、「宗廟神職與樂舞制度」、「祭祀禮儀制度」等〔註23〕，周公傳述古之禮樂，而加以改制。後因周公留相王室，乃命長子伯禽代己就封於魯，伯禽承父志，積極推行周公所制定的禮樂教化，故周朝的典章制度及人文精神以魯最盛。姜太公都於營丘（故城在今山東昌樂縣東南）傳述古之道術且因時制宜地予以變通，發展出更具原創性、成熟性的道術，故道術盛行於齊。因此，魯學乃儒家的母文化，齊學乃道家的發源地。〔註24〕

周公是古代以「禮」爲基礎的典範，他在「儀禮」上，展開了「制禮作樂」的典章制度，孔子特別推崇周公，稱讚周公制禮作樂的功績，也以恢復周公訂定的禮樂制度爲己任，子曰：「周監於二代，郁郁乎文哉！吾從周。」（《論語‧八佾》）周朝文化的特色在於完備的典章制度，尤其在於成熟的禮樂制度。周人以禮樂作爲重要的教化方式，此所謂「興於詩，立於禮，成於樂」。禮樂的作用在於涵養善性、調和情感，讓人與人之間的善意、敬意以恰當的儀式表現出來。周朝的古禮的儀式有部分保存在十三經的《儀禮》中，其中對於冠禮、婚禮、鄉射禮等的流程都有詳盡的記載。

周公將這些富有哲理的宗教行爲與國家體制結合起來，形成龐大的國家宗廟祭祀典禮與日常禮儀規範，使常民能遵循的一套簡易操作的生活禮俗守則，而背後更是架構在淵遠流長的宗教文化宇宙觀上，在充滿古代巫術的宗教儀式符號意義下，民眾深層的潛意識需求在宗教儀式中被滿足，人們也達到消災解厄的生存需求。在中國文化的傳統裡，「儀式」在遠古的階段是以巫術的宗教儀式來進行，到了周代之後，透過周公的制禮作樂，也衍伸到生活的禮俗儀式。在中國傳統社會裡，信仰的宗教儀式與生活的禮俗儀式經常是緊密結合的，成爲民間社會常民生活的集體行爲與思維模式。

周公「制禮作樂」之後，正是由西周進入東周的春秋戰國時期，也是從到進入先秦諸子百家之高度宗教文明時期。儒學經典《周禮》、《儀禮》、《禮記》三禮，蓋始於《史記‧孔子世家》，所謂「書傳禮記自孔氏」云者，乃泛指三禮中禮俗儀文之紀錄而非載籍之專名，是孔子的學生及戰國時期儒生的作品。〔註25〕主要記載周代官制及古代理想官制與古代禮儀，也記載了古代

〔註23〕詹鄞鑫，《神靈與祭祀——中國傳統宗教綜論》，南京：江蘇古籍出版社，1992年，頁186～307。

〔註24〕曾春海，《先秦哲學史》，頁219。

〔註25〕漢朝學者戴德將漢初劉向收集的130篇綜合簡化，一共得85篇，被稱爲「大戴禮記」，後來其弟子戴聖又將「大戴禮記」簡化刪除，得46篇，再加上《月

禮儀的進行方式，如《禮記·鄉飲酒義》：「鄉飲酒之義，立賓以象天，立主以象地，設介僎以象日月，立三賓以象三光。古之制禮也，經之以天地，紀之以日月，參之以三光，政教之本也。(《禮記·鄉飲酒義》)」我們可以清楚的理解《禮記》上記載，飲酒禮的意義，設立賓以象徵天，設立主人以象徵地，設立介、僎以象徵日月，設立三賓長以象徵三光。古代制定禮以天地爲經，以日月爲綱紀，以三光爲參照，作爲是政教的根本。在先秦的禮儀文化形成了一種身份、地位、禮儀、喜慶等的儀式象徵，周人是重視禮儀，宣導禮樂之治，以禮樂作爲教化的重要方式。

二、儀式與神話之間的關係

在古代宗教裡而言，「神話」與「儀式」是互爲依存的一種宗教現象，巫師透過祭典儀式的進行，將領悟到的抽象之神話觀念，具體化以神話思維傳達給民眾。透過神人感通的祭典儀式，強化了神話的信仰感情，在祭典儀式衍進的過程中，參與者彷彿進入到一個神聖的精神領域之中，透過祭典「通靈」儀式的進行，巫師的口中詮釋了神的旨意，這時候所講的語言都直接變成了神話，參與者也在這神聖的氛圍之中，啓動了自我構建的靈感思維，產生了許多玄思冥想。這種通靈化與巫術化的宗教精神文化系統，在與神祇直接感通的過程中，透過靈感思維，是一種直接訴諸於神的交感活動。因此，漢人宗教有不少的神話是被創造出來的。神話的傳播，往往建立在地方神廟禮儀的操作行爲，將神聖的靈感思維傳播出去，使靈感思維的傳播成爲一種固定的傳播模式，而所造就的神話傳說，也經常有其固定的脈絡可循。

儀式主要通過言詞上向神明的禱告與身體上的頂禮膜拜，來表達祈求神明的啓迪與庇護，透過儀式上人神溝通，體會到人與天地萬物間的存有秩序，意識到自身的處境與趨吉避凶之道。從神話思維到儀式的操演過程中，中國古代宗教意識也逐漸建立，雖然帶有許多荒誕、無知且帶有神祕主義的色彩，但是在宗教文化作用上，也含藏內在理性與形上哲思。

以中國古代宗教信仰而言，神話與儀式相互建構出豐富的靈感思維，屬於一種直觀的形上思維，靈感思維延續於集體意識的信仰，直接投射於常民的心靈表象觀念，形成人們對自然環境與社會的認知系統，是經年累月累積

令》、《明堂位》和《樂記》，一共 49 篇，被稱爲「小戴禮記」。「大戴禮記」後來失落了，「小戴禮記」是目前的《禮記》。

的宗教意識轉化成的一種習以爲常的抽象思維能力。因此，人們爲了能獲得超然的形上思想，以增強自己面對生命挑戰的精神資糧，尋求神靈的降臨，並祈求法語啓迪。「通神」是靈感思維最具體的目的，人可以透過與神靈溝通而獲得指點迷津，解答疑惑以安頓生命，其思維的表達方式是神話，操作模式則是儀式。因此，神話與儀式經常是一體兩面，神話是「通神」的觀念系統，儀式是「通神」的行爲系統。

神話作爲靈感思維的象徵體系，儀式則是靈感思維的操作體系。神話是透過語言來傳達靈感體驗，透過「人的聖化」的精神超越，相對的，神也透過儀式機制達到「神的俗化」來聞聲救苦、普渡眾生，也依持神人儀式的相互滲透，在世間的人產生了神性，在神界中的神，也賦予了人性，形成神人相互感通的互動頻率，形成民間信仰中的一種天人合一的人神對話理論。

因此，神話主要是以語言進行表達，而儀式是行爲的表達，神話與儀式都具有維護社會與傳達宗教教義的功能。神話中的內容主要以象徵意義來傳達社會價值，也反映出社會結構的宗教象徵。因此，在神話與儀式的雙重結構中，神話傾向於一種形上的觀念系統，可視爲信仰的、理念的、理性的、理論的、觀念的。而儀式傾向於一種形下的操作系統，可視爲是行爲的、具體的、感性的、實踐的。人們可透過一個具體的儀式中，找到一個相輔的神話傳說，也可透過神話的傳說，來推衍儀式操作的不同行爲與實踐的原始根據。

第四節　古代典籍中儀式

朱伯崑先生在《易學哲學史》開宗明義地說：「《周易》最初是占筮用的一部迷信的書，可是後來隨著對它的解釋，演變成一部講哲理的書。」〔註26〕《周易》初成於殷周之際，完成於西周中後期，詳細的記載出先民的生活歷程。在古代的中國，《周易》作爲一部占筮之書，詳細的記載出先民在神話時期的生活歷程，以及對於大自然的崇拜與畏懼，在大自然與古代的人文世界變化之中，六十四卦的卦辭之中，開顯出不同的生活境遇的種種面向，因此，先民藉由占筮之法來尋求生活上趨吉避凶的生存之道。這種知見，開顯出大自然對於人類日常生活世界中所蘊藏的存在真理。雖然《周易》後來已轉變

〔註26〕朱伯崑，《易學哲學史》，臺北：藍燈文化公司，1991 年，前言頁 1。

成朝向哲理詮釋經典，但我們依然可以從《周易》古經中汲取神話時期素樸的原始材料，並且依據這些占筮卦、爻辭中，探得知古代先民的占筮儀式。透過周易占筮儀式的過程中，關鍵在於透過占筮儀式的感應與轉化，感應後產生意識的轉化，產生對治方法及發展的功能，也蘊含著感應與轉化的心理機制。因此，《周易》的占筮是古代的儀式代表之一。

在傳統宗教裡，雖然形態各種宗教型態不太相同，不過有一個共同的特色，即與古老的宗教文明不是斷裂的，而是連續的，也就是說與原始的宗教模式部分是相同的，或多或少保存著薩滿信仰中的神人感通思維能力。所謂「薩滿」，即是指古代的「巫」，是一種人神交通思維的神職人員，透過這種神職人員的中介，人可以透過「巫」來「與神對話」，並進一步得到神的啟迪。，這種以薩滿的「巫」為主宇宙觀念，對後代中國哲學的宇宙論影響甚大，尤其是道家、道教的思想系統。古代的崇拜、巫術、神話等都是靈感思維下的文化產物，先民在原始世界惡劣的環境，在叢林裡與毒蛇猛獸生死搏鬥，在大自然中求得一絲生存空間。從人在天地間的自然生存秩序中，意識到人之外神聖的超越力量，在走投無路陷入絕境之際，沒有任何援助的時刻，進而追求人與大自然間超自然援助，而形成這種從自然秩序延伸到超自然秩序，因此是人類最早的生存理性，也開啟了豐富多姿的精神文化世界。相對儒家的傳統之外，道家與巫的傳統，也是相當重視儀式。

除了《周易》之外，戰國時代的《莊子》及屈原《楚辭》，對於古代的巫術記載，也留有寶貴的文獻資料。曾春海先生在《先秦哲學史》書中提到：「若以地域原生文化而言，中國在先秦時期可略分為六種不同部族文化原型，其中，鄒魯文化呈現儒家特色，三晉文化具法家傳統。其餘四種：燕齊、荊楚、吳越、巴蜀等地區則流傳著原始宗教文化的道家、神仙家、方技家的風貌。原始宗教以自然崇拜、圖騰崇拜、天神崇拜、祖先崇拜為其基本內容。」〔註27〕朱熹在《楚辭集注·九歌》曰：「昔楚南郢之邑，沅、湘之間，其俗信鬼而好祀；其祀必使巫覡作樂，歌舞以娛神。」楚國的「信鬼而好祀」的祭祀型態與儒家的方式，有南轅北轍之別。因此，對於古代巫術儀式的記載，相較於儒家經典對於儀式的禮儀教化描寫，戰國時代的《莊子》及屈原《楚辭》中，都具有珍貴豐富的原始宗教巫術的記載。

〔註27〕曾春海，《先秦哲學史》，頁223。

　　屈原作品以《楚辭》爲主，是含有深層薩滿教色彩的代表作品，屬於楚巫文化。而莊子《史記》上記載，「『莊子者，蒙人也，名周。周嘗爲蒙漆園吏，與梁惠王、齊宣王同時。』司馬遷說莊子是蒙人。另外，班固的《漢書藝文志》對此略有補充，它認爲蒙乃是宋國之蒙，換言之，莊子乃是宋人，宋乃殷商後裔所立之國，與楚國邊境頗爲接近，在沒有天然屏障的界線之下，宋、楚間許多風俗思想可想而之是可以互相流通的。」〔註28〕生長在戰國時代楚國邊境之宋國人莊子而言，可想而知，有相當的程度受楚巫文化的影響。因此，《莊子》與《楚辭》是戰國時期少數具有巫術色彩的典籍而流傳後世，作品中瀰漫了巫的宗教文化，是中國哲學中少見的宗教教材。在本節我們分別以《周易》、《莊子》及《楚辭》爲例，來說明中國古代的儀式情形。

一、《周易》的占筮儀式

　　《周易》作爲一部占筮之書，詳細的記載出先民的再神話時期的生活歷程，以及對於大自然的崇拜與畏懼。上古時期，人們向天神或鬼神卜問吉凶禍福的方法主要有兩種：龜卜和占筮。龜卜是將龜腹骨和獸骨鑽孔火烤，周圍出現的裂紋，稱爲「卜」，依據卜兆的形狀斷定人事的吉凶。殷人是迷信龜卜的，殷墟出土的甲骨文，就是明證。周人也是迷信龜卜的。「卜」盛行於夏商，是將龜、獸骨處理後，觀察其所呈之「兆」象，以判斷吉凶。根據《周禮・春官・太卜》：「太卜掌三兆之法，一曰玉兆，二曰瓦兆，三曰原兆。其經兆之體皆百有二十，其頌皆千有二百」。由此可知，當時已經有大量之文字資料，記載各種卜兆的結果。

　　「占筮」與「卜」不同，關於「占筮」《周禮・春官・宗伯》：「太卜掌三易之法，一曰連山、二曰歸藏、三曰周易，其經卦皆八，其別皆六十有四」。占筮之法是，數蓍草變化的數量，得出八卦之象，再依卦象推測吉兇。占筮之法中的連山、歸藏已失傳，只有《周易》的占筮之法流傳下來。《周易》原爲卜筮之用，「經卦」指八卦系統，「別卦」指六十四卦系統。太卜所掌的三易之法旨在執行卜筮，預測吉凶，因此，「易」可說是上古爲政者卜筮用書的總稱。我們以《周易・咸卦》的占筮儀式爲例說明：

　　　卦辭曰：「亨，利貞。取女吉。」

　　　《彖》曰：「咸，感也。柔上而剛下，二氣感應以相與，止而说，

〔註28〕楊儒賓，《莊周風貌》，台北：黎明文化事業，1991 年，頁 3。

男下女，是以亨，利貞，取女吉也。天地感而萬物化生，聖人感人心

而天下和平。觀其所感，而天地萬物之情可見矣！」（《周易・咸卦》）

觀其卦象，〈咸卦〉以艮兌相配，所表達的是山澤氣息相通萬物皆互相感應之道理，但象中亦有情，艮爲少男，兌爲少女，男女相感之純眞至情，己見於此咸之卦象之中，縱觀咸卦六爻，初陰四陽，二陰五陽，三陽六陰，皆含陽感而陰應，陰應而陽感之象。《繫辭》進一步闡釋曰：「易，無思也，無爲也，寂然不動，感而遂通，天下之故，非天下之至神，其孰能與于此。」受命如嚮之天下至精，感而遂通之天下之至神，給我們留下了深懷感應的精神，以此精神而極深研幾，故能不疾而速，不行而至，體現眞正的占筮儀式的境界。因此，「感」中有心，咸取其無心而感之深意，包含著意識與無意識之範疇，因有感而產生心境的轉化。感與應的「心」意，是以心的象徵性爲主體，強調了占筮儀式的心理過程之體驗與感受性。

因此，我們由《周易・咸卦》占筮儀式中得知，儀式是經由交感中所體現的符號義涵，體現了人們參與神聖世界的渴望與對於神靈的信任，意識到自己生命的渴望、欲求、情緒、意志需要，因此，儀式不是追求客觀形態上的眞實存有，而是來自於與神感通的主觀靈驗心態，是一種主觀的宗教感情。經由祈禱、獻祭、聖事、禮儀等儀式，在儀式中透過巫師傳達了神給人的神聖啓示。在神明交感的靈驗儀式中，以安頓參與者心理與生存的需求爲宗旨，中國古代儀式本身是具有深度人類精神文明的象徵意涵。

二、《莊子》中的祭祀儀式

《莊子・天下》篇對於祭祀的記載有言：

古之人其備乎！配神明，醇天地，育萬物，和天下，澤及百姓，明

於本數，係於末度，六通四辟，小大精粗，其運無乎不在。……以

本爲精，以物爲粗，以有積爲不足，澹然獨與神明居，古之道術有

在於是者。關尹老聃聞其風而悅之，建之以常無有，主之以太一，

以濡弱謙下爲表，以空虛不毀萬物爲實。（〈天下〉）

在〈天下〉篇中，莊子讚嘆古代的聖人配合造化的靈妙，取法天地，化育萬物，調合天下，恩澤遍及百姓，通曉根本的典範，又能貫穿末微的法度，六合通達，四時順暢，小大精粗，參與運化無所不在。此文中莊子認爲根本的道是精微的，認爲有形的物是粗陋的，有了積蓄反而會產生不足之心，淡

然與神明爲伍，應該源自於是古代的道術。所以，文中的關尹、老聃聽到了之後就很喜歡，建立常有、常無的學說，主張要歸於「太一」。莊子是用柔弱謙下的樣子作爲外表，以空虛不毀棄萬物的心作爲實質。而此處的「太一」，極有可能是楚巫文化的祭祀最高天神——東皇太一。〔註29〕而在莊子的文本中，其實不難看出類似太一這樣的楚巫神話的蹤跡，如同河伯（河神）、女偊（女巫）、罔兩（水神）、姑射（神人）等，這些流傳於上古時期的神祇，都逍遙地呈現在《莊子》文本中的字裡行間，形成一部負有莊子寓言形式的神話典籍。

《莊子》在其他的篇幅中，如「純素之道，唯神是守；守而勿失，與神爲一」（〈刻意〉）、「其神凝，使物不疵癘而年穀熟。」（〈逍遙遊〉）、「神明來舍」（〈知北遊〉）、「澹然獨與神明居」（〈天下〉）也都是形容的與神交感的精神活動，亦是一種「與道合一」之神遇境界。學者鄭開說：「我們追究其來源的話，它脫胎於原始宗教中『通於神明』的精神體驗和實踐知識，也就是說，上述神明話語是一種宗教體驗浸淫哲學思維的例子，是宗教體驗哲學化的例子。作爲形而上之道的認知能力，神明來源於宗教神秘體驗，因爲『神將來舍』所啓示的意識狀態和精神境界類似宗教經驗中的徹悟體驗。」〔註30〕人們透過宗教慶典，在神聖的儀式對於「神」的感懷之情，融入到一種純粹自我忘懷的情境之中，也同時在神聖的氛圍中，感受到與「神」合爲一體的契合體驗。因此，《莊子》中的「神遇」之精神活動，或可視爲一種道家型態之宗教體驗。楊儒賓先生對就給予肯定的評論：

> 莊子所著重的「境界型態」之道，並不是泛泛指向一般人的意識所
> 呈現的，而是要經歷過一段「主體轉換」的工夫後，才可以呈現的
> 「冥契」境界。……「玄道冥絕，理覺形聲」，即指出：道家所說的
> 道不是藉由概念可以接近的，換言之，它不是客觀型態的道，而是
> 要依賴體驗者心靈的呈顯，才可以具體朗現。〔註31〕

〔註29〕 王夫之《楚辭通釋》之說，所祭的十種神靈東皇太一（天神之貴者）、雲中君
（雲神）、大司命（主壽命的神）、少司命（主子嗣的神）、東君（太陽神）、
湘君與湘夫人（湘水之神）、河伯（河神）、山鬼（山神）、國殤（陣亡將士之
魂）。詳參王夫之，《船山全集》第十四冊，長沙：嶽麓書社，1996年，頁243
～272。

〔註30〕 鄭開，《道家形而上學研究》，北京：宗教文化出版社，2003年，頁141。

〔註31〕 楊儒賓，《莊周風貌》，臺北：黎明文化事業，1991年，頁44～45。

　　因此，道家繼承了源自於上古的神話系統的思想傳統，而後影響了道教，流傳在一般的民間宗教之中。在古代北方中原一帶的崇天和祭祖的活動主要是通過占筮活動的中介，轉達給祭祀和祈求上蒼或神靈的人們。而莊子所強調的是以虛靈主體、氣化流通的精神之遊。需要透過「心齋」、「坐忘」的心靈境界轉化，與原始時期巫術之宗教文化，有相當多的雷同，因此，《莊子》書中殘存著「巫」的痕跡，透過心靈境界的轉換，「巫」的色彩漸漸溶入「道」的運作，變而爲道家哲學自由精神之象徵。

三、《楚辭》的巫的儀式

　　戰國時代的《楚辭》是楚國人屈原爲代表的創作詩歌，是南方文學的總集，和北方文學總集《詩經》並爲周代南、北兩方文學的代表作。屈原，名平，字靈均，戰國時楚國的貴族出身，他是中國歷史上第一位偉大的愛國詩人，也是一位政治家、思想家。

　　屈原是生長在南方長江流域的楚國人，宗教的情操上，也是崇天和祭祖，他們所採用的方法則與北方人大不相同，是透過天與人的中介，神下降後將意志轉托於巫，來達到與神溝通，而這中介就是巫。這樣就達到了身巫心神，巫神合一到人神合一。巫實質上就起到了溝通人神的作用，也就是所謂的「楚人信巫」。《說文》釋「巫」字云：「巫，祝也，女能事無形以舞降神者，「巫文化」與「薩滿文化」兩說當然是高度重疊的，而「巫」與薩滿經常互譯。

　　對於楚國祭祀活動的表現，主要是以一種歌舞笙歌的祭祀活動。在〈試論楚文化的酒神精神〉一文中描寫楚巫的祭典說：「在巫的祭祀儀式中，也沒有等級分明的現象。相反，圍繞巫師，往往是大家同歌同舞，巫師舞蹈之時，往往被管弦應旋律，**擊鼓磬以和節奏**，曼聲歌唱，抑揚頓挫，尤其是舞曲至終，更是弦繁管急，舞姿狂放，讓人無比興奮。」〔註32〕在楚巫的祭典中，人們展露出原始的本能，透過音樂、舞蹈以及酒精的催化使人們盡情的宣洩，與自然混爲一體，與神鬼合而爲一，忘記世間的一切。而且，在祭典中，人們無任何禁忌，平時所刻意掩飾的各種羞澀的舉止，隨著音樂與舞蹈，可以自然的展露出人們原始的野性，透過這種酒醉神迷祭典的歡愉，忘掉自己，達到物我界限消除的迷狂狀態。

〔註32〕人可野，〈試論楚文化的酒神精神——對古代長江文化精神的初步探討〉，《宜賓師專學報》，1994 年第 3 期，頁 29。

　　祭祀儀式的主體，表面上是以神爲中心，但在實際的儀式上，確是神人互爲主體的交互過程，神受到了人的崇拜祭祀，對人展現了各種神蹟與庇護，但從另一方面來說，人經由儀式的操作，以崇拜行爲來滿足其內心的生存需求，實現了個體主體的超越達成願望。巫師本身有著與神靈交感的能力，透過複雜的降神儀式，讓參與者產生一種共同悸動的情緒，藉由神靈的降臨來達成心靈的洗滌，恢復到和諧的狀態。

　　接著，我們由屈原的作品來作探討，屈原相傳有二十五篇作品。但可靠作品只有〈離騷〉、〈九歌〉、〈九章〉等十一篇，將儀式的每一個過程都描寫地非常詳盡。〈九歌〉是一篇古代中描寫「巫」的儀式的作品，共有東皇太一（天神）、雲中君（雲神）、大司命（主壽神）、少司命（主子嗣神）、東君（太陽神）、湘君與湘夫人（湘水之神）、河伯（河神）、山鬼（山神）、國殤（將士之魂），計十一篇，而九是成數，所以稱之爲〈九歌〉。〈九歌〉中「巫」的儀式是以人環繞著神爲核心，所展開發自內心或出於敬畏所進行對神的崇拜行爲。一般儀式可分爲迎神、神降、娛神與送神等四個程序，在屈原的〈九歌〉中，找到完整的記載。以下就以〈九歌〉的儀式來作說明：

（一）迎神

　　〈九歌〉首篇〈東皇太一〉是一首迎神曲。巫師一開始是在獨唱祭曲，在一個莊嚴肅穆的排場，一些隆重的祭品，希望能將神迎接下來，因此，文中「桂酒」、「椒漿」、「瓊芳」、「瑤樂」等祭祀排場，充滿祭奠的排場與芬芳的事物。

> 吉日兮辰良，穆將愉兮上皇；撫長劍兮玉珥，璆鏘鳴兮琳琅；瑤席
> 兮玉瑱，盍將把兮瓊芳；蕙肴蒸兮蘭藉，奠桂酒兮椒漿；揚枹兮拊
> 鼓，疏緩節兮安歌；陳竽瑟兮浩倡；靈偃蹇兮姣服，芳菲菲兮滿堂；
> 五音兮繁會，君欣欣兮樂康。

　　〈東皇太一〉白話上解釋：巫師選擇吉祥日子啊好時光，恭敬歡愉啊祭東皇，手撫長劍啊按玉珥，美玉鳴聲啊響叮噹，玉鎮已壓在瑤席上，瓊枝插在供床上。蕙草蒸肉、桂酒和椒漿放在蘭墊上。巫師舉起鼓槌猛擊鼓，舒緩節拍輕歌唱，齊奏竽瑟啊歌聲昂。巫女華服舞翩翩，香氣濃郁充滿殿堂，伴隨五音祭樂的交錯聲裡，東皇安樂喜悅的降臨。從〈東皇太一〉的歌辭中看到的迎神儀式是極爲隆重，巫儀的操作程序是複雜而莊嚴，儀式前的準備動作必須相當肅穆，才能使神靈感受到誠意。因此，〈東皇太一〉是一首迎神歌

曲，表現出巫師在降神儀式中的首要身分，用來溝通神人之間，諸多禮節是
展現巫師與神溝通的真正能力。這一段文字十分珍貴，是迎神的禮儀程序表，
完整地記錄了當時迎神的每一個步驟與祭祀活動。

（二）神降

〈東君〉是一篇「神降」的描述，「神降」是神靈現身下的神化儀式，「神
降」是一種通神的巫術儀式，透過巫師將祈求的心意傳達給神，神靈也將旨
意，透過巫師將神意傳達給人，整個「神降」的儀式氛圍是莊嚴肅穆的，當
神靈臨降之後，讓人進入到神明的靈驗互動之中，人向神靈訴說著自身的生
命困惑，在現實的世間裡，並無法由親友師長得到指點迷津，因此人祈求神
靈的降身，成為一種不拘泥於個人的社會背景、條件，只要心存善念、誠心
祈禱，透過巫師的協助，祈求神靈的降身，成為普遍性的宗教形上思維根據。
相信一切都在神明的保佑下，成為人們深層的心理與精神的支撐力量，獲得
了生存的庇護。〈東君〉曰：

> 羌聲色兮娛人，觀者憺兮忘歸；縆瑟兮交鼓，簫鍾兮瑤簴；鳴篪兮
> 吹竽，思靈保兮賢姱；翾飛兮翠曾，展詩兮會舞；應律兮合節，靈
> 之來兮蔽日；青雲衣兮白霓裳，舉長矢兮射天狼；操余弧兮反淪
> 降，援北斗兮酌桂漿；撰余轡兮高駝翔，杳冥冥兮以東行。

〈東君〉白話上解釋：最難忘那清晨的娛人歌舞，多少人為之而留連忘
返。上緊琴弦對打鼓，敲響鍾磬鍾架動；奏鳴簫管吹響竽，思念神保呵！賢
德又美麗。輕歌曼舞，好像飛來翡翠鳥；陳詩歌唱，大家一齊來跳舞。歌依
律呂，蹈舞翩躚按節跳，神靈來了呵，隨從們遮天蓋地出。青雲為衣呀，白
霓作下裳！我舉起長箭射天狼。我手持彎弓不讓災星降，又挽來北斗斟酌桂
酒漿。我攬轡高馳，在天空翱翔，杳冥的黑夜之後再回到東方。

〈東君〉是在文詞上作表述神靈降臨的壯觀，感受有如千軍萬馬的壯烈，
象徵著神靈浩浩蕩蕩地降臨人間。人們因祈求、攘病、除災與解厄的各種心
理，因此神靈之所以能成為人們信仰的支柱，「神降」儀式是神靈的現身、神
靈威能的顯揚，在於其能滿足人們的精神實體，透過這種神聖的精神力量，
使人們無助的心靈得到神靈的啟迪。

（三）娛神

「娛神」是「神降」之後，人為了感謝神靈的降臨，以歌功頌德的方式，

展開一連串謝神的娛樂活動，也是融合所有民眾的歡樂性的集體活動，因此
祭典儀式除了莊嚴的禱告、獻祭、祈求之外，娛神儀式則是有神人同樂的嘉
年華會般的饗宴，將人民虔敬的心情轉化爲歡娛的心情，也在娛神儀式中，
與神共同娛樂，將祈求、攘病、除災與解厄的陰霾，一消而散。〈少司命〉是
一篇「娛神」的描述：

> 滿堂兮美人，忽獨與余兮目成；入不言兮出不辭，乘回風兮載雲旗；
> 悲莫愁兮生別離，樂莫樂兮新相知；荷衣兮蕙帶，儵而來兮忽而逝；
> 夕宿兮帝郊，君誰須兮雲之際；與女沐兮咸池，晞女發兮陽之阿；
> 望美人兮未來，臨風怳兮好歌；孔蓋兮翠旌，登九天兮撫慧星；竦
> 長劍兮擁幼艾，蓀獨宜兮爲民正。

〈少司命〉白話上解釋：滿堂都是國色天香的美女，少司命單單和我眉
目傳情，少司命降臨後不出一言，離去也不告別，乘著旋風，載著雲旗的飛
回仙境，有什麼比生別離更悲哀呢？又有什麼比認識了你這個知己更快樂
呢？你以荷葉爲衣，蕙草爲帶，忽然來到人間，又突然離去，晚上你住在天
帝的附近，你在雲端正等待誰呢？盼望與你一起在天池沐浴，看你在日出之
處曬乾頭髮，可是我盼呀盼卻總盼不到你來臨，只好迎著風大聲歌唱以解愁
煩，想像你乘著用孔雀羽毛製成的車蓋，並插有翡翠羽毛製成的旌旗的華麗
車子，登上九天、手撫彗星、高舉長劍、保護著幼兒，只有你真是萬民公正
的主宰。

〈少司命〉中人經由娛神儀式可以向神靈親近，相同的，神靈也透過與
人共娛的儀式，使其神威得以擴伸，人們透過經常性的人神互動，祭典中的
高歌樂舞，感受到神靈的神聖性的滋潤，在超越性的情操下，所有的憂悶得
以解除，心靈得以恢復，放鬆了自身的情緒，享受於神人共樂的娛樂中。

（四）送神

當迎神、神降、娛神的儀式都告一段落後，也就進入最後一個「送神」
儀式，人們在迎神抱持著莊嚴肅幕的心情等待神靈的降臨，相同的，當儀式
的尾聲時，人麼也抱著感懷的心意，恭送神靈的離去。一整套迎神、神降、
娛神與送神的儀式，表示著祭典起承轉合的完整性與規律性。在逐漸平息的
歌舞聲樂中，有迎神就須送神，神靈離去，巫師重回到人的身分，民眾的情
緒也漸漸平息，整個神聖的儀式在護送神靈的離開後結束，神人間漸漸的恢

復原本的各自份位。〈湘夫人〉最後的幾句就流露出人對神的離去表示不捨之情，準備了送神的禮物，表達人們對神靈的感恩，〈湘夫人〉云：

> 捐余袂兮江中，遺餘褋兮醴浦；搴汀洲兮杜若，將以遺兮遠者；時
> 不可兮驟得，聊逍遙兮容與！

從〈湘夫人〉白話上解釋：我將衣袖啊拋進江中，我把內衣啊丟在醴浦。採集杜若啊登上沙洲，用來贈送啊遠方美人。時光不再啊良辰難得，暫且逍遙啊從容舒閒。〈湘夫人〉中可看出人們透過自身的衣物來獻給神靈的送神巫儀，人們感謝神靈的降靈，感懷祭典儀式雖是時間有限，但是神靈對人的啟示確是影響深遠，可以讓人們帶著這份神的嘉勉返回生活之中，給了人們無限的心理安慰，免除了之前的恐懼、焦躁與絕望之苦，生命中重新感到逍遙與自在。因此，送神儀式雖然是儀式的尾聲，但是卻是民眾重新回到生活的開始，帶著神靈的護庇，生活重新安置在與宇宙萬有的整體和諧之中。

綜觀以上對於《周易》、《莊子》及《楚辭》的探討，我們可以獲知這三篇文獻並非僅是古典文學而已，同時也是神話、儀式與宗教文化的重要文獻，反映了中國古代原始的宗教儀式實錄。在《周易》中透過占筮來達到人與上天感通的儀式，在卦爻辭的提示下，求得出先民對於趨吉避凶的生存之道。其次，在《莊子》中透過與人感通的「神將來舍」神秘體驗，體悟出人與鬼神的冥契合一狀態。最後，在《楚辭》的〈九歌〉中更是清楚地記載著古代祭祀的步驟與方法，透過迎神、神降、娛神與送神的程序，先民已有一套標準的與神感通流程，形成後世遵奉的人神互動崇拜文化，而流傳讚頌在各種天神、地祈、人鬼的祭祀儀式裡。

小　結

中國古代神話的原始思維，主要透過族群集體意識，發展成「神話思維」。「原始思維」是指人類進入文明以前最早的一套思維體系，可謂是一套「原始邏輯的思維」，〔註33〕人類最早心理與觀念所構成的集體生存意識。〔註34〕在中國古代的宗教信仰，絕非僅是鬼神崇拜而已，本身含有著神話思維，將

〔註33〕列維・布留爾（Levy Bruhl），丁由譯，《原始思維》，北京：商務印書館，1981年，頁71。
〔註34〕苗啟明，《原始思維》，上海：上海人民出版社，1993年，頁22。

遠古時代的神話思維融攝著歷代各種地方精神文化，而形成了一套龐大形上精神體系，自成了一套完整的形而上學，實現了人與宇宙一體化的實踐可能性，也在這樣的思維方式下，達到自身生命的安頓。

因此，中國古代神話的崇拜文化，可歸納爲表層、中層與深層。〔註 35〕所謂「表層文化」即是指宗教信仰的崇拜現象，通常是以物質形態或物化形式，如祭祀場合的廟宇或神祇偶像，因是以外顯的物化形式，因此，最容易被識別出來。所謂「中層文化」即是指宗教信仰的動態活動及動態形式，如祭祀慶典的儀式、科儀、或傳誦的道教或佛教經典，中層文化雖不像表層文化那樣的直接，將所訴求的宗教表現直接呈現，不過中層文化所展現的人文化成的形式，已注入了教派教義或儀式本身的目的，因此也是容易被識別出。所謂「深層文化」即是指宗教信仰中的核心文化，是指崇拜活動中人類內在心靈的意識形態，是一種內隱的文化現象，較難直接地以感官觸及，一般是經由神話傳說或教義觀念傳達而出，是一種較爲精緻的思維活動，當思維成型之後就具有著動態的綜合能力，能控制人類的認識活動，進行概念的運用、整合、分解、同化等思維活動。〔註 36〕因此，表層與中層文化所顯露的宗教內涵，稱不上神話中的象徵意義，本文所強調的原型象徵是指深層文化而言。

在深層文化的影響下，中國古代逐漸產生形而上的神話觀念，透過民眾在實際生活操作下，經由漫長的歷史發展過程，建構了族群固有歷史記憶下的認知體系與行爲模式。「神話」與「原始宗教」都是「原始思維」的產物，「神話」是「原始宗教」的詮釋系統，這一套詮釋系統，可以稱爲「神話思維」，也可名之「靈感思維」。「靈感思維」是「原始思維」的具體表現形式，意識到人與各種超自然靈力間相通、相交與相應等現象。〔註 37〕神話是人類原始的文化意識，也是人類最原始的精神形態凝聚而成的價值認知。因此，雖然神話的價值認知系統雖然是原始形態，而且大部分是未組織，夾雜了許多荒誕不合理的成分，未經自覺及理性反應的形式，但這樣素樸的原始思想體系，也都未必是毫無意義的，也具備了某些哲學之形上意義與倫理實踐價值，只不過表現的形態，是一種以神話思維的哲學論述的姿態呈現。

〔註35〕何星亮，《中國自然神語自然崇拜》，上海：上海三聯書局，頁 25。
〔註36〕鄭志明，《民間信仰與儀式》，頁 99。
〔註37〕朱存民，《靈感思維與原始文化》，上海：學林出版社，1995 年，頁 61。

　　相對於神話來說，儀式則是神話的形上思維的延伸，不僅是具體宗教儀式的操作，更象徵著無形的宗教關懷，發展出一套由「神話」的形上到「儀式」形下的完整哲學型態，是先民們集體生存智慧的結晶。形上的神話，不僅在宗教的思想上，能提供豐富的中國哲學的前邏輯思維，並且提供了儀式的人類身體符號象徵。這整套的思維型態並非透過哲學思辨來傳達宗教思想，而是透過信仰的儀式活動，在神聖境域的廟堂空間裡，人們經由巫師的引領來與超越界的神祇溝通，在靈感思維的進行下，人們進入了一個神聖的密契體驗中，傾聽天神話語的洗禮下提高生命的能量，達到純潔淨化了人的心靈，消除世俗的私利與肉體本能的欲求，領悟超然的精神境界。神話與儀式是一體兩面的，人們在靈感思維的陶冶下，透過人與鬼神的交感禮儀，領悟宇宙普遍聯繫的法則，確立自身安身立命的價值所在。

第三章　中國古代的宇宙觀

　　從世界的神話史來說，無論早期的希臘神話，或是中國上古時期的起源神話，都呈現一種從「神本社會」轉變成「人本社會」的趨勢，再從宗教性的神性轉移到古帝王的政教一體上，神的職能被具有統治才能的古帝王所取代，不可名狀的天神的角色，則被可以與神交感的巫取代。而後，主導著人的至高無上的、萬能的天神的地位退居到配屬的角色。人逐漸意識到自我的主體性，便開始以自我爲核心，開始對於天地萬物產生了各種主、客認識，根據生活世界的豐富性，也形成了宇宙觀與價值意識。

　　從早期的神話看來，人類必須不斷地適應各種環境的條件下才能生存，早期的人類在謀取生活與從事生產活動中，顯示出人主體活動的精神創造能量，原始社會中充滿著各種生存危機，因此原始人類必須秉持著強烈的生命實踐力，以考量以自身安全爲中心的空間意識，建構出自身可以安居樂業的生活場域，以人的活動作爲中介，將自然與社會加以相互滲透與貫通，進行物質與精神的轉換與調適，人再經由與神的交涉，確立其安身立命之本。在起源問題的探討上，人以其活動爲主體，將自然的客體與社會客體轉換成精神客體。〔註 1〕

　　誠如鄭志明先生所言說：「主體的人可以投向於客體的天地之中，宇宙的起源是關聯著人生命的起源，意識到主體與客體具有著不可分割的對應關係，彼此是混然一體的，可以將人的生命投射到天地造化之中，同時也能從天地運行規律領悟到生命存有的價值與意義。起源神話是建立在人的主體直

〔註 1〕修毅編，《人的活動哲學》，北京：中國大百科全書出版社，1994 年，頁 89

感上，直接以自己的心理經驗來解釋與認知外在的世界，是以自己的心靈本性來推知客體存有的事物，導致主體與客體的混融與互涉，人與天地萬物有著生命的共同感受，有著天地人三位一體混沌共感，有著主客一體化的直覺統一。在生命心靈的運動下，也意識到主宰天地的鬼神存有，具有著支配人事補福的超自然力量，人與鬼神也是處在靈寶的互相感應上，有著人鬼神三位一體的相關認知，也是一種主客一體化的直覺統一。」〔註2〕

因此，原始的人類要發展出一套脫離實際生活的宇宙形上理論，並不是一蹴可及的，可能要經過數千年，甚至數萬年，才能發展出一套抽象的形上系統。所有的宇宙空間意識，對於原始人類而言，即是他生活可理解的範圍，超乎生活世界之外的抽象事務，他並無法有任何能力理解，但在他生活世界的種種事物，他卻能鉅細靡遺、如數家珍的娓娓道來。因此，我們理解原始人類的基本感官認知之後，原始人類是如何使用神話思維所架構的空間意識，才不致以當代文明的抽象宇宙觀，來比較原始人類的宇宙觀產生誤解。因此，原始人類的宇宙思維是建立在神話思維之中，透由一種主體直覺上，來與天地萬物聯繫。

早期中國哲學宇宙觀，深受於上古時期宇宙起源或開天闢地的神話思想所影響，有如中國哲學的「天」、「道」、「陰陽」等概念，有蘊含著上古神話的深刻痕跡，而關於人與宇宙、天地、鬼神命題如「天人關係」、「天道觀」、「鬼神觀」等，是跟古代時期的神話思維有密切的關係，而後又影響到中國哲學的發展。因此，人如何在現實的環境得到超越，人又如何跳脫現實的枷鎖，諸多關於人自身處世的生命智慧、生存趨吉避凶之道，是華夏子民從古至今不曾間斷的生命課題。

在本章，我們首先介紹中國古代的宇宙意識，從中國神話的宇宙模式到早期中國哲學的宇宙觀。其次，以《莊子》「環中」的隱喻，探討中國古代神話神聖空間之特性。以及，以《周易》的宇宙觀，說明古代先民的宇宙觀之形成。最後，以《象傳》的乾元生物說，表述中國古代宇宙創生之情形。

第一節　中國古代的宇宙意識

中國神話的「女媧」、「伏羲」神話都意識以人作爲主體的存在空間。人

〔註 2〕鄭志明，《中國神話與儀式》，頁 168。

必須意識到自身的存在狀態，確認了主體的核心性後，才能確立人主體存在的生活世界。其展現的宇宙觀，就不同文化在宇宙中、社會中存在的狀態與意義，進行關於生命終極目的的實現，中國神話屬於大陸型態的神話型態居多，而西方神話則以屬於海洋型態的神話居多，由中、西神話的差別，經長期文化累積而成空間意識，延續到各自的宇宙論發展。在古代的宇宙意識裡，是屬於古代的神話思維一種方式，將各種天地自然的物質，如山川、海洋、河流，與非物質型態的精神能量，如鬼、神、精怪，混合的引入自身的生活世界之中，建立出核心的超越精神世界。

　　所謂核心性，是指宇宙論的核心，是指集體共識與生活實踐下的文化核心，確立了人們共同認可下的生命存在意義與價值。所謂宇宙圖式是指人類在時空的存有感受中所建構而出的精神家園，是人類存在與闡述。〔註3〕宇宙意識是由主體自身的核心產生後，以自身的視域為軸心，向外輻射發展出去，形成了以核心為軸，四周為邊際的生活區域。在生活區域內，除了自然的物質形式外，也必須包含精神性的精神世界，形成了具備物質與精神完備的宇宙圖式。在本節我們首先介紹中國神話的宇宙模式，進而探討宇宙觀發展原理，並以早期中國哲學的宇宙觀來呼應神話時期的宇宙模式。

一、中國神話的宇宙模式

　　中國神話的「天圓地方」是最早的神話宇宙意識。在《淮南子》覽冥訓謂女媧「背方州，抱圓天」，其神話式的宇宙觀是以大龜的足代替天柱，樹立在大地四方。把天空撐起來，說女媧背負著方方的大地，懷抱著圓圓的天空。在《周髀算經》中提到「方屬地、圓屬天，天圓地方」，《晉書・天文志》也有「天圓如張蓋，地方如棋局」，中國很早就有「天圓地方」的說法，古時候的中國人認為天的樣子就像一個倒過來的碗，覆蓋在大地之上，所謂四方就是指東西南北四個方位，因此，中國古代就以「天圓地方」觀向外同時有著「圓」與「方」的宇宙空間的運動模式。學者何新認為天圓地方的宇宙說，是來自於神話的扶桑天地觀，是以東方的扶桑木，中央的建木與西方的若木為三點，建構出圓形的天來聯結方形的地。〔註4〕

〔註3〕馮天策，《信仰導論》，南寧：廣西人民出版社，1992年，頁5。
〔註4〕何新，《中國遠古神話與歷史新探》，頁168。

　　成書於公元前二世紀的《周髀算經》中記載了周朝時期矩的使用方法:「平矩以正繩,偃矩以望高,履矩以測深,臥矩以知遠,環矩以為圓,合矩以為方。方屬地,圓屬天,天圓地方。方數為典,以方出圓,笠以寫天。」古代使用矩進行測繪的「平矩以正繩」是平、直的方法;「環矩以為圓,合矩以為方」是以矩代規可以畫圓和用矩畫方的方法。方形是平面空間,象徵大地,受制於有限性;圓形是立體空間,象徵天空,具有無限性。這是初周時期以方圓的繪製來類推天地宇宙的空間觀念,認為理解方圓的規則,可以掌握到空間維度的定理。

　　「式」是古代術數家占驗時用的一種工具,根據出土的漢代古式,顯示的就是這種共同圓心的宇宙觀,以圓盤來象徵天,以方盤來象徵地,兩盤重置相置穿孔而旋轉,此孔就是兩盤共用的核心,顯示天地都是對應著同一圓心來運轉的,盤中先用兩條交叉的直線形成四方,再用兩條交叉的直線形成四隅,建構出八方或八位,然後在圓形與方形的對應位置中,以陰陽五行的原則來解釋萬物進退消長的變化。〔註5〕

　　天圓與地方並不是無法相攝的空間維度,地方是屬於二維的平面空間維度,天圓屬於三維的立體空間維度,天圓與地方以相同的中心為軸,同時可以作為又圓又方的宇宙空間法則。在中國古代天圓地方可以在建築上見到端倪,如古代的明堂建築物,上圓象徵天,下方象徵地,四門象徵四季,八窗象徵八風,是延續著神話而來的術數宇宙觀,〔註6〕居住的空間方位對應著宇宙的空間法則,若是相輔,會對人產生福吉;若是不對應,則會產生凶禍。因此,古人為了安身立命的正確方位,就必須重視環境空間的講究,進而相應於與時俱進的生存時間,空間與時間相契合,人的存在性有了基礎,才會有無限發展的可能性。

　　因此,在中國古代的宇宙觀,起源自古人對於天體與土地的理解,以圓形代表天體,以方形代表土地,人的位置就位於在「天圓地方」的時間與空間中,因此「天圓地方」宇宙圖示是古代宇宙觀的起源,在典籍中所謂「方圓之道」。

〔註5〕李零,〈式與中國古代的宇宙模式〉,《中國方術考》,北京:東方出版社,2000年,頁158。

〔註6〕杜正勝,〈內外與八方——中國傳統居室的倫理觀與宇宙觀〉,《空間、力與社會》,臺北:中央研究院民族學研究所,1995年,頁259。

　　中國古代受到神話的天圓地方的宇宙意識相當多影響,「制器尚象」就是以方圓之理來創造器物的空間形式原則,然而以「天圓地方」的造型顯現的器物,本身也具有牽引與召喚天地的神秘象徵,可以上通天庭、下達地府,以古代駕車為例,車體是以方形為體,方象徵的地,車頂是以圓形為蓋象徵著天,車子立四旗代表四方的定位,雙輪像日月週期性的運轉。〔註7〕圓形與方形在古代神話中,也都孕有神聖性的意涵,因此,在「天圓地方」的宇宙圖示中,都象徵著神聖境域。

　　其他中國古代神話的宇宙模式,還有「四極八柱」、「四神三光」與「兩河三界」等構想。所謂「四極八柱」,出自於女媧神話,以四極八柱作為大地的定向,由平面到立體將天地構成一個統一的整體。所謂「四神三光」,是以青龍、朱雀、白虎、玄武為劃定東南西北方位的四神,以日、月、星為測定歲時的三光,日月象徵天地,星象徵天河,可以相通天地。所謂「兩河三界」,三界是指神、人、鬼,在宇宙空間的分隔,是以天河(星河)與地川(冥河)劃界,天河與地川是相連互通,建構出天地一體的組合模式。〔註8〕

　　因此,早期人類逐漸從混沌不分的時空觀中出走,根據太陽在一晝夜間的不同位置分辨出東南西北四個空間方位,產生出四個象徵時空座標的原型模式,即東方模式、南方模式、西方模式與北方模式等神話的宇宙圖式,依此宇宙觀的立體圖象,將宇宙分成天圓、地方與大地環水等三部分,認為世界是由天、地、水等三種不同物質形態所構成的。〔註9〕類似這樣的學說,也是中國古代神話四方位的空間意識。

二、神話的宇宙觀發展原理

　　中國古代神話的宇宙觀發展原理,根據鄭志明先生歸納有三,分別為:(一)堅定中心的信仰情操;(二)反覆圓環的聖顯實現;(三)又中又圓的生命修持。我們以下針對這三點略述之。

〔註7〕邱博舜,〈從「天圓地方」的觀點看「八宅」的操作架構〉,《空間、力與社會》,臺北:中央研究院民族學研究所,1995年,頁280。

〔註8〕陶思炎,〈中國宇宙神話略論〉,《東方文化》第1集,南京:東南大學出版社,1991年,頁16～25。

〔註9〕葉舒憲,《中國神話哲學》,北京:中國社會科學出版社,1992年,頁37。

（一）堅定中心的信仰情操

從早期的文獻記載，人透過一定的宗教儀式與天地鬼神是隨時能相應相通，如《尚書》與《國語》都有記載「絕地天通」的方式，《尚書·呂刑篇》曰：「乃命重黎，絕地天通，罔有降格。群后之逮在下，明明棐常，鰥寡無蓋。皇帝清問下民，鰥寡有辭于苗。德威惟畏，德明惟明。」《國語·楚語》曰：「顓頊受之，乃命南正重司天以屬神，命北正黎司地以屬民，使復舊常，無相侵瀆，是謂絕地天通。」在遠古時代人透過宗教儀式可直接與天地鬼神能直接往來。後來這樣的能力喪失了，只有透過專職的巫師，才能擔任人神之間的感通與互動的代言人。因此，經由巫師來擔任人神間的溝通的媒介，其居住的生態環境中希望得到宇宙力量的慰藉，人神間的溝通的場域視爲神聖「中心」，是最顯著的神聖地帶。

在神聖「中心」裡，巫師代表展現契合宇宙的神性，透過祭祀的儀式，揭示出人與宇宙關聯的奧秘，作爲天地、鬼神的溝通核心。每個人透由堅定中心的信仰情操，能經由氣化的涵養，從自身的小宇宙能通向於大宇宙，將自身的精神生命，通往無限的宇宙空間。

（二）反覆圓環的聖顯實現

神話中的神靈象徵天體運行與四時交替的宇宙的主宰，從四季運行的春夏秋冬到人的生、老、病、死，都如同圓環般往復循環。因此，當巫師在對於人們進行儀式活動中，儀式不斷的反覆操作，象徵宇宙間的能量源源不絕，獲得持續的流轉，傳統圓形的宇宙觀則顯示其空間與時間是處在循環與回歸之中，把生命的存在如同月亮的陰晴圓缺循環周期，處在死亡與出生的反覆圓環，宇宙的創生由混沌到秩序，再經由秩序轉回混沌，因此，人們在儀式中感受圓形反覆循環的宇宙觀，人們可以以一種豁達的生命情操來感知生命的生老病死、悲歡離合，而得到生命力量的啓迪，產生超越時間與空間的生存法則，相信人的生命歷程是宇宙進化的一個環節，朝向於圓滿境域的永恆追尋，向著圓滿的方向進行。經由儀式的操作，人們就可以知道生命循環的奧秘，如何在逆境中轉化，如何在低潮處躍起，隨時可以生命核心的回歸，在往返生命的流轉中，得到生命存有的永恆價值。透由巫師以中介的方式體現神聖的力量，將人們的精神力量不斷地提升超越。

（三）又中又圓的生命修持

　　神話的內在觀念系統是透過巫術的儀式，來形成外顯的儀式形式，內在神聖觀念與外在的儀式形式，彼此是互動性質的互爲表裡，內在神話的觀念，都帶有著中心的生命質感，重視自身生命的主體，外在儀式以圓形的宇宙圖式，確立具有典範意義的文化秩序。也表示原始人類的生命實踐是經由自我心靈的開啓，展現道德的實踐，而是生命眞實的直覺與行動，透過有限的形式探究無限的可能，又圓又中的生命修持是原始人類的心靈智慧展現的宗教活動，是直接來自宇宙意識的信仰行爲。

　　在人類文字尚未普遍運用之前，人們透過神話的思維、宗教儀式的操作，來理解宇宙的誕生與發展，並將神話的宇宙觀，轉化爲自我生命涵攝天地萬物的胸襟，感知人與自然間有著互爲一體的通性，人透由儀式意識天地的形上存有，感受到鬼神的超越存在，進而提升自身神聖能量，轉換成安頓現實生活的精神力量，經由中心的信念來確保生活秩序的法則，象徵宇宙觀又中又圓的實現。

　　總言之，神話的宇宙觀主要在建立自我生命存在的眞正終極追尋，從神聖的領悟中開始內在自我的體驗，意識到人也可以運用一些具體的象徵與儀式，在相應於自然的有機節律中，找到自己特有的生命本質與生存功能。人在生活中不能忽略自然的平衡與萬物的互動，必然將個體的生命投入到有序的宇宙感應，經由神話對起源的詮釋與論述，進入到宗教對宇宙法則的堅持與奉行。〔註10〕

三、早期中國哲學的宇宙觀

　　早期中國哲學的宇宙觀，深受於上古時期宇宙起源或開天闢地的神話思想，方東美先生在《原始儒家道家哲學》對於古代的神話時期所言：「神聖的價值貫注在太空裏，在山河大地裏，在每人的心裏，在每一存在之核心裏。因此我們可以說：神不僅高居皇天，神也居住在我們每人的心中」、「中國古代的宗教情操裏，所有的不是單純的宗教智慧，而是極其複雜的宗教智慧，它知道分寸，在宗教祭祀，宗教崇拜時，整個的自然世界成爲一個神聖的世界，同屬在皇矣上帝的神聖之下」〔註11〕、「中國人以爲，當你存在時，生活

〔註10〕鄭志明，《中國神話與儀式》，頁176。
〔註11〕方東美，《原始儒家道家哲學》，臺北：黎明文化公司，1993年，頁113。

在現實世界裏，有健全的身體，同時生活在神聖世界裏，有健全的靈魂，然後兩者合併才形成一人格之整體。這樣，人之生活範圍就廣了，上可升天下可入地，縱橫馳騁在太空中，得到許許多多的滿足」。〔註12〕

因此，神話作爲中國哲學的前哲學，也蘊藏了先秦道家哲學的宇宙觀，有如《莊子‧應帝王篇》：「南海之帝爲儵，北海之帝爲忽，中央之帝爲渾沌。儵與忽時相與遇於渾沌之地，渾沌待之甚善。」便有渾沌被儵、忽二帝鑿開七竅因而身亡的故事。而竅代表著一種整個宇宙或整個世界的誕生。其它又如《淮南子‧覽冥篇》中「女媧補天」、三國時期吳人徐整的《三五歷紀》中「盤古開天闢地」，都有宇宙創生的動態歷程描述。

對於早期中國哲學而言，「宇宙」的說法，源自戰國時代的莊子，《莊子》中有四處出現「宇宙」二字，「旁日月，挾宇宙，爲其吻合。」（《莊子‧齊物論》）、「外不觀乎宇宙，內不知乎大初，是以不過乎崑崙，不遊乎太虛。」（《莊子‧知北遊》）、「舜以天下讓善卷，善卷曰：『余立於宇宙之中，冬日衣皮毛…』」（《莊子‧知北遊》）、「迷惑於宇宙，形累不知太初」（《莊子‧列禦寇》）。《莊子‧庚桑楚》對於「宇宙」二字分開解釋：「有實而無乎處者，宇也。有長而無本剽者，宙也。」郭象注云：「宇者，有四方上下，而四方上下未有窮處。宙者，有古今之長，而古今之長無極。」相同戰國時代的著作《文子》曰：「往古來今謂之宙，四方上下謂之宇。」（《文子‧自然》）、《尸子》曰：「上下四方曰宇，往古來今曰宙。」

馮友蘭先生說：「宇宙者，一切事物之總名也。此所謂事（events）及物（things），皆依其字之最廣義。如樹枝、蟲蟻、微塵，皆物也；人亦物也。如樹枝之動搖、微塵之飛颺、蟲蟻之鬥爭，皆事也；人之動作云爲，亦事也。自無始以來，即有物有事；合此「往古來今」、「上下四方」、之一切事物，總而言之，名曰宇宙。人乃宇宙中之一種物，人生乃宇宙中之一種事。」〔註13〕

金忠烈先生說：「『宇宙』這一名詞在中國哲學上的意義，是時間與空間，有空間萬物可以轉移動靜，主客相代可以消息起伏因果相連。有質量之區分可以上升下降，化合稀散；有方位可以四時推移終而復使，替代新機。」〔註14〕

〔註12〕方東美，《原始儒家道家哲學》，頁113。
〔註13〕馮友蘭，《人生的哲理》，臺北：生智文化公司，1997年，頁1。
〔註14〕金忠烈，《時空與人生》，臺北：華岡出版公司，1970年，頁185。

曾春海先生說：「『宇宙』指在時空統合場中，一切具體的存在者，宇宙論主要論述宇宙創化的原理原則而不涉及宇宙實質發生的過程，例如：《老子》、《莊子》、《易》宇宙生成論係研究天地萬物構成之原質及其生成變化之動態勢能、發展歷程的一種學問。」〔註15〕

相較於西方哲學以客觀知識、理性論證為主軸，進行解析式的本體論與宇宙論之思辨和系統化的分構，〔註16〕在近代哲學的精密分工下，已形成了西方講究的學術風氣。相較於西方的中國哲學形上學，主要以自身位於時空環境的生命安頓為主要，建立安身立命的形上智慧為生命追求目標。因此，中國哲學形上學的本體論、宇宙論特質並非是截然不同的理論，而關懷的即是以天人關係為著眼點，不脫離宇宙與人生的關係來獨立探討。

因此，早期中國哲學宇宙論的特色在於天人一本的機體觀，旨在於天人萬物的相互聯繫，能通幽明，上下，人我，物我，構成變常不二，本體現象相繼，道器相涵、兼涵宇宙論及價值論，一多相攝的動態歷程，以生態觀論述本體論。〔註17〕中國哲學在宇宙觀上，亦即在天人一本的機體觀內，一種人在「時間」與「空間」所安立的存有狀態。

綜觀上述，中國早期的宇宙觀，主要透過主體觀察體驗向外幅射的寰宇，以核心為軸，四周為邊際的觀察範圍，透由客觀環境形成主觀的宇宙觀念。「天圓地方」是中國最早的宇宙意識，經由早期中國哲學「宇宙」概念的詮解，上下四方曰宇，往古來今曰宙，賦予了「時間」與「空間」的意義，並且，在軸心自身與四方的對應上，轉換成「天人關係」的主體在「時間」與「空間」中的存有狀態探討。

第二節　《莊子・齊物論》「環中」的神聖空間

神話中的空間與時間具有著特殊的象徵意涵，是與天地對應而來的神聖空間與神聖時間。所謂神聖空間，不是一般的地理位置，而是基於宇宙創世

〔註15〕曾春海主編，《中國哲學概論》，臺北：五南圖書出版公司，2005年，頁45。
〔註16〕「西方哲學上對於宇宙論（cosmology）的解釋，包括了萬有（萬物、世界、宇宙……）的生成變化、內在結構的生成變化、內在結構、因果法則，以及事物的存在目的……等諸般相關事項的探究。在西方哲學的研究中，用存有（Being）與生成變化（Becoming）這兩大範疇，分別來指涉天學與地學，或本體論與宇宙論它們各自論究的事項。」鄔昆如主編，《哲學入門》，臺北：五南出版公司，2003年，頁180。宇宙論章節部分由陳俊輝撰寫。
〔註17〕曾春海主編，《中國哲學概論》，頁42。

論聖顯而來的世界，是一個可以與眾神相交混的世界，是一個可以交通天地與鬼神的神聖世界。〔註18〕所謂神聖時間，是時間之源的再開始，也是宇宙開關的重返，展現出創世的周期性，象徵著時間的永恆回歸。〔註19〕

在巫術的儀式中，就是一種神話中的空間與時間的操作。人類面對自我生命的存在感，向開放的宇宙寰宇提出企求，以重複儀式的操作方式，喚起內在心靈蘊藏的宇宙意識，重新恢復生命的空間調適，恢復人在時間與空間中所安立的居所。在儀式中從核心到四方或八方的空間安置，實際是要建立出方圓的神聖空間中心，朝向對中心而來的神聖圓形空間。

儀式本身的目的，就是要塑造一個超越時空的神聖中心，使人們在位於神聖的中心，能喚起自身的生命時間與空間意識。古代神話中的「天圓地方」更具有著特殊的象徵意涵，空間與時間是與天地、鬼神相對應的神聖空間與神聖時間。古代神話的宇宙觀，中心是落在「中」的境界上，外在是落在四周的外「環」上，中心是神聖的，而外環的圓形是具有一種中心的神聖趨向性。因此，這種外環與中心的互動關係，在神話圓形的宇宙觀上，一直被傳承下來，成爲中國哲學宇宙觀的基本型態之一。本節我們先以《莊子·齊物論》「環中」的隱喻爲例，作爲古代神聖空間的文本依據。其次，探討「中」與「環」的相互關係，說明古代宗教儀式中的「虛擬實境」。

一、《莊子·齊物論》「環中」的隱喻

中心是落在「中」的境界上，外在是落在四周的外「環」上的宇宙觀，這樣的觀點，正是《莊子》「環中」的隱喻，如莊子曰：「樞始得其環中，以應無窮」（《莊子·齊物論》）、「得其環中以隨成，與物無終無始，無幾無時。」（《莊子·則陽篇》）學者蕭兵先生，曾考察莊子「環中」的概念，認爲莊子「環中」的概念不是杜撰的，而是應是延續古代神話的世界中心觀，積極地想要融入宇宙中心，與宇宙的時空相同步與相對應。〔註20〕莊子的「環中」概念，是以外環對應中心而形成一種圓圈，其中心就是莊子的另外的一些重

〔註18〕 Mircea Eliade，楊素娥譯，《聖與俗——宗教的本質》，臺北：桂冠圖書公司，2001 年，頁 84。

〔註19〕 Mircea Eliade，楊儒賓譯，《宇宙與歷史——永恆回歸的神話》，臺北：聯經出版事業公司，2000 年，頁 75。

〔註20〕 蕭兵，〈中國神話裏的世界中心觀——兼論周人「世界中心」之轉移〉，《中國神話與傳說學術研討會論文集》，臺北：漢學研究中心，1996 年，頁 88。

要概念「道樞」、「天鈞」、「葆光」，因此，我們對於《莊子》「環中」概念的探究，首先必須理解「道樞」、「天鈞」、「葆光」的神話隱喻，如此才能掌握「環中」之原意。

（一）「天倪」、「天均」之喻

莊子究竟是如何使「天倪」達到「自然的分際」的功能？我們就《莊子》中則有二段對於「天倪」的描寫，來觀其端倪之所在。在〈齊物論〉曰：

> 何謂和之以天倪？曰：是不是，然不然。是若果是也，則是之異乎不是也亦無辯；然若果然也，則然之異乎不然也亦無辯。化聲之相待，若其不相待，和之以天倪，因之以曼衍，所以窮年也。忘年忘義，振於無竟，故寓諸無竟。（〈齊物論〉）

莊子解釋什麼叫做「天倪」？就是說一件事情，對的好像是不對的，正確的好像是不正確的。如果對的真的是對的，那麼不對的不對也就是用不著去爭辯；如果正確的真的是正確的，那麼不正確的是不正確的也就用不著去爭辯。忘掉生死忘掉是非，到達無窮無盡的境界，「天倪」即是一種聖人就是把自己寄託在無窮盡的天際中。另外一段在〈寓言〉則曰：

> 卮言日出，和以天倪，因以曼衍，所以窮年。……非卮言日出，和以天倪，孰得其久！萬物皆種也，以不同形相禪，始卒若環，莫得其倫，是謂天均。天均者天倪也。（〈寓言〉）

莊子進一步說明，萬物都有其不同的種類，以不同的型態相互傳衍，從開始到結束是一個循環，沒有端倪，稱之為「天均」，「天均」即是「天倪」之意。而我們從此段得到「天倪」有循環之情態，並衍生出另一個「天均」的說法。而「天均」又是何以來解釋「天倪」？宋朝斐駰《集解》引《漢書音義》曰：「陶家名模下圓轉者為鈞。」唐朝司馬貞《索隱》引張晏云：「陶，冶；鈞，范也。作器，下所轉者為鈞。」由此可知，「鈞」是指陶鈞之意，即是一種可旋轉的陶瓷圓盤。「天倪」的運作有如一輪高掛天空的巨陶，天地萬物就籠罩在這巨大的圓盤下，天地萬物得以在自然的分際下生存，隨著這個大圓盤不斷地旋轉，週而復始，如同「始卒若環，莫得其倫」一般。

（二）「道樞」之喻

莊子藉由陶鈞之神話隱喻來說明道體「自然的分際」的功用。接在「天均」之運轉之動力來源，籠罩大地的大圓盤之所以能夠不斷地旋轉，象徵天地萬物的快速地交替變化，還是必須立足於的「道樞」中，才能掌握變化，

正如「樞始得其環中，以應無窮」〈齊物論〉所示。〈齊物論〉說道：

> 是亦彼也，彼亦是也。彼亦一是非，此亦一是非。果且有彼是乎哉？
> 果且無彼是乎哉？彼是莫得其偶，謂之道樞。樞始得其環中，以應
> 無窮。是亦一無窮。（〈齊物論〉）

什麼叫做「道樞」？陳鼓應先生認為「道樞」，是指「世界的實況、事物的本然」。〔註21〕「『此』也就是『彼』，『彼』也就是『此』。彼有它的是非，此也有它的是非。果真有彼此的分別嗎？果真沒有彼此的分別嗎？彼此不相對待，就是道的樞紐。合於道樞才像得入環的中心，以應變無窮的流變。」〔註22〕也就是說，掌握了大道的樞紐，就好像進入環的中心一般，可以應付無窮的變化，「是」是一個無窮的變化，「非」也是一個無窮變化，因此不如用大道的樞紐來關照萬物。

「道樞」之喻主要的奧蘊，正是體現於《老子》文本中「三十輻共一轂，當其無，有車之用。埏埴以為器，當其無，有器之用。鑿戶牖以為室，當其無，有室之用。故有之以為利，無之以為用。」（《老子・十一章》）的玄義。大道之樞紐，象徵天地萬物蘊藏於空虛的核心無限生殖力，正所謂「谷神不死，是謂玄牝。玄牝之門，是謂天地根。綿綿若存，用之不勤。」（《老子・第六章》）

（三）「天府」、「葆光」之喻

在《莊子》中形容「道樞」的狀態，〈齊物論〉就以「天府」、「葆光」的神話隱喻來形容。〈齊物論〉曰：

> 夫大道不稱，大辯不言，大仁不仁，大廉不嗛，大勇不忮。道昭而
> 不道，言辯而不及，仁常而不成，廉清而不信，勇忮而不成。五者
> 圓而幾向方矣，故知止其所不知，至矣。孰知不言之辯，不道之道？
> 若有能知，此之謂天府。注焉而不滿，酌焉而不竭，而不知其所由
> 來，此之謂葆光。（〈齊物論〉）

莊子指出聖人的五種德行，以「天府」、「葆光」來象徵聖人的言行德行之典範。一如「天府」象徵天然的臟腑一般，一如「葆光」一般，無論注入多少也不會盈滿，取出多少也不會枯竭。這就是潛藏其中卻不輕易外露的光芒，不知這到底是從何而來。

〔註21〕陳鼓應，《莊子今註今譯》，臺北：台灣商務印書館，1999 年，頁 64。
〔註22〕陳鼓應，《莊子今註今譯》，頁 65。

　　爲了探究「葆光」的神話隱喻象徵，於是我們追溯到戰國時期范文子之《文子》中的一段神話隱喻。〔註23〕范文子以北斗（極）星來作爲「葆光」之神話隱喻，使我們更能接近「葆光」所顯露之原始風貌。范文子在《文子·下德》曰：「不言之辯，不道之道，若或通焉，謂之天府。取焉而不損，酌焉而不竭，莫知其所求由出，謂之搖光。搖光者，資糧萬物者也。」對於《文子》的神話隱喻，朱任飛在《莊子神話的破譯與解析》解釋說：

　　　徐靈府注曰：「搖光，斗標之望，揭轉於中，制以四方，萬物主之以爲資。」搖光乃北斗七星之一，與玉衡、開陽二星共爲斗柄。且在人們心目中有主萬物、資群生的權威地位。具定且漢墓出土的竹簡證明，《文子》一書不是偽書，且文子曾師從老子，那麼《文子》一書早於《莊子》或它同時，因此我們比較這兩段基本相同的文字，即可發現他們在行文和取義上的相同之處。二者闡述的基本都是大道的狀態，且用語基本相同，《莊子》與《文子》的雷同似不言自明。只是一作「搖光」，一作「葆光」，就上下文觀之，此處之「葆光」即《文子》之「搖光」，即北斗第七星，亦用來泛指北斗七星。〔註24〕

　　正如《文子》的神話隱喻，莊子以北斗星來隱喻「葆光」（即是「搖光」），僅在觀念上有「道樞」——大道之樞紐之含意，以北斗星位於天體之中心，永恆不動，夜空中所有星辰圍繞著北斗星而旋轉，有如聖王之道是供給人們作爲遵循的恆久典範。而北斗七星的巨大星象，尤其是形狀有如酒勺一般，更是在古代人們心中有著一種浩瀚的涵容性，也是古人經常引以喻酒器之意。

　　誠如《詩經·小雅》有云：「維南有箕，不可以簸揚。維北有斗，不可以挹酒漿。」指的就是將北斗七星比喻爲大酒勺，供人們來豪飲一番。另外，屈原在《楚辭·九歌》：「操余弧兮反淪降，援北斗兮酌桂漿」也引用北斗七星的大酒勺來裝桂花酒，其豪情壯志可想而知。是故，在《莊子》中對於「葆

〔註23〕《文子》爲范文子作著。范文子，又名士燮。晉國大夫，老子弟子，與孔子並時。《文子》文中引用了不少《道德經》原文，或加以解說。陳鼓應先生說：「春秋末的老學，經關尹、楊朱、列子的繼承，到戰國中期，道家內部的發展臻於高峰，崛起了兩大派別，其一爲楚文化孕育而成的莊學，另一爲齊文化孕育而成的黃老。……《文子》是一部典型的黃老道家的作品，可惜這書一向爲學界所忽視。」陳鼓應，《道家易學建構》，臺北：臺灣商務印書館，2003年，頁28～36。

〔註24〕朱任飛，《莊子神話的破譯與解析》，長春：東北師範大學出版社，1999年，頁180～181。

光」的「注焉而不滿，酌焉而不竭」之喻，也正是利用北斗七星所展現的的巨大星象物理空間，以其比喻大道的無限的涵容性與無窮之滿溢性。莊子的「天府」、「葆光」之喻，也正是老子所謂「道常無名。樸雖小，天下莫能臣也。侯王若能守之，萬物將自賓……。譬道之在天下，猶川谷之於江海。」（《老子》三十二章）

我們由「天倪」（天均）的大圓盤對照出「樞始得其環中，以應無窮」的「道樞」，就是位居於眞理的核心，而超越了一切是非對待的一種的功用。莊子在〈齊物論〉以「道樞」、「天倪」、「天鈞」、「天府」、「葆光」的神話隱喻大道，無不顯露出其豐富的想像力及創作力，並將這些神奇的比喻串連起來，構成一幅幅開天闢地的道體之動感圖畫，莫怪被譽爲千古第一奇文。莊子體悟大道之神話隱喻，一如「天倪」比喻爲「天鈞」之意，此時，心中展開了一個「巨大的陶鈞」的圖象，一輪陶高掛在天空中，籠罩大地，天地萬物就圍繞著「巨大的陶鈞」的「道樞」（軸心），不停地旋轉。大道的樞紐，就是將一切是非對待消溶在無窮深遠之大道的核心之中。

有如「天府」（自然之臟腑）一般，有如「葆光」（北斗星）一般。在星空中發出隱晦的光芒，恆使著天地萬物縈繞著它而旋轉。隨著日月變換、物換星移，那北斗七星的巨大的星像，一如水注不滿、永酌不竭的大酒勺一般，象徵著萬物與「道樞」呈現一「環中」圓環與中心關係，孕育著天地萬物在大道涵容中生生不息的生命泉源。方東美先生曾對「道樞」定義：

> 這個「道樞」是什麼東西呢？就是這個大圓環裏面的中心。至於各
> 種小的理論系統，彼此中間的差異是沒有法子去掉的。但是至少在
> 這個一切的觀點及角度（all of perspectives）裏面，我們可以找出一
> 個共同的焦點，再在這焦點上面，把一切思想對立的差異，通通匯
> 集到此一共同焦點，然後從這個共同點再回看各種理論系統，而後
> 發現：各種理論系統都有它存在的價值，都有它的相對理由，也因
> 而可以容納各種不同系統的見解。莊子從相對性看起來稱之爲「兩
> 行」，從共同的眞理焦點看起來，稱之爲「道樞」。〔註25〕

方東美先生認爲要解決一個問題，往往要費盡心思才能瞭解，才能把問題的困難明辨清楚，但仍無法得到解決。而莊子由「道樞」衍生「彼是相因，

─────────────

〔註25〕方東美，《原始儒家道家哲學》，臺北：黎明文化公司，1983 年，頁 278～279。

相待而有」的特性，提供了的的一種解決之道。「道樞」就如我們在思考上同
建立一個「無限的思考體系」（Infinite system of thought）的圖像，我們只要將
任何問題，都融化到這個無窮的思想的思想圖像裏。任何問題都是有其相對
的「兩行」觀點，也有其共同真理焦點，以「道樞」作爲無窮系統的核心，
以之爲大道的系統，才能把一切是非對待的成見消溶其中，才可達到「道通
爲一」的境界。

二、古代宗教儀式中的「虛擬實境」

　　由莊子「環中」的神話宇宙觀來看，是「中」與「環」是伴隨的，是一
體的兩面的聯結。古代神話大多是具有「環中」的特質，透過宗教儀式，必
須與天地鬼神合而爲一的「中心」，也要滋養四方與圓滿萬物生長「圓環」，
經由遠古神話的宇宙圖示流傳，再經由儀式的操作演練，將「中心」的神聖
力不斷地擴充到四周的「圓環」上，象徵著宇宙生命的永不止息，透由「環
中」的交互循環孕育出天地生命的嶄新生機。鄭志明先生說：

> 「儀式」是要在現實空間上建立起一個虛擬空間，這個空間仍建立
> 在現實的情境裏，利用現有空間的陳設物，一切的裝置都是具體存
> 有的，是儀式前物質形式的空間，但是這個空間在儀式的操作下，
> 形成了精神性的儀式空間。所謂「儀式空間」是集體意識下的形而
> 上空間，呈現出主體活動的形上理念，進入到人與天地鬼神一體交
> 流的世界。這個虛擬空間不是「虛擬實境」，而是「實境虛擬」，空
> 間仍是實境，精神則進入到宇宙的神聖空間。「儀式空間」是一個
> 經驗神聖化的空間，每一個儀式行爲都具有著神聖的象徵，讓參與
> 者經由儀式的帶領過程，逐漸從現實的空間領域進入到神聖的空間
> 領域，此時空間雖然還是實有的，在意識上卻已虛擬，逐漸成爲意
> 義化的空間。〔註26〕

　　因此，儀式中圓形的中心空間，並非一般具體的世俗空間，儀式中圓形
的中心爲軸，向外所輻射之方形或圓形，就形成一種象徵「環」的存有形式，
儀式中圓形的中心爲軸，而是象徵神聖的「境」。鄭志明先生說：

> 「環境」與「境界」是圓形的宇宙圖式下的專有詞語，代表了空間
> 兩種不同的運動方式。「環境」一詞是由「環」與「境」所組合。「環」

〔註26〕鄭志明，《傳統宗教的文化詮釋——天地人鬼神五位一體》，頁 250。

是指外在的圓環，即是有形的空間界定；「境」則是外環所圍而成
的內在空間，包含核心在內，形成了依於環的存在場所。「境界」
一詞是由「境」與「界」所組合，「境」是由中心向外擴展的空間，
即是抽象的中心在具體空間上的實踐；「界」是「境」的終點，最
後落實而成的具體界限。

「環境」一詞，代表了由外而內的空間運動進路，從外環回到內境，
逐漸地逼進核心，或回到核心。「環」象徵了具體的世俗空間，「境」
象徵了往核心回歸的神聖空間。「環境」可以視爲「由俗入聖」的
存在空間。「境界」一詞，代表了由內而外的空間運動進路，從核
心出發不斷地擴充其外環，將抽象的理念作動態的延伸，外環可以
一再地拉長。甚至形成無止境的界。「境」象徵了由核心所發展出
來的神聖空間，「界」象徵了最後完成的世俗空間，「境界」可以視
爲「由聖返俗」的存在空間。〔註27〕

如何透過主體精神的實踐來理解置身於天地的人生處境？如孟子所言：
「盡其心者，知其性也。知其性，則知天矣。」（《孟子·盡心》）「境」是主
體所抉擇創發的生命情調，「界」是依於架構存在主體的中心價值所擴張的外
在世界，因此「境界」一詞，可說是由主體的所構築的生命空間，所展現的
神聖自我存在狀態。精神上的「境」與具體操作的「界」二者在「聖與俗」
之間反覆操作的過程，如同老子之言：「反者道之動」（《老子·四十章》）之
「俗——聖——俗」的動態循環。

根據上述的探討，我們從《莊子》的「道樞」、「天鈞」、「葆光」神話隱
喻得知「環中」的原意，圓環必須藉由中心來提供生命泉源，而中心也必須
透由圓環來釋放能量。因此，圓環與中心是動態聯繫的從屬關係，互爲能施
與所施的生命有機體。

第三節 《周易》的宇宙觀

在古代的中國，《周易》作爲一部占筮之書，詳細的記載出先民的生活歷
程，以及對於大自然的崇拜與畏懼，在大自然與古代的人文世界變化之中，
六十四卦的卦辭之中，開顯（discover）出不同的生活境遇，因此，先民藉由

〔註27〕鄭志明，《傳統宗教的文化詮釋——天地人鬼神五位一體》，頁250。

占筮之法來尋求趨吉避凶的生存之道。這種知見，開顯出大自然（physics）對於人類日常生活世界中所蘊藏的存在眞理。

　　《周易》爲群經之首，《周易》經文早至殷、周之際，大部份材料形成於西周初年。西周末年，極可能是出於的筮官之手，將那些散亂的材料加以系統性的編纂，由卦爻辭原始材料的累積，加以文詞上的修飾，進行條理化的整理過程而形成了《周易》讀本。〔註28〕根據學者陸思賢在《神話考古》指出原始八卦圖形已出現在新石器中晚期的陶器裝飾圖案的「八角星紋」，此圖案普遍地被發現，其時間大約距今自六千年至四千年之間。〔註29〕因此，《周易》尙未以文字記錄前，其八卦圖象思維在語言傳播中已累積數千年之久，而後才透由《周易》的卦辭與爻辭的神話語言表述，然後經由後代文字的簡化，包含了象、象、文言、繫辭以象形文字與圖形性的方式表達，最後成爲《周易》的形式。因此，《周易》所呈現雖是文字發達後的文字記載，但其思想內涵卻蘊藏在數字與圖象的神話思維模式，是作爲原始占卜文明總結的代表作。

　　《周易》中含有古代生活的豐富哲理，但嚴格地來看，並非是一部哲學之作。《周易》眞正的哲學化的過程是發生在戰國時期，主要受諸子百家的學說匯通後之作品。由於對於《周易》古經文的占筮語的筮辭過於簡略，或是占筮語對於古代社會所描繪的風俗民情已有差距，所以必須將《周易》哲學化的詮釋並賦予新意。〔註30〕《周易》與《易傳》又有著明顯的區分，成書

〔註28〕陳鼓應說：「在所對應的代背景上，經歷了兩次政治社會的大變革；一是殷政權的崩潰至周武王的興起，二是西周國勢由盛而衰所引致的社會劇變。古經的編纂者在編纂過程中，目擊了『高岸爲谷，深谷爲陵』的時代大變局，遂在筮辭中攙進了個人對於社會政治之劇變所產生的濃厚時代感受。」陳鼓應，《道家易學建構》，頁83。

〔註29〕八卦圖像分布範圍，南自長江下游的良渚文化，北達長城地帶、內蒙古東部與遼西山地的小河沿文化，東起海岱、山東與江蘇北部的大汶口文化，西至甘青黃上高原的馬家窯文化，比夏商周三代的疆域大些。陸思賢，《神話考古》，北京：文物出版社，1995年，頁260。

〔註30〕陳鼓應說：「《周易》古經雖含有相當豐富的人生哲理，但嚴格說來還不足以作爲一部正式的哲學著作。易學的哲學化始於《易傳》，它成於戰國時期，主要是受到諸子思潮與百家爭鳴之敘發。而以占筮語一面爲主的古經之所以在後人眼中變得晦澀難解，一方面當然是由於部份筮辭過於簡略，對於所記述的事情語焉不詳，一旦時代遠隔，後人實難以明白確知經文的原意；但最主要的原因還是在於後世的解《易》者未能明白經文中的筮辭原本乃是作爲一種極爲特殊的占筮語言，因而使用日常語去望文生義，或使用哲學語言去踵增華。」陳鼓應，《道家易學建構》，頁85。

於戰國中後期的《易傳》共七篇，各篇雖非一人一時之作，但都具有兩套語言的特點；一是占筮語，一是哲學語言。有些辭句只是解釋筮法，有些辭句是作者用來論述自己的哲學觀點，有些辭句二者兼而有之。〔註 31〕《彖傳》爲《十翼》之一著作，所謂「翼」即是輔助之意，故《易緯·乾鑿度》和東漢經師將戰國以來《周易》解釋系統的著作：《彖》上下、《象》上下、《文言》、《序卦》、《說卦》、《雜卦》共七種十篇，稱之爲《十翼》，亦稱爲《易傳》。《彖傳》作爲《易傳》之首，主要是隨《周易》的經文來解釋六十四卦的卦象、卦名及卦辭。漢注訓「彖」爲「斷」，意謂斷定其一卦之義。《繫辭》說：「彖者，材也。」又說：「觀其彖辭，則思過半矣。」「材」，德行，指一卦的卦義。「彖辭」，按孔穎達疏，指卦辭。所以解釋卦義和卦辭的傳，亦稱爲《彖》。〔註 32〕

　　因此，《周易》自西周開始，經過春秋戰國時代七、八百年間諸子百家的哲學淬煉，發展出《周易》哲學詮釋的《彖傳》。陳鼓應先生指出：「戰國中期以前，儒家缺乏形上思考的習慣與能力，也不從宇宙論問題探討，這一哲學工作的重任遂由道家擔當起來。從哲學的角度來看，《彖傳》的主體部分是屬於宇宙論的範疇，眾所周知，中國哲學的宇宙論創始於道家，故而從老子、莊子及稷下道家，可以看出《彖傳》和道家各派中思想的內在聯繫。」〔註 33〕因此，《彖傳》中的許多宇宙論的概念、命題，如乾坤、陰陽、變化等，多與《老子》、《莊子》及黃老道家宇宙論思想相同。因此，《彖傳》作爲《周易》卦象及卦爻哲學化的詮釋之創起，所開展出一種乾坤、陰陽、變化的氣化宇宙論，的確是另一種「運動及變化」的宇宙論思想，足以與古希臘之自然（physics）哲學分庭抗禮。

一、《周易》的宇宙觀

　　對於《周易》古經原本素樸的宇宙觀念，南宋哲學家朱熹認爲我們須從卜筮中的次第、層次、逐步的分解，才不至淪爲牽強附會的詮釋。朱熹云：「今人讀《易》，當分爲三等：伏羲自是伏羲之易，文王自是文王之易，孔子自是孔子之易。讀伏羲之易如未有許多彖象文言說話，方見得易之本意，只是要

〔註 31〕陳鼓應，《道家易學建構》，頁 49。
〔註 32〕朱伯崑，《易學哲學史》第 1 卷，臺北：藍燈文化事業公司，1991 年，頁 48。
〔註 33〕陳鼓應，《易傳與道家思想》，頁 25。

作卜筮用。如伏羲畫八卦，那裏有許多文字語言，只是說八個卦有其象，……，只是使人知卜得此卦如此者吉，彼卦如此者凶。……及文王周公分為六十四卦，添入乾元亨利貞。坤元亨利牝馬之貞，早不是伏羲之意，已是文王周公自說他一般道理了。然猶是就人占處說，如卜得乾卦則大亨而利於正耳。及孔子繫易作象象文言，則以元亨利貞為乾之四德，又非文王之易矣。到得孔子盡是說道理，然猶就卜筮上發出許多道理，欲人曉得所以凶所以吉。」（《文公易說》卷十）朱熹認為《周易》古原雖是卜筮之書，但仍蘊含天下萬物之宇宙自然法則，按其占筮、卜卦之蘊含，獲悉古代社會之天人關係。

　　焦理堂有言曰：「學易者必先知伏羲未作八卦之前是何世界。」就是說：學易的人應知道，作易者在畫卦以前，他的思想寄託於何種意向世界。〔註34〕《周易‧序卦》曰：「有天地，然後萬物生焉。盈天地之間者惟萬物，故受之以屯。屯者，盈也，屯者物之始生也。」有了天地，然後萬物才能生出來，充滿天地之間的是萬物，故在表示天地的乾坤兩卦之後接著是屯卦。也就是說，先有了時空的自然安排，人事萬物自然的存在天地之間，屯是盈滿，物之開始生的意思。金忠烈先生說：

　　　凡是一個生命，剛生下時，它的意象是一個渾沌為分的狀態。等到它的意識清醒，則分為意識的我與被認識的外在現象。這時接觸到的外在現象，只是靜的空間認識，而尚無動的時間意識。所以其所接觸的對象事物是如看畫幅一樣的靜性安排。經過時間，就發現原來不是固定不變的安排、而是動盪不已的存在。如春夏秋冬氣候的變化、花開花謝、草長葉落、生長老死、打雷下雨、洪水沙汰、甚至禽獸之害人，不幸的事故，這都是就尚未成知識的原始生命來說是至大的不安、恐懼與緊張。〔註35〕

　　由此看來，原始的先民的空間意識事先於時間意識，當產生時間意識之後，即建立起由主觀的自我意識，而產生對外在事物的認識，對於週遭生活世界的寰宇變化產生關注，從靜態的觀察山川、星辰、大地，於是產生了方位的位準。古人把空間分出天、空、地三界，天覆蓋萬物而能施，地厚載萬物而所承。金忠烈先生以古代人類的宇宙意識，根據客觀世界與心靈世界意

〔註34〕方東美，《哲學三慧》，臺北：三民書局，1971年，頁94。
〔註35〕金忠烈，《時空與人生》，頁173

識匯流，而產出《周易》的卦、爻辭符號（如附圖一、二）。〔註36〕

　　金忠烈先生指出，天地是萬物之逆旅，萬物一切變化都在此中運行著，故可說天地爲變化之場。天地空三界瀰漫著萬物，天地之所以成即萬物之所合，故又可說天地爲萬物之總名。天地二界中的空界，爲時空交錯的變化界。固永恆不變的天地之外，雷水火風山澤屬於此空界，它們互相生剋交替變化循環的長度而演變成時間性。而此三界，繼繼繩繩、生生息息、是無限大、無限長、了無窮盡，亦爲易之哲學系統的基點與歸類之共托。〔註37〕

　　《周易・繫辭上傳・十一章》：「易有太極，始生兩儀，兩儀生四象，四象生八卦。」筆者認爲，就是古代先民宇宙意識的產生，「太極」即是一種渾沌動態的宇宙觀，一切變化歷程的最原始處稱爲太極，太極是遍在萬物之中的形上所有，是宇宙萬物生成變化的本源。〔註38〕進而觀察日月變化「陰、陽」的二儀的變化，「陰」、「陽」這組概念，最早出現於，《國語・周語上》：「周將亡矣。夫天地之氣，不失其序，若過其序，民亂之也。陽伏而不能出，陰迫而不能烝，於是有地震。今三川震，是陽失其所而填陰也；陽溢而壯，陰源必塞，國必亡。」（《國語・周語上》）史上記載，在周幽王二年，大地震頻出，周太史伯陽父提出以「陰陽」二氣來觀察地震的發生。而後古代科學對於大自然的觀察，皆以「陰陽」來命題。古人以陽光的向日爲「陽」，背日爲「陰」，後來引申爲氣候的寒暖，方位的上下、左右、內外，運動狀態的躁動和寧靜等。杜而未先生在《莊子宗教與神話》中考證了月亮神話的觀點，認爲「陰陽」其實就是月亮本身的明暗二面之盈消變化，他說：「陰陽的原義指月面的陰陽，陰陽互爲其根，這並非說在某物中有陰有陽，而是說陰陽的本身，雖然其本身只是月的明暗兩面。」〔註39〕所以，由月亮神話象徵在「陰陽」的觀點上，從明暗二面的盈消交互作用來說。故「陰陽」之意，即是日

〔註36〕圖一引自金忠烈，《時空與人生》，頁177；圖二引自金忠烈，《時空與人生》，頁192。

〔註37〕金忠烈，《時空與人生》，頁176。

〔註38〕曾春海，《易經的哲學原理》，臺北：文津出版社，2003年，頁57。

〔註39〕杜而未：「陰陽二者交合而生出萬物，原來只是象徵說法，這種象徵說法，欺騙了學者達兩千年之久。月面陰陽月形之變化，形成像此像彼之事物，形成萬形（古有萬形經），即言形成萬物，這是月亮神話在莊子書中要的花樣。田子方篇明明說「消息滿虛，一晦一明」，爲什麼還不向月亮神話看想？以生死「始終相反乎無端（來回不止），而莫知其所窮」還不是根據月之生死無窮時嗎？再注意「非是也（若沒有陰陽變換之道），且孰爲之宗（誰可爲萬物之本源乎）」杜而未，《莊子宗教與神話》，臺北：臺灣學生書局，1985年，頁20～21。

月更替、事物變化所的週期性的轉換變化。

「四象」即是東、南、西、北作爲四個方位，先秦的《禮記·曲禮》已有記載：「行前朱鳥而後玄武，左青龍而右白虎。」《疏》：「前南後北，左東右西，朱鳥、玄武、青龍、白虎，四方宿名也。」另外，成書於孟子之前的《堯典》，也有「中心——四境」的觀念。《堯典》曰：

乃命羲和，欽若昊天，歷象日月星辰，敬授民時。分命羲仲，宅嵎夷，曰暘谷。寅賓出日，平秩東作。日中，星鳥，以殷仲春。厥民析，鳥獸孳尾。申命羲叔，宅南交。平秩南爲，敬致。日永，星火，以正仲夏。厥民因，鳥獸希革。分命和仲，宅西，曰昧谷。寅餞納日，平秩西成。宵中，星虛，以殷仲秋。厥民夷，鳥獸毛毨。申命和叔，宅朔方，曰幽都。平在朔易。日短，星昴，以正仲冬。厥民隩，鳥獸鷸毛。

《堯典》的記載呈現出「中心——四境」的神聖空間向度，潘朝陽先生言：

「中心」之「神聖向度」是明著的，此即在「欽若昊天」的行事中，必同時存在著向形上之「天」祈求庇護，因而，於此「中心」，正如同殷人之「天邑商」一樣，也擁有形而上「道體空間」之神聖力下獲得「潔淨化」；然後，又由此派出大圓分別「宅」與「四方」，即象徵了「四境」的人文活動亦承受了「中心」之由天而降的神聖護持，因此也就成爲「潔淨」的「四維空間」。〔註40〕

「八卦」即是一乾、二兌、三離、四震、五巽、六坎、七艮、八坤，相對應的是天、地、山、澤、雷、風、水、火八種自然元素。然後，由靜的觀察到動態的變化觀察，日月星辰轉換、風雨雷電交作、山川大地的變化如觀察春夏秋冬氣候變化、日月星辰的循環運行，產生《周易》的卦序，即是：一乾、二兌、三離、四震、五巽、六坎、七艮、八坤。因此，形成了動態的變化「天地定位，山澤通氣，雷風相薄，水火不相射，八卦相錯，數往者順，知來者逆，是故易逆數也」（《易·說卦傳》）、「雷以動之，風以散之，雨以潤之，日以烜之，艮以止之，兌以說之，乾以君之，坤以藏之。」（《易·說卦傳》）。從靜態的觀察山川、星辰、大地，到動態的變化觀察，於是產生了天、地、山、澤、雷、風、水、火八種自然元素。

〔註40〕潘朝陽，〈「中心——四方」空間形式及其宇宙論形式〉，《心靈·空間·環境——人文主義的地理思想》，頁185。

伏羲氏使用了自然界中天、地、風、雷、山、澤、水、火的原始符號，相傳周文王用以抽象名詞稱之為，乾、兌、離、震、巽、坎、艮、坤、八種自然界的元素作為表徵。而後周文王以八卦重疊，演為六十四卦，用以占筮人事禍福吉凶。簡言之，伏羲八卦標識了人類對宇宙萬物之認識，是先從其體自然物中，從其與自己生活世界最密切的原始自然現象，進而推衍出八八六十四卦多元論的宇宙觀。

二、伏羲八卦次序圖（如附圖三〔註41〕）

根據朱熹《周易本義》所附於書前的邵子九圖中的「伏羲八卦次序圖」八卦表徵自然世界的構成及其相互作用的功能，提出一套自然哲學。〈說卦傳〉對八卦中兩兩對待且相互感通的互動作用，以「八卦相錯」表示，本文摘錄曾春海先生《中國哲學概論》一書中的說明：〔註42〕

（一）乾（天）坤（地）「天地定位」

天與地非相隔絕的孤體，而是相呼應、相補充的架構出覆載萬物的場域，乾坤兩卦各對稱的爻位間，呈現一陰一陽的排列方式。

（二）艮（山）兌（澤）「山澤通氣」：

山與澤彼此對待造成陽氣與陰氣對流往來，兩卦個對稱的爻位呈現一陰一陽的排列方式。

（三）坎（水）離（火）「水火不相射」

藉水與火不相克滅的否證方式，隱指水火有相濟相成的功能，兩卦間各對稱的爻位呈現一陰一陽的排列方式。

（四）震（雷）巽（風）「雷風相薄」

「薄」指彼此的距離極為親近，幾乎沒有間隔，雷風之間相依互通，兩卦間各對稱的爻位呈現一陰一陽的排列方式。

根據「伏羲八卦次序圖」說明，再參照陰陽魚太極圖，不但表徵著陰與陽是一個生命共同體，陰中含蓄著陽，陽中也隱藏著陰，陰陽之間相互吸引，無時無刻不發生互動之歷程，永恆不斷的變化而運生萬物於生生之德之中。

〔註41〕曾春海主編，《中國哲學概論》，頁49～50。
〔註42〕曾春海主編，《中國哲學概論》，頁49～50。

因此，《周易‧繫辭上傳‧第五章》所云：「一陰一陽之謂道，繼之者善，成之者性。」一陰一陽之間相互交感應合、相輔相成，使人可以在人世間與大自然達成和諧，生生不息的宇宙總則。在中國哲學《易》的哲學宇宙觀與《老子》、《莊子》以及鄒衍的陰陽五行說中，進行了多樣化的陰陽、五行結合，形成後代中國哲學豐富的本體宇宙論。

綜而觀之，《周易》的宇宙觀，起初古代人類向天神或鬼神求助的龜卜和占筮，也都是祈望透過自然界的變化，從將龜殼或著草，觀察其所呈之「兆」象，以判斷吉凶。再透由觀天象、氣候、山川、大地變化，轉向一種古代人類觀察自然變化，透過反覆的觀察與自身的體驗，而形成的思維方式。從簡易的事物形象觀察，而推衍出物背後複雜的原理。觀察了天體日月的轉變，而產生「陰」、「陽」兩種物性的「消息盈虛」、「物極必反」運動轉變，故《周易‧繫辭》：「懸象著明莫大乎日月」、「日月相推而明生焉」、「陰陽之義配日月」、「日月爲易、剛柔相當」日月明暗之象，象徵物體本身兩股能量相互激盪的運動法則。天、地、風、雷、山、澤、水、火的八大象，視爲天地變化的八大作用，萬物生成變化，皆依其相互作用推衍化合離析，形成天地萬物的種種風情變化。透過時間的變化，產生了自然的規律與循環，也就是老子所說「周行而不殆」（《老子‧二十五章》）之「道」，也就在「一陰一陽謂之道」（《易經‧繫辭傳上》）、「生生之謂易爲易」（《易經‧繫辭傳上》）。因此，《周易》的宇宙觀在時間與空間中，以「中心」爲軸循環反覆的運行變化的宇宙觀。

第四節　《彖傳》的乾元生物說

早在戰國時期，《彖傳》作爲《周易》卦象及卦爻哲學化的詮釋之創起，所開展出一種乾坤、陰陽、變化的氣化宇宙論，的確是另一種「運動及變化」的宇宙論思想。然而，這種中國哲學型態的宇宙論，並非是儒家哲學的類型，而是屬於道家哲學範疇。朱伯崑先生在《易學哲學史》中提到：「《彖》文多韻語，同老莊著作爲一類，作者爲南方人。子弘即《荀子》中的子弓。子弓爲楚人，從而推斷《彖》可能是子弓所作。《彖》中使用的術語，如『剛柔』，『盈虛』等，同老莊著作，確有一致之處。」〔註43〕

〔註43〕朱伯崑，《易學哲學史》第 1 卷，頁 49。

　　隨著歷代學者對於《彖傳》的研究發展，道家思想中「道」所逐漸建立其開展的宇宙論，有如《老子》中「道生一，一生二，二生三，三生萬物。」（《老子‧四十二章》）的道生萬物論，或是《莊子》中「生生者」（《莊子‧大宗師》及「天地而受氣於陰陽，吾在於天地之間」（《莊子‧秋水》）之天地陰陽生化萬物說，都顯示出《彖傳》中所蘊含著道家哲學性格的宇宙論。在本節中，我們先就〈乾‧彖〉與《老子》、《莊子》的關係，相關的概念、命題作釐清，進而將《彖傳》乾元生物說所展現的道家性格揭露，是中國古代宇宙創生思想的代表作。

一、〈乾‧彖〉與道家思想的關係

　　〈乾〉爲《周易》六十四卦的首卦。《說文》釋「乾」爲「上出也」，所從之「倝」釋爲「日始出光倝倝也」。日之升落表現爲日出、日中、日戾，與六爻取象的現龍、飛龍、亢龍、潛龍相同。〔註44〕經文中的「元亨」、「元吉」將從《彖傳》訓爲「大」，爲大順（「亨」，通順）、大吉。經中之「貞」皆訓爲「占」，而《易傳》之「貞」皆釋爲「正」。「利貞」，占問有利。〔註45〕在《彖》的首篇，即是對《周易》的〈乾〉卦「元亨、利貞」作一哲學化的詮釋。傳文如下：

> 大哉乾元！萬物資始，乃統天。雲行雨施，品物流形。大明終始，
> 六位時成，時乘六龍以御天。乾道變化，各正性命，保合大和，乃
> 利貞。首出庶物，萬國咸寧。（〈乾‧彖〉）

　　〈乾‧彖〉對於〈乾〉卦辭的解釋，把「元、亨、利、貞」提煉成爲四個哲學範疇，稱爲乾之四德，探討天道的運行規律，以推天道以明人事的思維模式，進而轉化爲人間社會所依循統治綱領。〔註46〕所以，對於〈乾‧彖〉對於〈乾〉的哲學化詮釋化過程，我們對於〈乾‧彖〉傳文的理解如是：

> 乾元之氣實在太美妙了，它使萬物得以萌生，並且統領主宰大自然
> 的運作過程。雲雨以時興降，各類物種在大氣的流動中隨之成長；
> 太陽終而復始地周天運動，宇宙上下四方之位於是確定；這樣好像

〔註44〕陳鼓應，《周易今注今譯》，北京：商務印書館，2005年，頁2。
〔註45〕陳鼓應，《周易今注今譯》，頁3。
〔註46〕余敦康，《周易現代解讀》，北京：華夏出版社，2006年，頁1～2。

太陽按時乘駕著六龍規律地運行於天空。由乾元之氣所決定的天道
有規律地運動變化，使得萬物各得其所；乾元之氣恆久維持至爲和
諧的狀態，所以它能施利於萬物並使萬物正常運作。天道生長萬物
終始相續，天下萬物都可以寧定安吉。〔註47〕

　　我們從〈乾・象〉中得知，傳文由對於天道運行的讚嘆，並推衍至人事
情境的創造過程，也是一種以自然世界現象爲觀察目標，作爲人文世界的參
考依據，這樣獨到的思維方式，我們在古代道家思想裡，我們發現了它們相
關的脈絡。陳鼓應先生說：

〈乾・象〉乾元、坤元之「元」即是老子的「一」、「恍惚」及莊
子的「混沌」《黃帝四經》的「困」；乾元、坤元則分別爲老子的恍、
惚及莊子的儵、忽及《黃帝四經》的陰陽；而「大和」則分別爲老
子的「和」、「三」及莊子的陰陽之和、天人之和。〈乾・象〉「乾
元資始」、「坤元資生」的生養萬物過程即老子的「恍兮惚兮」及
「道生之，德蓄之」。〔註48〕

　　所以，我們可清楚的看出，「元」字本即開始之意，老子以道來對天地之
始進行探討，《象傳》受到老子道論的影響，將「元」的概念正式哲學化，提
出「大哉乾元」的說法，始將其由占筮語言轉化爲哲學語言，賦予其豐富的
形上學意涵；而所謂的「乾元」與「坤元」，正是老子「道」、「德」概念之轉
化。〔註49〕當「元」提升到萬物的本原──「道」的哲學高度之後，〈乾・象〉
「乾元資始」即是道使萬物得以萌生的動力，「坤元資生」即是道使萬物得以
畜養資長的載體。因此，我們由〈乾・象〉的理解中，進而推論，《象傳》與
《老子》、《莊子》內部思想有一定程度的關聯。

　　另外，我們從哲學的角度上來看，《象傳》最大的特色在於它的宇宙論，
而它的萬物生成論淵源於《老子》，更接近於莊子。〔註50〕在《象傳》首篇〈象〉
開章明義的引入了道家思想相關的概念叢，如「乾元」、「變化」、「性命」、「天」、
「終始」等，這幾個觀念都與道家思想息息相關。以下我們概略的論之。

〔註47〕陳鼓應，《周易今注今譯》，頁5。
〔註48〕陳鼓應，《周易今注今譯》，頁29。
〔註49〕陳鼓應，《道家易學建構》，頁89。
〔註50〕陳鼓應說：「但在尚陽、貴時及『天行』等重要的學說上，則屬於黃老道家系
　　　　統。」陳鼓應，《易傳與道家思想》，頁55。

（一）「乾元」

〈乾·象〉中「大哉乾元」、「至哉坤元」,「元」字本身作為開始之意,但顯然地由《老子》道的概念演繹而來的,若是再進一步將「乾」、「坤」比喻為天地,那更不難在老、莊文本中見其端倪。有如:

> 《老子》:「道生之,德畜之」。(《老子·五十一章》)

> 《老子》:「天地之間,其猶橐籥乎?」(《老子·第五章》)

> 《莊子》:「天地者,萬物之父母也。」(《莊子·達生》)

（二）「變化」

〈乾·象〉中「變化」這個概念,顯然是受到了莊子「氣」與「變化」概念的影響。但在《老子》的變動觀裡,也不難由「反者道之動」的循環反復的變化概念,以及變動中之「常」的概念,來表現道的變化之常律。有如:

> 《老子》:「反者道之動,弱者道之用。」(《老子·四十章》)

> 《老子》:「復命曰常,知常曰明。」(《老子·十六章》)

> 《莊子》:「靜而與陰同德,動而與陽同波。」(《莊子·天道》)

> 《莊子》:「物之生也,若驟若馳,無動而不變,無時而不移。」(《莊子·秋水》)

> 《莊子》:「時有終始,世有變化。」(《莊子·田子方》〈則陽〉)

> 《莊子》:「以天為宗,以德為本,以道為門,兆於變化,謂之聖人。」(《莊子·天下》)

> 《莊子》:「萬物化作,萌區有狀;盛衰之殺,變化之流也。」(《莊子·天道》)

（三）「性命」

〈乾·象〉中「性命」這個概念,可由《莊子》裡發現,如「性命之情」(《莊子·在宥》)。《莊子》「性命」的概念,也延續了老子的「復命」(《老子·十六章》)的概念。在道家的思想裡,萬物的存在都是根據本身的存在狀態而生存,也就是「道法自然」的存有論。所以,〈乾·象〉中是引用道家的「性命」的概念。有如:

《老子》：「致虛極、守靜篤。萬物並作，吾以觀復。夫物芸芸，各復歸其根。歸根曰靜，是謂復命。」(《老子・十六章》)

《莊子》：「君子不得已而臨莅天下，莫若無爲。無爲也而後安其性命之情。」(《莊子・在宥》)

(四)「天」

在中國哲學裡，「天」的概念是一個複雜的概念系統。在《象傳》中「天」的概念主要是在說明天道運行的循環與規律，因此，也等同指向自然之原理。〔註51〕在《象傳》中「天」，亦指「天行」的概念。〈乾・象〉中萬物在「乾元資始」、「坤元資生」的生養萬物過程中，也必須在天道的規律循環的運行下，才能得到統攝於天地之中。「天行」的這個概念，在道家的思想也有緊密的聯繫，在《莊子》中就出現了三次。雖然，《老子》沒有直接的使用這個概念，但是也有出現相似「周行」的概念出現。有如：

《老子》：「周行而不殆。」(《老子・二十五章》)

《老子》：「萬物並作，吾以觀復。」(《老子・十六章》)

《莊子》：「知天樂者，其生也天行，其死也物化。」(《莊子・天道》)

《莊子》：「聖人之生也天行，其死也物化。」(《莊子・刻意》)

《莊子》：「靜一而不變，惔而無爲，動而以天行。」(《莊子・刻意》)

(五)「終始」

《象傳》中重視「位、時、中」的概念，〈乾・象〉中「終始」的概念，主要是強調「時」的概念。在道家裡，《老子》首推「動善時」(《老子・第八章》)的說法，說明動靜間與「時」的重要性。〈乾・象〉中「終始」更是延用了《莊子》的概念，除了「時」的重要性外，更有一層「物」的時間有限性，及道的時間循環律有關。有如：

《老子》：「動善時」(《老子・第八章》)

《老子》：「周行而不殆」(《老子・二十五章》)

〔註51〕傅佩榮指出，古代「天」的概念可分爲四個意義。(1) 天爲「自然之總稱」(2) 天爲「能產之自然」(3) 天爲「所產之自然」(4) 天爲「自然之原理」。因此，我們認爲，《象傳》與道家思想所及之「天」的概念，應屬「自然之原理」。傅佩榮，《儒道天論發微》，臺北：台灣學生書局，1985 年，頁 257。

　　《莊子》：「道無終始，物有死生。」（《莊子‧秋水》）

　　《莊子》：「時有終始，世有變化。」（《莊子‧則陽》）

　　由〈乾‧象〉的道家概念叢得知，《象傳》作者在對於演繹《易經》的過程中，不僅對於觀察自然現象與當時的人文背景來作描寫，必且大量的引用《老子》、《莊子》的概念叢置入傳文中，可見《象傳》與道家思想的聯繫密不可分。

　　在《象傳》中，除了許多的概念叢與道家思想有著緊密的聯繫，在命題上更是與老、莊的思想環環相扣。〈乾‧象〉的諸多命題裡，有如「雲行雨施」、「品物流行」、「大明終始」、「乾道變化」、「保合大和」等命題，也都能在《老子》、《莊子》中找到相關的脈絡。以下我們概略的論之。

（一）「雲行雨施」

　　《象傳》的作者用極富詩意的語言，來描寫經過萬物的創生過程。在混沌的狀態中，經過乾元的開創生機，接著大自然產生了滋潤長育的運作。透過騰雲奔馳規律的流動，雨水豐沛的施予與灌注，萬物因此受到風雨吹拂，滋生而蓬勃發展。這樣的命題，我們可由《莊子》文本中找到參照。有如：

　　《莊子》：「天德而出寧，日月照而四時行，若晝夜之有經，雲行而雨施矣。」（《莊子‧天道》）

（二）「品物流行」

　　「品物」之意即是，資始之初，渾沌未辨，故曰萬物；此則形質可別，故曰品物。〔註52〕「流行」之意，即是各類生物在大氣的自然流動中得以生長成形。〔註53〕換言之，萬物在資始之初所呈現的是一種混沌之態，透過了「乾元」所象徵創生能力，天地之間開始興起雲雨的流動，透過「雲行雨施」的降灑，將「乾元」的存有之能量轉化給天地萬物，形成萬物生機勃勃的生命力，這樣的過程，即是「品物流行」。我們在《老子》、《莊子》中可以看到物之形成，其實就是道的創生力之轉化，賦予萬物乍現生命的活力。有如：

　　《老子》：「道生之，德畜之，物形之」（《老子‧五十一章》）

　　《莊子》：「流動而生物」（《莊子‧天道》）

〔註52〕陳鼓應，《周易今注今譯》，頁7～8。

〔註53〕陳鼓應，《周易今注今譯》，頁8。

（三）「大明終始」

「大明」一詞，即是太陽之意。〔註54〕在《莊子‧在宥》篇中，以及《禮記‧禮器篇》：「大明生於東，月生於西。」都有記載。「大明終始」這個命題，說明以太陽規律的運行，使晝夜有別，四季分明，籠罩大地、綻放光明，給予萬物陽光的照射。「終始」的概念，延用了《莊子》：「道無終始」（《莊子‧秋水》）的概念，強調道所表現的時間循環性，以及「太明」（太陽）所象徵的一種道的剛健之能量，永恆地賜予萬物生命的熱能。有如：

　　《老子》：「周行而不殆」（《老子‧二十五章》）

　　《莊子》：「天德而出寧，日月照而四時行，若晝夜之有經，雲行而雨施矣。」（《莊子‧秋水》）

（四）「乾道變化」

「乾道」，是由乾元之氣所決定之天道。〔註55〕「變化」這個概念，顯然是受到了莊了的氣與陰陽概念的影響。所以，「乾道變化」是指乾元之陽氣，在天地之中與陰氣的變化調和過程。「陰陽」最初涵義是表示陽光的向日為「陽」，背日為「陰」，後來引申為氣候的寒暖，方位的上下、左右、內外，運動狀態的躁動和寧靜等。

在〈乾‧象〉裡，雖然沒有出現「陰陽」這一概念，不過在《易傳》中，「陰陽」的概念，是一個相當重要的概念，而且出自於《莊子》。《莊子》曰：「至陰肅肅，至陽赫赫；肅肅出乎天，赫赫發乎地；兩者交通成和而物生焉，或為之紀而莫見其形。」（《莊子‧田子方》）顯然地，「乾元之氣」，即是一股「至陽赫赫」（《莊子‧田子方》）之氣，而當「太明」（太陽）之熱能籠罩大地，於是「赫赫發乎地」（《莊子‧田子方》）大地散發一股陽剛的氣息，於是開始變化在天地之間與陰氣交互作用，產生萬物形態，有如「兩者交通成和而物生焉，或為之紀而莫見其形。」（《莊子‧田子方》）因此，「乾道變化」，即是陽氣在天地間的剛健之氣，與陰氣的交互作用，而「變化」出各種萬物的不同樣態。在《老子》中的「一」，「道生一，一生二」（《老子‧四十二章》）也是說明這種陰陽變化的過程。有如：

〔註54〕陳鼓應，《周易今注今譯》，頁8。
〔註55〕陳鼓應，《周易今注今譯》，頁8。

《老子》：「道生一，一生二，二生三，三生萬物。」（《老子·四十二章》）

《老子》：「萬物得一以生。」（《老子·三十九章》）

《莊子》：「至陰肅肅，至陽赫赫；肅肅出乎天，赫赫發乎地；兩者交通成和而物生焉，或爲之紀而莫見其形。」（《莊子·田子方》）

（五）「保合大和」

「保合」是指爲保持、維持之意。而「大和」亦是「太和」，即至和，至爲和諧的狀態。〔註56〕「保合大和」是〈乾·象〉中命題的終極目標，「保合大和，乃利貞。首出庶物，萬國咸寧。」（〈乾·象〉）標榜出天道與人道整體一致的和諧觀，也負有一層由大自然景致的和諧之態，轉化到人文世界與萬物和諧的情境。在《老子》中的「和」，是講求一種和諧的狀態。〈乾·象〉中「大和」應是引用莊子「太和萬物」（《莊子·天運》）的命題，一種天道與人道完全的融合在道的和諧狀態之中。有如：

《老子》：「和其光，同其塵。」（《老子·第四章》）

《老子》：「萬物負陰而抱陽，沖氣以爲和。」（《老子·四十二章》）

《莊子》：「先應之以人事，順之以天理，行之以五德，應之以自然，然後調理四時，太和萬物。」（《莊子·天運》）

《莊子》：「和之以天倪，因之以曼衍，所以窮年也。」（《莊子·齊物論》）

由〈乾·象〉的諸多命題中得知，《象傳》在對於乾卦的用語中，有許許多多的命題與《老子》、《莊子》的命題一致。在傳統上，我們習慣將《易》、《老》、《莊》合稱「三玄」，在《周易》裡我們無法明顯地發現相符的屬性，但透過《易傳》哲學化的命題使用，我們對於「三玄」──《易》、《老》、《莊》哲學系統就能清楚地建構出一套完整的宇宙論體系。

二、乾元的宇宙創生權力──「生生之德」

「大哉乾元」是對於發生萬物的乾元純陽之氣感到讚嘆，也是《老子》中對於天道推衍於人事的過程中，將「道生一，一生二，二生三，三生萬物。」

〔註56〕陳鼓應，《周易今注今譯》，頁8。

（《老子・四十二章》）之開創之肇發之端，予以哲學意義的定位。「乾元資始」所展現的萬物生成論，對古經卦辭中的「元」字所做的創造性詮釋，將「元」之概念提昇至老莊哲學中作爲萬物本原的「道」的層次，成爲宇宙生成論中的最高範疇。〔註57〕老子以道來對天地之始進行探討，《象傳》受到老子道論的影響，將「元」的概念正式哲學化，提出「大哉乾元」的說法，始將其由占筮語言轉化爲哲學語言，賦予其豐富的形上學意涵；而所謂的「乾元」與「坤元」，正是老子「道」、「德」概念之轉化。〔註58〕「乾元」與「坤元」的概念，顯然是由《老子》「道生之，德蓄之」（《老子・五十一章》）而來。於是《象傳》對乾坤所效仿出創造性的詮譯，成爲後世宇宙論中被普遍使用的重要範疇。

老子思想裡，我們可由道之「道之爲物，惟恍惟惚。惚兮恍兮，其中有象。恍兮惚兮，其中有物。窈兮冥兮，其中有精。其精甚眞，其中有信。」（《老子・二十一章》）自然混成型態來瞭解。老子之意，即是道化生萬物的表現爲恍惚的不定的混成過程。在恍惚的不定之中，有了相對確定的形象產生；在恍惚的不定之中，又有了相對成形的物的產生。在具象的器物世界，窈窈冥冥之中可以捕捉到某種情態表現。〔註59〕

《莊子》中的「生生者」（《莊子・大宗師》，即是於「天地而受氣於陰陽，吾在於天地之間」（《莊子・秋水》）的天地陰陽生化萬物說。莊子所強調的「生」之概念，著重於「萬物負陰而抱陽，沖氣以爲和。」（《老子・十一章》）之「陰陽調和」（《莊子・天運》）概念，莊子藉由「陰陽」之流變將老子「道之動」擴及到宇宙大化流行及生命現象變化。在《莊子》中，我們不難由文本中找到解答，有如「天地而受氣於陰陽」（《莊子・秋水》）、「天地有官，陰陽有藏，愼守女身，物將自壯」（《莊子・在宥》）、「靜而與陰同德，動而與陽同波」（《莊子・天道》）、「陰陽和靜，鬼神不擾，四時得節，萬物不傷，群生不夭」（《莊子・繕性》）、「陰陽相照相蓋相治，四時相代相生相殺」（《莊子・則陽》）一般。所以，莊子的「陰陽」的概念，即是所代表的萬物生長之蘊藏與成形過

〔註57〕陳鼓應，《道家易學建構》，頁101。
〔註58〕陳鼓應，《道家易學建構》，頁89。
〔註59〕「窈兮冥兮，其中有精」（《老子・二十一章》）通行本作「精」字，帛書本作「請」字，「請」通「情」。本文採取作爲「情」意解釋，並可與《莊子・大宗師》之「夫道，有情有信，無爲無形」之「情」字等同之。

程，其實就是「聖人和之以是非而休乎天鈞，是之謂兩行」（《莊子・齊物論》）之陰陽調和之道。而「兩行」之意，即是莊子所云：「《易》以道陰陽」（《莊子・天下》）」，即是「一陰一陽爲之道」（《易・繫辭》）之陰陽交感而生育萬物。

在〈乾・象〉：「大哉乾元！萬物資始，乃統天。」中，首要的是在強調「乾元」的創生能力，強調的一種剛健生命力之創起，展開一個生意盎然的有機世界。方東美先生說：

> 從乾象傳、坤象傳，文言傳、繫辭大傳來看。所謂「易」，就是把宇宙內的一切秘密展開來，在時間的過程裏面表現它的創造權力。然後在創作程序中找出一個創作主力、精神主力，再以人的能力來發揚光大，使之也變成創造權力，參與宇宙的創造。所以，乾象傳曰：「大哉乾元，萬物資始。」坤象傳曰：「大哉坤元，萬物資生。」繫辭大傳形容這種在時間中展開的創造過程曰：「生生之爲易。」
>
> 不言「生」而言「生生」，其義甚大。我翻譯這兩個字常用懷德海（Whitehead）的一個名詞：“Creative Creativity”──創造，創造，再創造，持續不斷的永恆創造。〔註60〕

方東美先生認爲，乾元是一切創造權力的來源，我們稱之爲「大生之德」。〔註61〕所以，「乾」的符號代表著宇宙的創造權力，並與坤元代表著由乾元所引生推廣的「廣生之德」，合稱「生生之德」。

是故，《繫辭》曰：「生生之謂易」，便是乾元的宇宙的創造權力的蔓延，並與坤元交互作用，形成變化不斷的創生過程。陳鼓應先生補充《易傳》詮釋《周易》說：

> 《易傳》引道家變易觀以解《易》，《繫辭》有一句經常被易學家引用的名言：「生生之謂易」，這裡的「生生」一詞便是源於黃老之作。所謂「生生之謂易」，就是說變易生化便是《周易》之「易」的涵義。「生生」爲動賓結構，上「生」字爲創生化育之義，下「生」字指新的生命。〔註62〕

〔註60〕 方東美，《新儒家哲學十八講》，臺北：黎明文化事業公司，1983 年，頁 155～156。

〔註61〕 方東美，《新儒家哲學十八講》，頁 157。

〔註62〕 陳鼓應說：「『生生』一詞，雖亦見於《莊子》，但從語境意義考察，便可得知『生生』之詞出自稷下道家《管子》四篇。〈繫辭〉說：『日新之謂盛德，生

　　僅針對《彖傳》與道家思想作探討，事實上，《彖傳》與黃老思想的關係，亦是密不可分。在《彖傳》中的「乾元」的創造發展，所顯露出《彖傳》的「天道觀」與「萬物起源說」，與道家的天道哲學體系如出一轍，提供了中國哲學在宇宙發生論的非常重要的依據。

　　總結之，《彖傳》作為《周易》哲學化的代表作，在古代動盪的戰國時代，結合諸子思潮與百家爭鳴之敘發，以儒、道思想為主的文化空氣，開顯出一套完整的「天地人一體」的哲學體系。儒家思想偏重於人文情懷的倫理哲學體系，而道家思想則偏重在宇宙本原發生論及大自然與人文社會的關係，即「天道」轉化「人道」的思想。筆者認為，《彖傳》對於《周易》的哲學詮釋的過程中，深受道家哲學的宇宙論的形上思想影響，發展出古代中國哲學頗具特色的宇宙創生觀念。

小　結

　　誠如方東美先生所言：「莊子更近一步、以其詩人之慧眼，發為形上學睿見，巧運神思，將那窒息礙人之數理空間，點化之，成為畫家之藝術空間，作為精神縱橫馳騁、靈性自由翱翔之空靈領域，再將道之妙用，傾注其中，使一己之靈魂，昂首雲天，飄然高舉，至於寥天一處，以契合真宰。一言以蔽之，莊子之形上學，將『道』投射到無窮之時空範疇，俾其作用發揮淋漓盡致，成為精神生命之極詣。」〔註63〕方東美先生所言中國古代的宗教情操，所有的不是單純的宗教智慧，而是極其複雜的宗教智慧神聖的價值貫注在宇宙、山河大地裡，也活存在每人的心裡，在每一存在之核心。在宗教祭祀，整個的自然世界成為一個神聖的世界。

　　古代偉大的哲學家都對於神話時期所遺留下的神思奇想，提出相對的高超抽象演繹，不外乎希望透由文字工具的轉化，將古老神話的神聖傳說，賦予哲學意涵。道家始祖老子的思想中，老子使用著「玄之又玄，眾妙之門」(《老

生之謂易』，這裡以『日新』言『德』，並以德之『生生』精神引人『易』，此說正出自〈內業〉、〈心術〉上，其言曰：『日新其德』、『德者道之舍，物得以生生』」，可證〈繫辭〉與黃老思想之淵源關係。」陳鼓應，《道家易學建構》，頁71。

〔註63〕方東美，《中國哲學之精神及其發展（上）》，臺北：黎明文化出版社，2005年，253頁。

子》首章）老子以「眾妙之門」的根源之「玄」，作爲精神不斷向上超昇之意，進入高尚精神之「道」境。莊子作爲老子思想的承繼者，進而將道家的哲思，藉由其「獨與天地精神往來而不傲倪於萬物，不譴是非，不與世俗處」（《莊子‧天下》）之超脫的宗教精神，老、莊將中國古代神話思想冠冕堂皇地帶入了道家主流思想之中，形成了中國歷代的道家或道教的主要靈感來源。

　　中國古代的聖人，將這神聖的宗教精神，轉化成古代的哲學思想，透過禮樂教化的方式，將這些富有濃厚宗教色彩的高超哲思，傳達到古代中國的各個角落裡，古代君王將相、達官貴族、士大夫之階層，以古籍「四書五經」的哲人雋語爲教材，其他庶民階層，則以宗教祭祀禮儀，作爲安身立命、精神託付的生命觀照，分立爲「大傳統」與「小傳統」之「因材施教」的教化形式，流傳於中國文化數千年之久。因此，神話作爲中國哲學的前哲學，也蘊藏了古代哲學的宇宙觀與生命觀。在古代的中國，哲學與宗教的一體兩面之人文教育，而其源頭皆是指向起源於中國古代的神話，無庸置疑是一致的。

第四章　《易》、《老》、《莊》中的天地鬼神觀

　　中國社會的宗教傳統，有別於中國哲學的精深的文字義理，並非是把「天」、「道」、「神」、「氣」等哲學概念，賦予高度抽象的形上定義，作為理解的方式。而是以一種近似感性直觀的宗教「靈感思維」，將抽象的哲學意涵，還原為素樸的宗教神話聯想，形成民間社會神祇崇拜的神話哲學系統。流傳於民間的宗教神話思維方式，雖未有高度精深的思想細緻，透由民間社會源自上古原始的信仰，連續型文明型態累積流傳了數千年，其至數萬年，並且以常民百姓的生活宗教情操為依歸，保持完整是繼承了原始宗教情懷，其中微妙玄同之形上精神，也帶有一種超越精神的現實性，流傳於民間社會百姓生活中，日用而不知的宗教習俗裡。

　　雖然先秦諸子欲將古代宗教系統，賦予高度的哲學化、去神祕化，提升為一種哲學的思維向度，不過這樣的轉化，並沒有發揮充分的效應，中國古代的教育系統並不完善，諸多的哲理無法普及，以致精湛的哲學玄思，僅只能停留在廟堂之上、士大夫之層級，未能普傳於民間。反倒民間宗教卻得以哲學系統，作為宗教思想的根據來源，誠如戰國後期成書的《周易‧繫辭》所言：「觀天之神道，而四時不惑，聖人以神道設教，而天下服矣。」先秦諸子所建立的哲學高峰，除了提供給後代哲學的參照根據之外，同樣的也提供流傳於中國民間社會「神道設教」的宗教理論支撐，也是先秦哲學家所始料未及的。漢代時期張天師創立了道教，巧妙地將老子尊奉成太上老君，成為三清教主之一，而《道德經》（《老子》）則成了道教至尊無上的教義寶典。而

西漢時期從印度傳來的佛教，更是在華夏這片富有濃厚宗教與哲理的東土
上，將印度佛教的大乘佛學思想轉換成中國佛學，在中國隋唐時期大放異采。

　　因此，就中國傳統宗教思想而言，早自商、周時期的至上神信仰開始，
就有許多與紛歧靈性的崇拜對象，有著各式各樣天神、地祇、人鬼等靈體崇
拜，可以分成「天」、「地」、「鬼」、「神」等四大類，就中國哲學而言，「天」、
「地」、「鬼」、「神」可轉換形上抽象的哲學義理形式，但就中國宗教神聖本
質來說，「天」、「地」、「鬼」、「神」可被視爲宇宙的本源與生命的本源，主控
宇宙無限與永恆的運作原理；在精神層面上，可以以其超自然的靈力作爲生
命的超越的依據，確立自我生命的存在意義與目的。「天」、「地」、「鬼」、「神」
與「人」的互動模式，成爲「天地人」、「人鬼神」兩套神話思維，形成民間
宗教主要的思維方式。

第一節　《易》、《老》、《莊》思想中的天道推演人事

　　「天人合一」的和諧觀——「天道」到「人道」的轉化中國哲學的特色
著重在二個側面，一個是「人生論」，一個是「宇宙論」。張岱年就提出「天
人關係論」，著重於「人在宇宙之位置」與「天人合一」的學說。〔註 1〕在傳
統的儒家思想上，較多是人生哲學的抒發，有如孟子的「心性論」，即是透過
個人自身心性省悟功夫，來提升本身的道德境界，較少談論在「宇宙論」的
看法。在道家中「人在宇宙之位置」的定位的學說則相當的繁多，如《老子》
曰：

> 道大、天大、地大、王亦大。域中有四大，而王居其一焉。人法
> 地，地法天，天法道，道法自然。（《老子‧二十五章》）

　　又如《莊子》曰：

> 吾在於天地之間，猶小石小木之在大山也，方存乎見少，又奚以自
> 多！計四海之在天地之間也，不似礨空之在大澤乎？計中國之在海
> 內，不似稊米之在大倉乎？號物之數謂之萬，人處一焉；人卒九州，
> 穀食之所生，舟車之所通，人處一焉；此其比萬物也，不似豪末之
> 在於馬體乎？（《莊子‧秋水》）

〔註 1〕張岱年，《中國哲學大綱》，南京：江蘇教育出版社，2005 年，頁 173～183。

　　方東美先生曾對「天人之際」的命題提出看法，他說：「所謂『天人之際』，即是在人的實際生活之中，一切生命活動都要安排在世界上切實妥當的層次與結構中，然後依此層次與結構而與其他的生命活動取得聯繫。假使你成就一種價值，就同別的價值聯結起來，再導引其他的價值。如此彼此涵蘊，交光相映，方有所謂『天人之際』。」〔註2〕因此，在中國哲學中，往往是「宇宙論」與「人生論」並論的，時常都是前一句是「宇宙論」的定位，而後一句接著是「人生論」抒發，有如「天行健，君子以自強不息。」（〈乾・大象〉）所以，張岱年先生所提出「天人合一」的學說，即「天道」與「人道」的交互輝映。張岱年先生說：

　　　　天之根本性德，及含於人之心性之中；天道與人道，實一以貫之。

　　　　宇宙本根，乃人倫道德之根源；人倫道德，乃宇宙流行之流行發現。

　　　　本根有道德的意義，而道德亦有宇宙的意義。〔註3〕

　　一如〈乾・象〉所云：「大哉乾元！萬物資始，乃統天。雲行雨施，品物流形。大明終始，六位時成，時乘六龍以御天。乾道變化，各正性命，保合大和，乃利貞。首出庶物，萬國咸寧。」實際上是蘊含著「天道」與「人道」的部份，而「天道」有其運行的規律，又是「人道」遵循的依歸，也就形成了一種中國哲學獨到的讚嘆天地，亦雙關人事，亦屬道家天人之說。因此，「三玄」──《易》、《老》、《莊》，其中的核心價值就是「天道」與「人道」的「天地人一體」論，進而發展出「天道推衍人事」的思維模式。以下，我們略舉《象傳》、《老子》、《莊子》說明：

一、《象傳》天道推衍人事思維

　　　　〈謙〉曰：謙亨，天道下濟而光明，地道卑而上行。天道虧盈而益謙，地道變盈而流謙，鬼神害盈而福謙，人道惡盈而好謙。謙尊而光，卑而不可踰，君子之終也。

　　　　〈豫〉曰：豫，剛應而志行，順以動，豫。豫順以動，故天地如之，而況建侯行師乎？天地以順動，故日月不過而四時不忒；聖人以順動，則刑罰清而民服。

　　　　〈觀〉曰：大觀在上，順而巽，中正以觀天下。觀，盥而不薦，有

〔註2〕方東美，《新儒家哲學十八講》，台北：黎明文化事業公司，1983年，頁43。
〔註3〕張岱年，《中國哲學大綱》，頁177。

孚顒若，下觀而化也。觀天之神道，而四時不忒；聖人以神道設教，而天下服矣！

〈賁〉曰：賁，亨，柔來而文剛，故亨；分剛上而文柔，故小利有攸往，天文也；文明以止，人文也。觀乎天文，以察時變；觀乎人文，以化成天下。

〈剝〉曰：君子尚消息盈虛，天行也。

〈頤〉曰：天地養萬物，聖人養賢以及萬民。

〈咸〉曰：天地感而萬物化生，聖人感人心而天下和平。觀其所感，而天地萬物之情可見矣！

〈恆〉曰：天地之道，恆久而不已也。利有攸往，終則有始也。日月得天而能久照，四時變化而能久成，聖人久於其道而天下化成。觀其所恆，而天地萬物之情可見矣！

〈歸妹〉曰：歸妹，天地之大義也。天地不交而萬物不興；歸妹，人之終始也。

〈豐〉曰：日中則昃，月盈則食，天地盈虛，與時消息，而況於人乎？況於鬼神乎？

〈節〉曰：天地節而四時成，節以制度，不傷財，不害民。

〈革〉曰：天地革而四時成，湯武革命順乎天而應乎人。

二、《老子》的天道推衍人事

《老子》：「天地不仁，以萬物爲芻狗。聖人不仁，以百姓爲芻狗。」（《老子·第五章》）

《老子》：「天長地久。天地所以能長且久者，以其不自生，故能長生。是以聖人後其身而身先，外其身而身存。非以其無私邪！故能成其私。」（《老子·第七章》）

《老子》：「江海所以能爲百谷王者，以其善下之，故能爲百谷王。是以欲上民，必以言下之；欲先民，必以身後之。是以聖人處上而民不重，處前而民不害，是以天下樂推而不厭。以其不爭，故天下莫能與之爭。」（《老子·六十六章》）

三、《莊子》的天道推衍人事

《莊子》：「通於天地者，德也；行於萬物者，道也；上治人者，事也。」（《莊子・天地》）

《莊子》：「明白於天地之德者，此之謂大本大宗，與天和者也；所以均調天下，與人和者也。與人和者，謂之人樂；與天和者，謂之天樂。」（《莊子・天道》）

《莊子》：「天地之道，聖人之德也。」（《莊子・刻意》）

《莊子》：「古之人其備乎！配神明，醇天地，育萬物，和天下，澤及百姓，明於本數，係於末度，六通四辟，小大精粗，其運無乎不在。」（《莊子・天下》）

「三玄」中「天道推衍人事」思維方式，不勝枚舉。這樣的思維方式，將人事的思維方式，建立在天道的運行上，成為中國哲學思維上的一條主軸。所以，在〈乾・象〉：「大哉乾元！萬物資始，乃統天。」也是遵循著這樣「天道」運作，發展到「人事」治理，進而達到人文世界的咸寧境界。

《象傳》作為《周易》哲學化的代表作，在古代動盪的戰國時代，結合諸子思潮與百家爭鳴之敘發，以儒、道思想為主的文化空氣，開顯出一套完整的「天地人一體」的哲學體系。儒家思想偏重於人文情懷的倫理哲學體系，而道家思想則偏重在宇宙本原發生論及大自然與人文社會的關係，即「天道」轉化「人道」的思想。我們認為，《象傳》的作者在對於《周易》的哲學詮釋的過程中，除了傳統上學界所認為的受到儒家思想影響外，更根本的宇宙論及形上學上，應屬於道家哲學的思想譜系範疇中。

誠如張岱年先生說：「中國哲學不重區分，所以宇宙論與人生論，在中國哲學中，本亦是不分別的。中國哲人的文章與常第一句講宇宙，第二句更講人生。更不止此，中國思想家多認為人生的準則是宇宙之本根，宇宙之本根便是道德的標準；關於宇宙的根本原理，也即是關於人生的根本原理。所以常常一句話，既講宇宙，亦談人生。」〔註4〕中國哲學論及人生問題，即是談人在宇宙的位置的問題，即是「天人關係論」。在中國古老的歲月裏，人對於生命的認知，源自於古老神話的宇宙意識，其生命的存在對應在日月運行、星辰轉換、四季變化的自然秩序中，生命的存在感受著天地氣息的轉變，意

〔註4〕張岱年，《中國哲學大綱》，頁173～183。

識到天道與人道之間有共同運行的法則，天道推衍著人間社會的秩序，遵循著宇宙規律的運動規律，國家社會人事安排得以定位，自身生命置身於存有之中得到安頓。生命本身是一種複雜的精神現象，來自其民族或社會內在的深層結構，建構在主體存在的生活世界影響，在其生活的教育與宗教文化的洗禮下，對自我的存在的根據與朝向產生審視與反思，關乎了自我起源與時空意識的探求。生命的探求牽涉到宇宙秩序的自然法則，人存在於宇宙法則的和諧之中，形成了生命本身的存在意識。人類的文明的發展，根據各民族對於自身生命的認知與需求，發展出後代的宗教、哲學、藝術等人文科學。

中國哲學對於人對於自身生命的心性感受，即是一種「命觀」，從孔子的「知命」、老子的「復命」、孟子的「立命」、莊子的「安命順命」、荀子的「制命」等等，「命」是從天道到人道、從人道到天道的周行循環，在人對於自身的存在狀態反思，體驗自身在天地之間的位置，實現生命的存在價值，達到人與宇宙本體的和諧。「命」是人性的直接來源，當進入到天人合一的本體境界，才能確立生命的永恆價值。

總言之，在本文中，我們將《象傳》與《老子》、《莊子》的哲學思想作一對比，勾勒出「三玄」思想的哲學架構。在中國哲學的宇宙論裡，〈乾·象〉說明了乾元的創始萬物之歷程，以及萬物起源的依據，並且，將道家思想的「形上道論」與「自然觀」，以「乾元」來象徵道的創生能力，巧妙的融合到傳文之中。除了闡述宇宙發生的本原說外，另外，《象傳》所強調的和諧觀，更是與道家「天地人一體說」，或是「天人合一」學說，有著相同的期許。人際關係的和諧之外，由自然界的和諧，轉化到人間世界的太平理想，更尋求更高一層涵括天地宇宙間的咸寧和諧，等同於道的合諧性。《象傳》中「天道推衍人事」思維方式，將「天道」剛健的運行模式，轉化到「人事」的管理方針，祈盼人間社會的運作規則，形同天地日月運動變化，剛健負有規律，作為人事效法的藍圖。「大哉乾元」所具備極負道家的開創性格的宇宙發生論，透過「生生之德」的人文情懷，將天、地、人、萬物融合成一幅極致的圖騰景象，正是《象傳》作者與道家的「天和」與「人和」共同的理想世界。

第二節　《老子》天地人三才思想

中國古代的宗教是建立在神聖性的精神體驗上，深切地體認出在人之上有著一個超越的實體，並且，人可以透過特殊的宗教儀式，與終極實體相互

感通，甚至合而爲一。自周代以後，「天」在宗教文獻上大量的使用，並經常以「天命」一詞出現，逐漸地取代帶有至上神觀念色彩的「帝」字，「天」成爲周代之後，在人之上終極實體的總稱詞。由於「天」的出現，中國古代先民欲確認自身在「天」下的位置，進而發展出「天人合一」的哲學系統與宗教體系。傳統儒家哲學的「天」，雖然泛指宇宙萬物生化的本源，就其源頭來說仍帶有著宗教超越性的神聖體驗，從宇宙永恆規律與生命終極轉化來建構天人之間的存有關係，在生命主體的人文主義中是帶有著終極真實的宗教性，不否認與不輕視超越者的存在，肯定在天人之間的互動上，能將終極的超越性轉化爲自我生命的內在性，使人如同天一般成爲宇宙共同創造者。〔註 5〕中國哲學對傳統宗教神學體系的建構影響甚大，其「天人合一」的宇宙論，一直是中國古代宗教思想的基本論調，自春秋末年道家的始祖老子的出現，首先提出了以「道」爲宇宙變化的本體論，更以「天地人」三才思想，建立了「人」在宇宙的位置，老子欲以「天地人」三才思想統合「天人合一」的宇宙論，揭開了先秦哲學道家主幹說與諸子百家哲學論戰的首部曲。

　　「天人合一」的二元思想透由周代的思想轉變，到了春秋戰國時期，「天地」複合詞的大量使用，逐漸發展成「天地人合一」的三才思想，而統合了「天人合一」的二元思想，成爲「天地人合一」的三才思想。老子在中國哲學上最重要的主張，即是提出「道」的最高哲學範疇，此外，老子也是「天地人」的三才思想的始創者。《老子·二十五章》曰：「人法地，地法天，天法道，道法自然。」老子提出了「天地人」的三才思想主張外，並且「天地人」還共同統合於一，即是「天地人」容攝於「道」中。相較於「天人合一」的二元思想，老子所提的「天地人」三才思想，更具豐富的哲學蘊含，不但能消淡「天」所涵攝的宗教含意，更能將源自於原始時代的神話思維，轉化爲以天地自然運行的原理，類比爲人生命存有的終極依據。

　　中國古代社會的宗教傳統是建立在神聖的信仰體驗上，透過古代的祭祀祭典來與超越界感通，深信在人之上，有著一層不可知見的終極實體，而人能透過宗教密契的方式，達到與超越界的終極實體相互感通甚至是合而爲一，對於中國宗教傳統而言，這個終極實體就是「天」，古人發展出各種與「天」感通的方式，而發展出中國哲學的最高的「天人合一」境界，也形成獨具中

〔註 5〕杜維明，段德智譯，《論儒學的宗教性——對中庸的現代詮釋》，武漢：武漢
　　　　大學出版社，1999 年，頁 110。

國文化特色的「天人合一」哲學系統與宗教體驗。傳統上來說,「天人合一」可視爲「天」、「人」二位一體,它的起源是一種中國古代的二元的宇宙論,除了「人」的存在之外,「天」代表了多重含意,泛指自然界、超越界、本體界之意,也形成「人」存在於「天」中的虛實相互對立的宇宙關係。首先,我們先就「天」、「人」的本意來說明,石朝穎先生說:

> 「人」字在中國的「字源學」上看:甲骨文「𡰣」,金文「𠃌」。從這兩個象形文字上看,可以看出是指一個人站立時的側面。但許愼《說文解字》中的詮釋則爲:「人,天地之性最貴者也。」
>
> 中國的「意象文字」(Ideogram)中,其實「大」這個字,乃是指一個人站立的正面「大」,故《說文解字》的詮釋:「大,天大、地大、人亦大,故大象人形,故文大也。」另一個中國字「天」,也和人的意象有關:甲骨文「𡗕」象「天」,金文「夨」象「天」。在中國古代,「天」代表人的頭頂,並不是指自然界的「天空」,乃是指一個頭很大的人站在那裡,後來才逐漸被當作「天空」的專用字。故《說文解字》詮釋「天」時說:「顚也,至高無上。」
>
> 我們綜合上述的說法,可以得出如下的三種有關「人」字的詮釋:
>
> (a)「𠃌」側面站立之人,是指「一般的人」或古代所謂的「小人」。
>
> (b)「大」正面站立之人,是指「德高眾望的人」或古代所謂的「大人」。
>
> (c)「𡗕」正面站立之人,大而極天之人,是指「帝王、或權位極高之人」,就是古代所謂的「天子」、「聖人」或莊子所謂的「眞人」。〔註6〕

關於「天」的思想,出現在甲骨文,但在商代時,「天」的思想並未大量的使用,也並未有正面而肯定的應用,而主要是由「帝」字,或「天帝」來指稱超越界。商代的「帝」,雖具有某種主神的性質,但並不等同於其他宗教中的至上神。「帝」這個主神也缺乏以人間政治爲基礎的至上地位。它可以作爲商王祖先的通稱。它的自然神性和祖先神性不是確定和統一的,而是各種

〔註6〕石朝穎,《宗教與人生哲學的詮釋問題》,臺北:中國文化大學華岡出版社,2010年,頁174。

神話原始意象的相互轉化和複合。〔註7〕因此，「天」在商代，並非是有宗教、哲學或自然的含意，不過從《尚書》中講到「天」的地方有271處，多與「天命」有關，可以看出「天」開始轉向宗教意。到了西周，「天」與「帝」同時出現，兩個概念在主宰意義上是重複的，但是天在文獻中的使用頻率漸漸多起來，最後取「帝」而代之。作爲主宰之義的「天」，其地位是至高無上的、唯一至尊的，它掌管所有的神靈，包括四方之神。〔註8〕

　　余英時先生指出，「天」的觀念在中國起源很早，近代學者或謂甲骨文中僅有「帝」字，而無「天」字，因而主張「天」是周朝人的宗教，但此說未必足信，因爲也有專家指出，甲骨文中的「大」字即是「天」字。若必謂殷人僅有「帝」的觀念，尚無「天」的觀念，則不免失之過拘。周人則「天」、「帝」兼用，故經典中「不識不知，順帝之則」與「天生蒸民，有物有則」之文義往往互見疊出。〔註9〕因此，傅佩榮先生在《儒道天論發微》歸納出中國古代的「天」有四種含意，（1）天爲「自然之總稱」，（2）天爲「能產之自然」，（3）天爲「所產之自然」（4）天爲「自然之原理」，此處之「天」爲「自然之原理」。〔註10〕周代的「天」縱使相當於上帝，它所包含的出世性質也少於希伯來人的上帝。因爲從周代開始，中國的天即表現出很獨特的地方，它主要是爲君權、而不是爲神職人員服務的。天包含著許多複雜的意義，它後來沒有發展成爲一個獨立於經驗世界之外的支點，更不是一個宇宙的創造者。〔註11〕

　　因此，我們可以得知，「天」先是由「人」的象徵，再轉向「帝」字的宗教含意，取代「帝」成爲天帝兼有祖先和自然神性的至上神，成爲中國古代社會的主宰，而延伸出關於「天」的其他意涵。我們從春秋戰國時期的文獻來看，《中庸》：「天命之謂性，率性之謂道……」。《孟子》：「盡其心者，知其性也。知其性，則知天矣……」（〈盡心篇〉），孔子：「不怨天，不尤人，下學

〔註7〕陳詠明：「由於商王朝政治聯合體的鬆散性，這個主神也缺乏以人間政治爲基礎的至上地位『帝』的主神的性質淹沒在繁多的祭祀或巫術活動中，無法確立明確的價值觀意義上的最高地位。」陳詠明，《儒學與中國宗教傳統》，臺北：臺灣商務印書館，2004年，頁86。
〔註8〕陳詠明，《儒學與中國宗教傳統》，頁86。
〔註9〕余英時撰寫《儒道天論發微》之序言，收錄於傅佩榮，《儒道天論發微》，臺北：臺灣學生書局，1988年，序頁1。
〔註10〕傅佩榮，《儒道天論發微》，頁257。
〔註11〕陳詠明，《儒學與中國宗教傳統》，頁90。

而上達；知我者，其天乎？」（《論語・憲問》），中國哲學的「天命」觀，繫乎於宇宙主宰貫徹意志於「君王」或「人」上。我們就能獲知，古代「天」字的豐富含意，具有「人」位格的含意，又具「天帝」之萬物主宰的神的位格，最後轉向「自然」與「本體」之哲學意涵，形成了中國哲學的主軸「天人合一」範疇上。

　　另外，老子的「天地人」三才思想，也提出了「地」的主張，人在宇宙的位置除了置身於「天」的神性超越向度之外，「地」所代表的人類文明的建構，亦是人與天地合一中，不可或缺的人文向度。「地」在甲古文的意思，即是「土、方、社」等。若具體而言之，即人以工具所建立起之現實世界，如社會、國家等。〔註12〕因「地」字的出現，因此，所具有「自然」含意與人格超越色彩的「天」，與具有「自然」含意與人格現實色彩的「地」，理所當然，結合為以「人」為中心的雙重結構，一方面表示著自然世界浩瀚無邊的天空的「天」，與山川、平原、森林的「地」；又象徵著宇宙精神超越的主宰的「天」，與人所建造的國家、社稷現實世界的「地」。而「人」位於「天地」之間，形成具精神與物質雙重交集的「天地人」聚合體。

　　老子更提出了比「天」、「地」更高的哲學概念，即是「道」。在《老子》首章道曰：「道可道，非常道。名可名，非常名。」在老子的意思裡，「道」有著二層的義涵。首先，第一個「道」是作為準則、法則的「道」。第二個的「道」，是可道說的「道」，作為言說的動詞使用。第三個「道」則是老子所要強調的「道」，作為一種形上本體的「道」。而第一個作為準則、法則的「道」，又指向著第三個作為一種形上本體的「道」。因此，老子之「道」，有著言說之「道」，以及形上之「道」之二層義涵。故此，《老子》之「道」可作為世界本根、萬物本原、宇宙法則的義涵。老子的「道」裡，有著一種客觀觀念論的特色。《老子》道曰：「不出戶，知天下；不闚牖，見天道。」（《老子・四十七章》）老子所言之「道」，如何能不出門戶，不闚視窗牖，就能知天下事，能瞭解天下共通的原理？顯然地，老子之「道」，是老子藉由外在世界的事理來認識「道」，是主體藉由客觀的觀念來認識「道」，達到「不出戶，知天下；不闚牖，見天道。」的主體認識。

〔註12〕史作檉，《二十一世紀宗教與文明新探》，北京：宗教文化出版社紀，2007年，頁109。

　　陳鼓應先生提出了六種「道」的特性，即是：(1) 道為無限性之實存體；
(2) 道為一切存在之大全；(3) 道為大化發育流行之過程；(4) 道為萬有生
命的泉源；(5) 道為主體精神所上達之最高境界；(6) 道蘊含天道與人道。
〔註13〕根據陳鼓應先生提出了六種「道」特點，我們可以看出萬物在「道」
中的位置，如「周行而不殆」(《老子·二十五章》)、「反者道之動」(《老子·
二十五章》)、「道生之，德蓄之」(《老子·四十章》)，而人作為「天地」之間
的存有者，也必須依託「天道」的天文現象運行法則，成為「人道」社會所
必須遵循的行為準則。

　　由於「道」的終極實體出現，「天地」的位格於是下降，在「道」的第一
因之下，天地與鬼神都不過是道的表現之一，天地、鬼神與包括人在內的宇
宙萬有處於平等的地位，容攝於「道」的統合之中。因此，在《老子》中「天
地」二字經常複合，等同於「自然」之意，在《老子》中有許多處出現，《老
子》曰：

　　無名天地之始，有名萬物之母。〈第一章〉

　　天地不仁，以萬物為芻狗。聖人不仁，以百姓為芻狗。天地之間，
　　其猶橐籥乎？虛而不屈，動而愈出。多言數窮，不如守中。〈第五章〉

　　谷神不死，是謂玄牝。玄牝之門，是謂天地根。綿綿若存，用之不
　　勤。〈第六章〉

　　天長地久。天地所以能長且久者，以其不自生，故能長生。〈第七章〉

　　天地。天地尚不能久，而況於人乎？故從事於道者：道者同於道，
　　德者同於德，失者同於失。〈二十三章〉

　　有物混成，先天地生，寂兮寥兮，獨立不改，周行而不殆，可以為
　　天下母。吾不知其名，字之曰道，強為之名曰大，大曰逝，逝曰遠，
　　遠曰反。故道大、天大、地大、王亦大。域中有四大，而王居其一
　　焉。人法地，地法天，天法道，道法自然。〈二十五章〉

　　天地相合，以降甘露，民莫之令而自均。始制有名，名亦既有，夫
　　亦將知止，知止可以不殆。譬道之在天下，猶川谷之於江海。〈三
　　十二章〉

〔註13〕陳鼓應，〈論道與物關係問題：中國哲學史上的一條主線〉，《臺大文史哲學報》
　　　第 62 期，2005 年 5 月，頁 94～95。

在《老子》裡，「天地」是一種自然的總稱，所遵循「道」的自然法則之理。誠如勞思光先生言：「『道』即指萬有之規律，因規律本身非萬有之一（及非經驗事象），故謂『先天地生』。老子常以『天地』指經驗世界之萬有總體。」〔註 14〕因此，老子之道論，並非眞實存在經驗世界之中，而是我們主體的一種觀念，並且來自主體之外的客觀觀念，是一種「先天地生」客觀的觀念論。陳鼓應先生曾在「天地不仁」文句上，提出「天地」的詮解說：

一、「天地不仁」是說明天地順任自然，不偏所愛。這句話是就天地的無私無爲來說。「以萬物爲芻狗」。便是天地無私的一種表現。依老子看來，天地間的一切事物，只是依照自身的發展規律以及各物的内在原因而運動而成長。先前的人，總以爲日月星辰、山河大地都有一個主宰者駕臨於其上，並且把周遭的一切自然現象都視爲有生命的東西。兒童期的人類，常以自己的影像去認識自然，去附會自然。人類常以一己的願望投射出去，給自然界予以人格化，因而以爲自然界對人類有一種特別的關心、特別的愛意。老子卻反對這種擬人論（Anthropomorphism）的說法。他認爲天地間的一切事物都依照自然的規律「道」運行發展，其間並沒有人類所具有的好惡感情或目的性的意圖存在著。在這裏老子擊破了主宰之說，更重要的，他強調了天地間萬物自然生長的狀況，並以這種狀況來說明理想的治者效法自然的規律「人道」法「天道」的基本精神就在這裏，也是任憑百姓自我發展。這種自由論，企求消解外在的強制性與干預性，而使人的個別性、特殊性以及差異性獲得充分的發展。

二、天地之間是一個虛空的（Vacuous）狀態。雖然是「虛」狀的，而它的作用卻是不窮竭的，這和第四章的說法一樣，這個「虛」含有無盡的創造的因子。所以說：「動而愈出」——天地運行，萬物便生生不息了。這個「動」（在虛空中的「動」）便成爲產生萬有的根源了。可見老子所說的「虛」，不提個消極的觀念，反是個積極的觀念。

三、「天地不仁」和天地虛空都是老子「無爲」思想的引申。天地「無爲」（順任自然），萬物反而能夠生化不竭。「無爲」的反面是

〔註14〕勞思光，《新編中國哲學史（一）》，臺北：三民書局，1984 年，頁239。

　　強作妄爲，政令煩苛（「多言」），將導致敗亡的後果。這是老子對擾
　　民之政所提的警告。〔註15〕

　　陳鼓應先生所言，實際上意指以「天地」作爲一個場域，在天地間作爲
「天道」推衍「人道」的神聖空間，而「天道」有其運行的規律，又是「人
道」遵循的依歸，也就形成了一種中國哲學獨到的讚嘆天地、雙關人事道家
主幹之天人之說。其中的核心價值就是「天道」與「人道」的「天地人」一
體，共同遵循「道」的最高法則。

　　「人」位居「天地」的處事作爲，需要以「天地」法則爲依歸，以「道」
法「自然」爲精神境界。馮友蘭先生曾提出自然、道德、功利、天地四個境
界，說明人在宇宙之中的處事境界，他以最高層的「天地境界」指出，「人」
在「天地」處事法則，馮友蘭先生說：

　　在此種境界中的人，其行爲是「事天」的。在此境界中的人，了解
　　於社會的全之外，還有宇宙的全，人必於知有宇宙的全時，始能使
　　其所得於人之所以爲人者盡量發展，始能盡性。〔註16〕

　　在「天地境界」中的人，有完全的高一層的覺解。此即是說，他以完全
知信，因其已知天。他已知天，所以他知人不但是社會的全的一部分，而並
且是宇宙的全的一部分。不但對於社會，人應有貢獻；即對於宇宙，人亦應
有貢獻。人不但應在社會中，堂堂正正地做　個人；亦應於宇宙間，堂堂正
正地做一個人。人的行爲，不僅與社會有干係，而且與宇宙有干係。他覺解
人雖只有七尺之軀，但可以「與天地參」；雖上壽不過百年，而可以「與天地
兮比壽，與日月兮齊光」（《楚辭》）。

　　因此，中國古代思想的「天」，先由「帝」的取代，再由「天」的形上思
想演變，最後由於「地」的人文思想出現，而形成「天地」的複合詞。中國
哲學首重的「人」在宇宙之間的位置，由早期的「天人合一」轉向由老子提
出的「天地人」三才思想。老子的「天地人」三才思想，結合原始宗教根本
性的信仰意識，將天地從自然遍在的物質性，延伸出宇宙萬物生化的精神性，
成爲終極的超越實體，天與地是生化之源，爲萬物與人類活動變化的依據所
在。〔註17〕

〔註15〕陳鼓應，《老子今註今譯及評介》，臺北：臺灣商務印書館，1970 年，頁 70。
〔註16〕馮友蘭，《人生的哲理》，頁 41～43。
〔註17〕李杜，《中國古代天道思想論》，臺北：藍燈文化公司，1992 年，頁 26。

第三節　《莊子》人鬼神一體生命觀

　　史前時代的人類信仰活動相當頻繁，根據考古的出土文物與近代仍留存的原始社會，史前人類的信仰相當多元，究竟原始時代的人類主要的信仰方式爲何，目前學界尙無定論，〔註 18〕由原始人類對於宗教信仰型態推知，或許是基於生存需求與生命探尋，人類意識到不同於肉體形態的精神，稱爲靈魂或靈性，肯定靈性是主宰與支配生命的主體存有，是內在於人的精神性實體。透由人的靈性與萬物的靈性存著相互滲透的可能性，將人的社會行爲與自然萬物的靈性相結合，深信人與萬物有著靈性的血緣關係，彼此有著互滲與互感的精神關係，人、物與神靈在生活的結合，意識到人在自然界中的擁有的精神力量。因此，由從精靈崇拜、自然崇拜、圖騰崇拜到神話崇拜來說，宗教界較一致的看法，原始人類的信仰主要還是以精神信仰爲主，承認鬼神靈性的信仰將人類的精神提升到較高的境界。肯定自然界的神靈，祈求自身與天地萬物與泛靈世界合而爲一，願以超越的力量降臨，來主宰宇宙與社會的生存秩序。〔註 19〕

　　從上古時期的聲音、圖畫時期，轉入到文字時期，依舊傳承著古老的生命觀，我們可以由中國早期的記載，如《山海經》、《楚辭》、《左傳》等文獻，發現有大量的鬼神、精怪與古代人們交互的記載，無論是由宗教的祭祀儀典，或是古人光怪流離的神祕經驗，神鬼信仰是與古代的人文社會有密切的關係。

　　《莊子》爲道家哲學的代表作之一，對於鬼神的描述並不少於其他的文獻，莊子的思想主要在縱身於萬變流行，與天地冥合，道通爲一，展現出獨與天地精神往來的消遙遊。《莊子》除了蘊含了豐富的哲學思想外，同樣擁有原始思維的靈體觀念與原始的宗教信仰，甚至是從原始思維的精神文化之中，而且深受原始宗教的宇宙模式，相同地以莊子的直觀智慧是否也能掌握到其形上思想的發展脈絡，誠如如陳鼓應先生所言：「已完全消解了宗教主宰

〔註 18〕「原始宗教大約可以歸納出如下的特徵：瑪那（mana）、禁忌（taboo）、巫術（magic）、物神崇拜（fetishism）、精靈崇拜（animism）、亡靈崇拜（dead worship）、自然崇拜（nature worship）、植物崇拜（vegetable worship）、動物崇拜（animal worship）、圖騰崇拜（totemism）、性器崇拜（phallicism）、至上神崇拜（supreme being worship）、神話（mythology）、獻供物（offerings）、禮儀（rites）等。」董芳苑，《原始宗教》，臺北：長青文化事業，1985 年，頁 73～111。

〔註 19〕鄭志明，《民俗生死學》，臺北：文津出版社，2008 年，頁 62～63。

性的權威作用，轉化而爲人的精神生命與功能。」﹝註20﹞大部分學者都落在道的形上架構來作說明，指出莊子是如何透過氣化宇宙論來與道冥契，轉化爲人生的精神境界。因此，在本節中筆者首先藉由《莊子》中的鬼神觀來與古代其他學派的鬼神觀比較。其次，《莊子》中人與鬼神之間的互動變化關係，以及人如何透過「靈府」的心靈意識來達到「神人」境界，以下筆者分別作討論之。

一、莊子「鬼」的觀念

中國古代的鬼神觀，建立在人的靈魂的生死轉換而言，人生在世以「魂」、「魄」爲主宰，死後爲「魂」，而「魂魄」與神祇聯繫爲「神」。最早記載在《左傳》以「魂魄」二字來形容靈魂，《左傳》記春秋時代鄭國卿大夫子產之言，曰：

> 人生始化曰魄，既生魄，陽曰魂。用物精多，則魂魄強。是以有精爽，至於神明。匹夫匹婦強死，其魂魄猶能馮依於人以爲淫屬。況良宵，我先君之穆公之胄，子良之孫，子耳之子，而三世執其政柄，其用物也弘矣，其取精也多矣。其族又大，所馮厚矣。而彊死，能爲鬼，不亦宜乎！（《左傳》）

子產所言靈魂即分成「魂」與「魄」，當「魄」隨著肉體而生時，也伴隨著「魂」，「魂」與「魄」主宰著人體種種知覺與精神活動。人死後，「魂」仍有活動能力作祟人間。另外關於「魂魄」文獻也有如古籍所載：

> 心之精爽，是謂魂魄，魂魄去之，何以能久。（《左傳》）

> 有人在下，我欲輔之。魂魄離散，汝筮予之！（《楚辭‧招魂》）

> 凡所謂祟者，魂魄去而精神亂，精神亂則無德。鬼不祟人則魂魄不去，魂魄不去而精神不亂，精神不亂之謂有德。（《韓非子‧解老》）

由此可知，古人肯定魂魄是生命的主體作用，魂魄即是人的精神能量之所在，人活著的時候保有魂魄，不受鬼魅的影響，因此，行爲不致於淪喪，精神不亂謂之爲德。魂魄若離身後，不僅精神錯亂與道德淪喪，還會導致於死亡。《說文解字》的解釋即是人死後靈魂成爲鬼，而死後的靈魂會来騷擾人間。另外，《列子‧天瑞》曰：

﹝註20﹞陳鼓應，《老莊新論》，1992年，頁263。

> 精神者，天之分，骨骸者，地之分。屬天清而散，屬地濁而聚。精
> 神離形，各歸其真，故謂之鬼。（《列子‧天瑞》）

「鬼」為象形字，原甲骨文字形是由下方是個「人」字，上方類似「田」字，象徵可怕的鬼頭，是人們想像中的似人非人的怪物。《說文解字》對於「鬼」解釋曰：

> 人所歸為鬼，從人，象鬼頭，鬼陰賊害，從厶。（《說文解字》）

「鬼」字的本義應該是指靈魂，人死為鬼，只是靈魂的形態之一。因此，「鬼」是漢字部首之一，相關字如魑、魅、魍、魎、魃、魈、魖、魁、魑等，大多與靈魂、鬼神信仰有關。另外，《墨子‧明鬼》曰：

> 古之今之為鬼，非他也，有天鬼，亦有山水鬼神者，亦有人死而為
> 鬼者。（《墨子‧明鬼》）

墨子將「鬼」又分為「天神」、「地祇」、「人鬼」等精靈，顯現出對古人對於「鬼」觀念採取廣義渾然不分的定義。因此，我們得知中國古人對於「鬼」的觀念建立在兩個層次上來說，一是靈魂不滅，古人認為人死之後，靈魂是不會因死亡而消失，會形成「鬼」的精神狀態。另一是萬物靈性互通，古人認為人與天地萬物的靈性是相通的，彼此是可以相互變化轉變成，死後靈魂會移轉到其他天體、人體、動、植物等，形成各種「天神」、「地祇」、「人鬼」的精神型態，故生命以靈魂型態轉化於自然萬物中，透由宇宙運行的機制得以不斷地更新與轉化生命現象。

誠如陳來先生所言：「鬼與一般所謂的靈魂應有所區別。鬼不僅是精神的存在，可以是人的整體存在的繼續。靈魂只是人死後心靈部分的繼續。不過，即使是靈魂觀念，也並非一開始就是精神性的。在原始文化時代，靈魂可能呈現為意識客觀的存在，如同我們能感觸的任何物質實體一樣，靈魂的觀念經過逐步的發展，才後得完全的精神意義，成為精神的一種特殊表現。」〔註21〕中國古代的鬼神觀，人們經由靈魂的信仰，轉為魂魄的精神形態，「鬼」、「神」則為精神能量的轉換形態代名詞，衍伸為事物的本體，或指超越現實的精神力量。中國古代人們透由與鬼神超自然力量溝通，洞悉相通於天地鬼神的存有之理，以求安身立命之道，進而能提高自我的精神能量與生命境界。生命在有限的生命時間內，建立起永恆的精神世界追求，體悟生命的本質秉持鬼神相融的內在性，超越本身生命限制的現實，開展生命精神的無限提升。

〔註21〕陳來，《古代宗教與倫理──儒家思想的根源》，頁123。

　　根據上述的梳理，《莊子》的「鬼」概念究竟是何種涵義？我們試舉《莊子》中〈達生〉篇說明：

> 桓公曰：「然則有鬼乎?」曰：「有。沈有履，灶有髻，戶內之煩壤，
> 雷霆處之；東北方之下者，倍阿鮭蠪躍之；西北方之下者，則決陽處
> 之。水有罔象，丘有莘，山有夔，野有彷徨，澤有委蛇。」（〈達生〉）

　　〈達生〉篇的記載齊桓公因見鬼而病，與管仲有一段有關鬼是否存在的對話，而對話中共列出了十種物靈與鬼相提並論，一為人間常住里宅之中的物靈，一為自然山野水澤之中的物靈。因此，我們可斷言《莊子》中鬼概念，是指自然界中的各種物靈，。莊子中的「鬼」，不是指人死後的鬼，而是泛指萬物的「靈」，即鬼是指具有生命力的精神靈體。

　　由此看出，莊子本身是個泛靈論者。泛靈論的主張，萬物都有靈性，萬物存在的背後含藏著人所無法洞悉的超自然靈氣，這樣的能量賦予自然萬物活躍的生命靈性，這種生命靈性又與人的真實存在不一樣，代表大自然一種精力的存在，是無所不在的也可看出，可稱之為「鬼」、「靈」、「精氣」。而這種精氣會與人偶有交感相會，或在居家環境，或在山林野外皆有可能。

二、莊子「神」的觀念

　　「神」字之意象，從示從申，亦為神字，從鬼從申，自祭台至鬼物，向上反應向下宣示，即為「神」字。「神」的古意，即是上帝、神祇之素樸意義為多。勞思光先生針對古代「神」曾做過說明，勞思光先生論及古代之神鬼觀的四個重點，說明如下：〔註22〕

　　第一、「神」為多數。有所謂四方之神，有所謂山川之神。涉及「一神」觀念時，即用「天」或「帝」。

　　第二、殷人早已稱人死者為「神」，其後周人更常用此一意義說「神」。另一部分非由人死而成之神，亦似乎屬於世界之一部分。於是中國古代所謂「神」，並非先於世界而存在者，根本無超越世界之上之意義。

　　第三、古代文獻常以「神鬼」並稱，轉與「人之靈魂」一觀念接近。而民間之「鬼神」觀念，更全屬此一類型。

　　第四、就神人之關係而論，一方面人可成神，於是「神鬼」之領域，

────────────

〔註22〕勞思光，《新編中國哲學史》卷一，頁91～93。

基本上與人之領域不可分;「神」本身雖不可見,卻並無不可解釋之
神祕性。周以前之古代風俗中,必有神人關係過度密切之現象。

根據勞思光先生的分類,我們可更清楚地得知,中國古代使用「神」字
的涵義,第一類稱萬物之靈稱爲神,第二類稱人死爲神,第三類指出神鬼並
稱時神爲人的靈魂之轉化,第四類說神以靈的存在方式而與人類社會有密切
關聯。而流落於民間的「鬼神」觀念,也誠如勞先生所言,是與「人之靈魂」
觀念接近的代名詞。

而《莊子》中的「神」字共出現 104 次,單一個「神」字共出現 61 次,
陳鼓應先生將《莊子》中的「神」區分爲三類,陳鼓應先生說:

> 《莊子》中「神」字出現一百餘次,意義亦頗不相同。除「神人」、
> 「神奇」等外,歸納起來,有這麼幾種:
>
> 第一:與鬼相連,意指「神靈」,如「鬼神將來舍」(〈人間世〉)。
>
> 第二:與形相對,意指精神,如「女神將守形」(〈在宥〉)、「形全
> 者神全」(〈天地〉)。
>
> 第三:形容神妙的變化與作用,如「操舟若神」(〈達生〉)、「神之
> 又神而能精焉」(〈天地〉)、「夫天地至神」(〈天道〉)、「油然不
> 形而神」(〈知北遊〉)等。〔註23〕

陳鼓應先生將莊子對於鬼神的看法,分爲與鬼相連、與形相對與形容神
妙的變化與作用三類。筆者略將勞思光先生與陳鼓應先生的說法,略加綜合,
可五類來探討,即是宗教義、精神義、本體義、認識義與密契義五類。說明
如下:

(一)宗教義

神爲宗教實體,是人所崇拜、景仰的對象,多以鬼神、神祇來談論。中
國三代之前「神」的觀念,與神靈祭祀有關,主要指上帝神祇之意。如《莊
子》文本:

> 無有爲有,雖有神禹,且不能知,吾獨且奈何哉!(〈齊物論〉)
>
> 且鳥高飛以避矰弋之害,鼷鼠深穴乎神丘之下,以避熏鑿之患,而
> 曾二蟲之無如!(〈應帝王〉)

〔註23〕陳鼓應,《老莊新論》,上海:上海古籍出版社,1992 年,頁 279~280。

在〈齊物論〉中大禹被比擬為神人，聖人死後化為神，可以庇祐信奉祂的後人，是故神禹為宗教義。另外，在〈應帝王〉中神丘指的是，社壇也。〔註24〕足見古人乃用「神」來表示祭祀活動。《莊子》中也有其它的用法，如「神龜」等也是廟堂上祭祀用之神物，皆為宗教義的用法。

（二）本體義

如《周易·繫辭》曰：「一陰一陽之謂道」神指宇宙本體變化莫測、變動不居的作用，也指向一種本體的含意，以神字單獨使用為多。如〈天道〉所云：

> 形德仁義，神之末也，非至人孰能定之！夫至人有世，不亦大乎！而
> 不足以為之累。天下奮棟而不與之偕，審乎無假而不與利遷，極物之
> 真，能守其本，故外天地，遺萬物，而神未嘗有所困也。（〈天道〉）

在〈天道〉篇中有兩個神字，第一個「神」：「形德仁義，神之末也。」是指道的神妙變化，而形德仁義只是此變化的末端。在〈天道〉篇第二個「神」：「外天地，遺萬物，而神未嘗有所困也。」是指人的精神。以神來指人的精神狀態，神已由變化莫測之意，轉為人的精神之用了。「外天地，遺萬物，而神未嘗有所困也」即是「神」是一種本體的精神表現，無視天地，忘懷萬物，精神無所困弊。

（三）認識義

人所具有知性功能即在「神」，如《黃帝四經》則曰：「道者，神明之原也。神明者，處於度之內而見於度之外者也。」王曉波先生認為，「處於度之內」的感官感覺認識的事物，是固定的，「靜而不可移」的；「處於度之外」的無形抽象的規律、原理，是動態的，但規律、原理本身之存在是不能變化的（「動而不可化也」）。這種認識的能力來自「道」，故曰：「道者，神明之原。」對事物能認識到「靜而不移，動而不化」，「故曰神」。所以，這種「神明」就是我們統合（「稽」）認識（「見知」）的能力。故曰：「神明者，見知之稽也。」〔註25〕因此，「神」是指精神智慧，是一種認識能力的源泉和標準。〈列禦寇〉所云：

〔註24〕成玄英疏見《莊子集釋》，頁292。
〔註25〕王曉波，《道與法：法家思想和黃老哲學解析》，臺北：國立臺灣大學出版中心，2007年，頁161。

以不徵徵，其徵也不徵。明者唯爲之使，神者徵之。夫明之不勝神
也久矣，而愚者恃其所見入於人，其功外也，不亦悲乎！（〈列禦寇〉）

原文之意即是，用不能徵驗的東西來作徵驗，這種徵驗也不能算作徵驗。
自炫己明的人被人役使，只有讓通於道的神知作主才能徵驗。這裡在講徵驗
這件事，徵驗是認識的意涵，用神徵驗與用明徵驗，結果是大不相同，神是
與道相通的認識能力，而只有明的能力的人會被有爲的心所指使。此段「神」
的意涵，如原文所指「明之不勝神也久矣」有神者，就可以徵驗，神勝於明，
所以是認識義。

（四）精神義

「精神」連用的用法，在道家的其他古籍中並未出現，在《莊子》中，
出現了七次，是莊子所創發的複和詞。精神有二層涵義，當精神作爲心的本
體時，有本體義；當精神指人的思維作用時，有認識義。如〈刻意〉所云：

精神四達並流，無所不極，上際於天，下蟠於地，化育萬物，不可
爲象，其名爲同帝。」（〈刻意〉）

〈刻意〉篇中對於「精神」的描述，可以等同於道家的最高原則之「道」，
亦可稱爲「帝」。「精神」被形容跟「道」一樣，可以上達於天，下及於地，
又可化育萬物，不見跡象。因此，當「道」的能量進入人之後，產生人的精
神純精素質時，就與道合一。「道」的本體就進入人的心中，而人的認識清明
不被現象所迷惑，也是由道而來，「精神」一方面表示了道的本體義，又說明
了人的認識來源。

（五）密契義

指一種微妙神奇的心識體驗狀態，這種狀態的到來，不單靠因循感官刺
激，也不能單靠心智的分析，此種與神交感的精神活動，已由古代神靈的交
會，到達感通大道之狀態，進而達到成爲人「與道合一」的冥契狀態。如學
者鄭開說：「我們追究其來源的話，它脫胎於原始宗教中『通於神明』的精神
體驗和實踐知識，也就是說，上述神明話語是一種宗教體驗浸淫哲學思維的
例子，是宗教體驗哲學化的例子。作爲形而上之道的認知能力，神明來源於
宗教神秘體驗，因爲『神將來舍』所啓示的意識狀態和精神境界類似宗教經
驗中的徹悟體驗。」〔註26〕因此，密契義也可說是《莊子》「神」的不可預測

〔註26〕鄭開，《道家形而上學研究》，北京：宗教文化出版社，2003 年，頁 141。

之本體意涵。如〈養生主〉中對於「神」之與神感通，庖丁解牛的寓言中對「神遇」描寫：

> 臣以神遇而不以目視，官知止而神欲行。〈養生主〉

庖丁只用精神去體會而不必用眼睛看，官能知覺都停止，而只用心神活動去進行，來達到「與道合一」的精神體驗。成玄英對於「神遇」曰：

> 官者，主司之謂也。謂目主於色，耳司於聲之類是也。既而神遇，不用目視，故眼等主司，悉皆停廢，以心所欲，順理而行。善養身者，其意亦然。（《南華真經注疏》）

成玄英解釋「臣以神遇而不以目視，官知止而神欲行」即是，器官作用都停止了，只是運用心神。「官」，指耳目之官，『神欲行』，喻心神自運，而隨心所欲。〔註 27〕是故，在莊子的「神遇」之體驗，是一種微妙神奇的心識體驗狀態，這種狀態的到來，不單靠因循感官刺激，也不能單靠心智的分析，與神靈的交會，達到感通大道之狀態。

因此，我們在本段中，將《莊子》中對於「神」的描寫，提出了宗教義、精神義、本體義、認識義與密契義五類的層面來作說明，也幫助我們容易界定中莊子所言之「神」的豐富意涵。

三、莊子的人鬼神一體生命觀

《莊子》與其他先秦諸子一樣，也是企圖建立一套「人」的主體系統，儒家在「敬鬼神，而遠之」的基本態度下，避開鬼神之神秘氣息之說，而莊子中反倒是將鬼、人、神間的關係密切討論，而形成人鬼神觀念系統。原始思維的直覺主要來自心物互滲與主客互滲，形成了一個混然有靈的觀念。〔註 28〕在這樣的觀念下，形成了泛靈的分化觀念，如生靈、魂靈、鬼靈、精靈、神靈等。我們試由《莊子》文本對於鬼神的理論，由人與鬼神同源、「鬼」「神」的精神境界的差別、「神人」的生命形態以及「靈府」的修養工夫四方面探討之。

（一）人與鬼神同源

中國古代的宗教文化將靈體觀念建構了物、人、鬼的三者靈體，且三者之間可以彼此互滲，形成了相互運作的關係。當鬼靈的觀念獨立發展後，逐

〔註 27〕陳鼓應，《莊子今註今譯》，臺北：臺灣商務印書館，1975 年，頁 106。
〔註 28〕苗啟明，《原始思維》，頁 41。

漸地形成種超自然的神靈，神靈是鬼靈的一種延伸。因此，莊子認爲鬼神的靈性是一體相承的，並且可以由人感通，如〈人間世〉將鬼神並稱的描述：

> 夫徇耳目内通而外於心知，鬼神將來舍，而況人乎！是萬物之化也，
> 禹舜之所紐也，伏戲几蘧之所行終，而況散焉者乎！（〈人間世〉）

在〈人間世〉中我們可看出，人只要透由「耳目内通而外於心知」的方式，是可以與鬼神交流。另外，〈達生〉篇也有一則鬼神並稱的例子，在莊子也認爲人、萬物與鬼神等是一體相生相化，只要人去除外在認知的形式，回復本然的精神境界，即可達到了與鬼神相涵攝的生命本源。〈達生〉篇云：

> 陰陽和靜，鬼神不擾，四時得節，萬物不傷，群生不夭，人雖有知，
> 無所用之，此之謂至一。（〈達生〉）

〈達生〉篇之意，即天地間如果陰陽之氣和調平復，鬼神也不會擾亂，時令節氣就會正常，萬物不會遭致傷害，一切生靈都能終其天年，這樣的話，即使人充滿智慧，無用武之地，也稱爲至一。莊子認爲早期的人類或原始人類是鬼神同一個靈體，只是陰陽之氣已經不協調，才導致生靈無法至一，無法跟「鬼」與「神」一致。莊子的鬼神觀是與早期的原始思維有關的，莊子將原始的鬼神崇拜方式，予以境界化的方式，來顯現「鬼」與「神」的靈體精神境界的差別。

（二）「鬼」、「神」的精神境界的差別

《莊子》中人、鬼、神是一組互滲機體，人仰賴鬼、神靈體的精神作用，同樣的鬼、神靈體也受到人體的生機控制。《莊子》中有許多物靈與人靈的對話，莊子所思考是人的精神實體如何超越？如何突破這種「靈實關係」的限制，展現靈體自由自在的化境。所以，《莊子》中我們看到了許多詼諧的寓言，訴說物靈如何嘲笑人體形式限制的有待。因此，莊子認爲一切形式的有待，是要從自根的無待境界著手，才能達到絕對自由的精神超越。誠如鄭志明所言：

> 人的心理主體意識到靈性的存在時，這個虛有的靈性反而超出於具
> 體的人與物之上，具有著超物體與超人體的能量，回過頭來對物體
> 與人體有著支配與主宰的作用能力。〔註29〕

〔註29〕鄭志明，《中國神話與儀式》，頁286。

　　從人與鬼神靈體的互滲上來說，當人們與負面靈體的「鬼」接觸後，會產生精神上的干擾，而造成不幸與厄運，這是人所不願發生的。另外，當人們與正面靈體的「神」接觸後，人們的心靈受到淨化，進而產生超越與昇華的精神狀態，而帶來好運與吉祥，也是一般人們所樂於接受的。

　　也就是說，人們對鬼神靈體的有極烈的恐懼感，來自於害怕鬼神靈體危害到人類的生活作息，因此，便產生了趨利與避害的心理，分成善惡兩類。惡的靈體對人有著危害人們身心安寧，人們選擇逃避與驅除，此種逃避靈體方法與活動，形成了鬼崇拜的信仰。另外，善的靈體對人良善作用，認為善的靈體會賜給人們恩惠與福報，是人們所樂於親近的對象，此種崇奉的態度與行為，就形成了神崇拜。因此，莊子改良了原始靈體崇奉的崇拜文化，從僅是鬼神崇拜的宗教文化，進而提升到自然靈性對人體的昇華作用，莊子將這種直感的信仰行為，轉化成生命主體絕對無待的精神境界。

　　因此，莊子的鬼神觀主要基於主體心理的直感思維，以思維者本身的出發立場，攸關於自身的旦夕禍福的主觀感受為起點，來對於外在事物直接感受。對於外在物靈的感應，莊子泛稱為「鬼」，鬼成為人所能感受之靈體。而相對於「鬼」之物靈來觀乎人，人體中也含有人靈，莊子稱之為「魂」。人的魂與鬼的靈處在一種人、物、靈的靈實互滲虛實的關係上。人是實的，靈是虛的，在對立的心理主體立場下，進行心物互滲與靈實互滲，互成為一種主體直感的存在。

（三）「神人」的生命形態

　　至於人如何能達到「神」的精神狀態，《莊子》中則有「神人」的生命形態，作為人與神相交的一種新的精神方式。〈逍遙遊〉中有對神人有生動的描寫：

> 藐姑射之山，有神人居焉，肌膚若冰雪，淖約若處子。不食五穀，吸風飲露。乘雲氣，御飛龍，而遊乎四海之外。其神凝，使物不疵癘而年穀熟。（〈逍遙遊〉）

　　「肌膚若冰雪，淖約若處子。不食五穀，吸風飲露」此處所描寫的神人，與世隔絕，應物而不逐物是神人凝靜而一的妙用。在開闊的天地下，交感主體生命的靈明，與天地交感與作用。至於如何才能達到「神人」的境界，〈逍遙遊〉則云：

　　不離於精，謂之神人。（〈逍遙遊〉）

　　莊子認為人達到「神」的境界，必須經過「精」化或「精神」化的過程。，只是這種靈體與鬼靈不一樣，是物靈的一種精華體。如〈胠篋〉篇的「山川之精」，〈在宥〉篇的「天下之精」、「六氣之精」〈秋水〉篇的「物之精也」等，莊子認為天地萬物都具有著至精的靈體存在，「精」是萬物神化的內在動力與生命泉源。〈達生〉曰：

　　夫形全精復，與天為一。天地者，萬物之父母也。合則成體，散則
　　成始。形精不虧，是謂能移。精而又精，反以相天。（〈達生〉）

　　莊子認為萬物的形體是一種有限的存在，唯有「精復」才能與天地和而為一。而天地又是萬物的始源，萬物是精的合和而成而成形，唯有「精而又精」，才能突破有限形體，返回本然的生命能動力。〈刻意〉中將「精」、「神」組成一複合詞，「精神」的概念，是由莊子首先提出的，〈刻意〉曰：

　　精神四達並流，無所不極，上際於天，下蟠於地，化育萬物，不可
　　為象，其名為同帝。純素之道，唯神是守。守而勿失，與神為一。
　　（〈刻意〉）

　　莊子「精神」的轉換過程，即是物靈精化以至神化的歷程，由精靈發展到神靈的存在，「精神」即是宇宙中最為超越的靈體形式，宇宙最高的主宰，即是「精神生於道」。因此，人受到道的「精神」修為造化下成「神人」，即是《莊子》中最高的人的境界。

（四）「靈府」的修養工夫

　　莊子提出了「靈府」的修養工夫，是人轉換到「神人」修養境界的不二法門。莊子認為，內在於人的主體生命之中有一靈體感應的機制，而此感應機制就稱之為「靈府」，運用「靈府」的修養工夫來達到安身立命的超越世界。如〈德充府〉所云：

　　故不足以滑和，不可入於靈府。使之和豫通，而不失於兌。使日夜
　　無郤，而與物為春，是接而生時於心者也。是之謂才全。（〈德充府〉）

　　莊子認為，「靈府」是人的「心」的靈性作用，上通於宇宙的靈性，彼此相互統合，展現出生命的靈機妙用，作用於「心」的感通能力，是人的精神之宅府，也是人的靈性之所在，是人身神靈發竅之所在，展現生生不息的生命泉源。而「靈府」又稱為「靈臺」。如〈庚桑楚〉所云：

　　備物以將形，藏不虞以生心，敬中以達彼。若是而萬惡至者，皆天
　　也，而非人也，不足以滑成，不可内於靈臺。靈臺者有持，而不知
　　其所持，而不可持者也。（〈庚桑楚〉）

　　莊子認為，人的心由於沉迷於人世間的物慾糾纏，失去了原本靈巧的能力，以致心靈執著於成見之中，無法超脫於現實之中。而「靈府」（靈臺）的作用即產生會通於靈體的直覺智慧，不受一切形體、價值、知識、好惡等限制，達到「不知其所持」的「有持」境界。意識到「心靈」的存在，心是為生命的主體，是人生命的主宰，如能識破形式的差別對立，返回本心的直覺體悟，不隨物遷流外在事務的變遷，以心的靈明自覺來安頓生命。因此，莊子透由「靈府」使人與外在神靈感通，使人心重回混沌的精神主體，並與天地神明相應相合，是人們達到「神人」的修養工夫。

　　總言之，在本節中分別筆者針對《莊子》中「鬼」、「神」觀念作梳理與分辨，歸納出莊子鬼、神的屬性與功能，並且探討《莊子》中人與鬼、神的互動模式，獲悉莊子以「神人」的精神境界為最高的人神互動模式，並以「靈府」的心靈意識為修養工夫。

　　因此，莊子重視內在的精神世界，以人、鬼、神互滲模式回歸宇宙的源頭，作為安頓自身生命方式，在回歸原始思維的情境中，重新開啓人、物、靈三者的互攝機制，發展出一套有別於哲學抽象型態的「天人合一」系統。

　　我們獲知莊子所展現的是原始直覺思維的神話哲學型態，原始思維抽象的哲學思維並非是對立二分的，反是一體兩面相互承繼的中國哲學的不同側面。莊子所追求與萬物冥和的人生境界，是中國古代宗教與哲學的精神內涵，從人、鬼、神互滲模式來探索思維源頭，也提供了後代中國哲學的「鬼神觀」來源之所在。

第四節　天地人鬼神的思維模式

　　商代與周代的至上神，是後代民間傳統宗教的主要信仰內涵，同時保有人格化的神與抽象化的道等靈性觀念，這二套至上神觀念不是對立的，可以相輔相成，「天地鬼神」可以轉化為抽象化的道，也可以轉化為人格化的神，但是二者是有著層次性的高低，大致是以抽象化的道為體，以人格化的神為

用。〔註30〕「天地人」是延續「天人合一」到「天地人」三才思想的宗教系統，「人鬼神」源自古代泛靈論思想的鬼神觀，「天地人」與「人鬼神」是兩套不盡相同的宗教哲學系統，經過民間傳統宗教的凝聚，「天」、「地」、「鬼」、「神」的靈性象徵，可指向宇宙存有的終極實體，可以稱「至上神」，或者稱爲「道」，甚至可稱爲「一」。

　　天地人鬼神是一套中國古代宗教綜合哲學的思維方式，在本節我們以中國古代的天地觀、鬼神觀分別來探討「天地人」與「人鬼神」的相互關係。最後，我們試舉鄭志明先生提出「天地人鬼神五位一體」的思維方式，來說明中國古代天地人鬼神的思維模式。

一、中國古代的天地觀

　　「天」的概念，在商代的《尚書》多與「天命」有關，「天」有著古代宗教之至上神之意含。到了西周，「天」與「帝」同時出現，而「天」最後取了「帝」，成爲了宇宙主宰之義的「天」。因此，傳統儒家哲學的「天人合一」的宇宙論，「天」泛指宇宙萬物生化的本源，帶有著宗教超越性的神聖體驗，從宇宙永恆規律與生命終極轉化來建構天人之間的存有關係，在生命主體中是帶著宗教性，是兼具主體義、自然義、宗教義之「天」的概念。而老子所提「天地人」三才思想，也是接續這樣的「天」的概念而來，不過，他把「道」的位置提高到宇宙最高法則之本體，又提出「地」的人文社會地理主張，因此，「天地」的概念就去除了本體、宗教之意，「天地」概念成爲去神秘色彩的自然之意。

　　老子「天地人」的三才思想爲「天人合一」的二元思想的轉型，形成「天地人三位一體」的宇宙觀，將人所居處之山川、大地之自然遍在的物質性，對照在廣闊無際的穹蒼，投射出宇宙空間的無限性，成爲有形物質對應無形空間的「有」、「無」轉變，天作爲地之生化的來源，地又提供天滋養萬物與人類活動變化的場域所在。因此，「天地人」的三才思想的觀念，將天地自然運行的原理作爲人生命存有的終極依據，天地所形朔出的「虛實相滲」空間意識，可以視爲人之存在的宇宙觀法則。此種「天地人」合一的三才思想宇宙觀，源自原始神話時期的信仰意識，進入到三代之後所建立起的人文社會，並與先秦諸子百家哲學相互結合。漢代以後，隨著道教與佛教的興起，「天地

〔註30〕鄭志明，《傳統宗教的文化詮釋——天地人鬼神五位一體》，頁16。

人」三才思想更成爲宗教思想上，必要的形上的超越依據，奠定了人在天地之間的空間意識。

二、中國古代的鬼神觀

中國古代的鬼神觀，也是一種泛靈思想所轉換形成的觀念，主要由神祇、鬼魅、精怪所形成的神靈觀念，也稱之爲鬼神觀。中國古代的鬼神觀是經過世代傳承長期累積而成的集體觀念與實踐活動，反映原始生活與大自然、萬物的互動情結，以及長期生命活動中的存有願望，產生了人與自然相互依存的生命觀，如此精神性的生命觀，肯定人性的超越性與永恆性，透由人在宇宙的位置確認，得到靈魂不滅的觀念。

所謂魂盛者爲神，死後上升於天，伴隨在上帝左右，魄盛者爲鬼，亡後留處於地下，此地下之鬼具有靈力，能降禍於人，也能賜福於人，若有功德也可以直接由鬼上升於天爲神。這種升天與入地的觀念，隨著佛教與道教的傳播，發展成天堂與地獄之說，是人死後必然歸屬的兩個世界。

漢代之後，民間發展出道教的宗教信仰，道教的生死觀依舊是天堂與地獄之說爲藍本。以道教在天堂方面主要有三清九天與三界天等，三清九天都是了脫生死的仙人，已無年壽可言，三界天的仙人則仍有年壽久暫之別，道教創造的地獄更多，有九幽、二十四獄、三十六獄、百二十獄等，專門管制在人間爲惡的鬼魂。自西漢時期開始，佛教開始傳入中國，佛教仰賴生前的修爲的天堂地獄觀與中國本土的道教結合所形成的天界、人界、陰界的「三界」生死觀。

道、佛所融合的「三界」生死觀即是，人死後的天堂或是陰間世界，是陽間人世的縮影，死後還有個再生的世界，爲現實世界的反映與複製滿足靈魂不滅的永恆生命。死後世界是延續著人間的統治階級，天界由上帝來管轄，分爲各種形態的天神統制集團；地下陰界原是上帝統轄，後發展出地下主的冥神，主要是召魂魄掌管生死的神，以泰山神、或閻王爲主，陰界的鬼魂在陰間必須接受陰間的鬼吏的管制，跟陽間一樣，依然要勞役、生產、繳納、賦稅過著與陽界相同的生活方式，差別在於，陰間的鬼魂沒有肉體，必須透由轉世的陰間機制，才能投胎轉世返回陽界成爲擁有肉身的人。

「人鬼神三位一體」，是指人的靈性可轉化成天神、地鬼的三種靈魂存在狀態，在生命的表現形態上可以區分爲人、鬼、神，但在靈性則是混同爲一。

人的生命靈性，同時含有鬼、神之性，一念之墮落，則下降爲地鬼之性，一念之提升，則上升爲天神之性，經由主體的生命證悟，念念幽明感應，可以將人提昇到形上的鬼神境界。從宗教的觀點來說，人與鬼、神的感通是建立在「萬物有靈」的基礎上，溝通了人與鬼、神同一的生命形態。「人」是有形的生命，「鬼神」無形的生命，「人」由有形生命的延續到無形的「鬼神」生命，無形的「鬼神」生命也能轉化成「人」由有形生命，因此，「人鬼神三位一體」的生命觀，是指靈性透過宇宙法則的機制，可轉化成人、鬼、神的存有形態。

三、天地人鬼神的思維模式

鄭志明先生提出「天地人鬼神五位一體」的宇宙圖式的觀念。〔註31〕「人」是位於宇宙圖式的中心位置，以「人」爲中心向外畫一圓環，「天地鬼神」則是上、下、左、右四方的位置，圓環到中心的「環中」空間，核心的「人」與圓環四周的「天地鬼神」，時時相感應與交通，象徵的是精神性的形上空間，同時也是世俗性的生存空間（如附圖四）。以下針對鄭先生所提「天地人鬼神五位一體」的三種管通圖式，摘要作一說明：

（一）人與天地相交的圖式

「天」與「地」來象徵宇宙的二個分位，再將「人」穿插在「天」、「地」之間，肯定「人」的生命是對應著宇宙的自然運行規律，是可以與「天」、「地」等並立爲三，這是一種古老素樸的宇宙觀，不僅肯定「天」與「地」在宇宙造化流行中的神聖地位，重視天體與大地運動變化的規律法則，同時抬高了「人」在「天」與「地」之中參與自然秩序的和諧運作，進而將「人」的主體生命與「天」、「地」等靈性生命混雜爲一體，當將「天」與「地」提昇到宇宙靈性最高的終極地位時，同時也將「人」的生命與「天」、「地」等終極生命相連結，從宇宙運行的道化規律，將「天道」、「地道」與「人道」的現象等同起來，認爲人生命的存有秩序是等同於宇宙原理與自然法則，強調「人」具有著等同於「天」與「地」之道的生命德性，可以經由內在於人的心性修持，開敢出與「天」、「地」等相通的形而上生命，發展出合於道的心境與人格形態。人的靈性與天地靈性加以互滲，甚至合一，認爲人與天地之間是可

〔註31〕鄭志明，〈宗教的生命教育形態〉，《文明探索》第 61 卷，臺北：光敏書局，2010 年，頁 46～48。

以進行靈性相通、相交與相感的宗教體驗，人的靈性雖然會受到天地靈性的宰制與主控，但是也可以自爲主體地參與天地的道化作用。

（二）人與鬼神相交的圖式

「鬼」與「神」來象徵靈體的二個分位，再將「人」穿插在「鬼」、「神」之間，意識到「人」的生命是對應著超自然的「鬼」、「神」等靈性，理解到除了「人」有形的生命形式外，還關注到「鬼」與「神」等抽象性與超越性的生命形式，肯定「人」、「鬼」、「神」等三種生命形態不是對立的關係，彼此間也有著相互交流與感通的互動作用。「鬼」與「神」是從人的利害與善惡來加以區分，「神」是利與善的象徵，「鬼」是害與惡的象徵，在人們通神避鬼與以神治鬼的心態下區分爲二因。但是「人」與「鬼」最終還是要朝向於丟惡向善的修持，以生命的自我淨化歸向於神，有著人鬼神合一的觀念，或者稱爲「人鬼神三位一體」，即人鬼神在靈性上分屬在不同的三位上，彼此可以經由靈感的契合會通於神的超越靈性上。

（三）人與天地鬼神相交的圖式

「天」、「地」、「鬼」、「神」等來象徵終極實體的四個分位，再將「人」穿插在「天」、「地」、「鬼」、「神」之間，此一圖式是由前二圖式並列交叉而成，也是從原始宗教留傳下來的宇宙圖式，將象徵自然的「天地」與象徵超自然「鬼神」聯結起來，形成抽象存有的四位來對應實有的以上三種宇宙圖式有著共同的主題，肯定人的主體生命是居於宇宙運作的核心，宗教的靈性教育即是以人爲核心的生命教育，肯定人自身靈性的生命自覺，落實在人性圓滿自足的道德主體性上，將人的生命本質安放在宇宙根源的道上，天地鬼神可以上昇爲最高的終極實體，卻離不開與人相互成就的價值實現上，肯定天地運行的道是涵攝在人性之中，人性具有著展現宇宙運行規律的存有秩序，是與道有著共同的根源，相信在自我生命無窮的向上努力下可，運以實現出道的極致境界。這樣的生命教育即是人性教育，著重在人之所以爲人的生命本質上，肯定人性自我實踐的修道工夫，雖然仍保有終極實體的信仰情感，但是重點還是在於以人爲核心的自我實現上，關懷的是人自身的本質、使命、理想與終極意義等存有價值。

「人」具有統合「天地鬼神」的主體能力，能以自身作爲核心來參與天地的自然造化，從陰陽消長的宇宙法則領悟生命存在的規律，也能參與鬼神

的靈性變化，從幽明感應的交際關係建立生命對應的秩序。人與天地人鬼神雖然分屬在不同的五位上，彼此在靈性上可以相互統合爲一，肯定人能與天地合其序也能與鬼神合吉凶，人性是可以上升到天地鬼神的靈感自覺上，和自然與超自然的宇宙能量一體相應，或者將天地鬼神視爲道的一體四位，則可以簡化爲「人道合一」的宇宙圖式，說明人可以經由對道的證悟來契入宇宙的本原與生命的本原，人性可以自我圓足於道化生命之中。因此，中國古代的生命觀主要是人對著天、地、鬼、神的相互關係，主要目地追求人在生活世界中的自然世界的天地達到和諧，並且與超自然的鬼神也能達到平衡。

中國古代的生命觀，結合「天地人」的宇宙觀與「人鬼神」的鬼神觀，天地人合一的自然和諧秩序，以及人鬼神合一的超自然和諧秩序。「天地人合一」的觀念，人的生命主體可以感應天地的自然造化，從陰陽變化中體驗到自身生命規律。「人鬼神合一」的觀念，人是延續原始宗教型態的生命連續體與互動體，與鬼神的靈性變化互滲，從鬼神的幽明感應中體驗生命的原理方針。二組觀點交會的神聖經驗組合，形成「天地人鬼神五位一體」的思維模式，彰顯出人能交感天地等宇宙運行法則，同時人也能交感鬼神等超自然的神祕力量。再經由神話與宗教儀式來傳播，人的靈性透過與天地鬼神相通契合，感受天地的自然造化與鬼神的靈性變化，充沛內在生命的精神涵養與外在的生活視野。

小　結

中國古代社會，源自古代原始宗教，由神話思維發展到哲學思想，自三代以來，也就是德國哲學家雅斯培所謂的「同心軸時期」，中國古代的精神領域已有高度的開發，堪稱是世界上少數早熟的文明之一，累積了相當豐富的宗教觀念與操作技術。思想的發展上而言，從原始的巫術神人感通，到哲學的天人合一，深信人的生命與宇宙是和諧合一的。

源自於古代源遠流長的禮儀與習俗，從禮俗發展到體制與禮儀，舉凡政治、法律、宗教、思想、哲學、習俗、文學、藝術、經濟、政治等等，皆有完備的「行禮如儀」標準程序。在技術經驗的累積上，從宗教的儀式、祭典、占卜，到周公「制禮作樂」的體制化運作下，形成百姓生命的實現依循的法則，透過生命的生、老、病、死關懷儀式中，生命得到人道照顧與至上的尊

嚴，展現人性的無限光輝。因此，「禮」、「禮俗」、「禮儀」、「禮樂」等，其起源相當的古老的文化點滴，是漢民族世代相傳經驗、感情、知識與信仰的符號性象徵。

中國古代宗教進入到人文社會以後，受到商代與周代等至上神的洗禮，也吸收了儒家、道家等天道思想，擴大了從原始宗教傳承下來的生命主體自覺意識。在宗教活動中人除了將一切生存的責任都交給了天地鬼神外，同時也開始重視自我承擔的生存責任，將對天地鬼神的崇拜感情逐漸轉移向自己行為的謹慎與修持上。在人神互動的過程中實現自我人性的價值，對天地鬼神的崇拜之情，強化了人生命主體需求的精神活動中，加強有限生命的存有功能，來實現生命的終極關懷，在信仰活動中圓滿自我的精神家園。因此，中國古代宗教延續著「天」、「地」、「人」、「鬼」、「神」的天地觀與鬼神觀，形成人文化的生命禮儀與宗教儀式，承載著人在宇宙的空間位置。傳統社會中在「天」、「地」、「人」、「鬼」、「神」的宇宙意識與生命觀照下，相互交合的生命法則，形成人們安身立命與追求超越的不二法門。

因此，《易》、《老》、《莊》思想代表著早期中國哲學的形上學與宇宙論之精華，而在「天」、「地」、「人」、「鬼」、「神」的核心概念。中國古代的思想裡，人對於生命的瞭解，來自於古老神話的天地觀，在日月運行、星辰轉換、四季變化的自然秩序對應下，自身的生命的存在感受著天地鬼神的轉變，也意識到天道與人道之間的共同法則，遵循著宇宙規律法則，以天道運行方式來推衍著人間社會秩序的進行方式，在這樣天道推演人事的模式下，國家社會秩序因此得以定位，自身生命也由份位中得到安慰。

第二部分

衍傳漢人生命信仰的
臺灣民間宗教之天地鬼神觀

第五章　臺灣民間宗教的宗教意識

　　臺灣的地理位置位於中國大陸的東南沿海外的海島，以元朝汪大淵在西元 1349 年在《島夷誌略》所載，那時島上還是原民部落，充滿著原民的風俗民情，因此在元朝時期，臺灣尚未進入漢民族的文化系統之內。臺灣真正進入漢民族文化圈，應該是明末清初鄭成功建立漢民族政權才開始展開。西元 1684 年，清朝開始統治臺灣，並且開始展開海禁，禁止大陸沿海一帶居民移臺，雖偶有偷渡移臺情事，但理當是非大規模的。西元 1895 年，清廷在馬關條約後，將臺灣割據給日本達五十年之久。直到二戰結束後，國共內戰國軍戰敗，先總統　蔣介石先生接受張其昀先生〔註 1〕及國府戰略學家們（包含德、日顧問）的建議，撤守臺灣，自西元 1949 年之後，國民政府帶著百萬軍民遷臺，臺灣才又再度與中華文化傳統接軌。

　　因此，臺灣在初期與中國文化接觸，是屬於閩、粵沿海的位置，屬於中國文化上的邊陲地區，而後又在脫離中國母體文化的三、四百年間，而後又被日本統治五十年，所發展的文化形態，並與中國主流思想，略有出入，也由於有著顯著的差異性，反倒是形成臺灣的另一種有別於傳統中國文化的文

〔註 1〕張其昀（1901 年～1985 年），字曉峰，浙江寧波鄞縣人。南京高等師範學校
　　　（後改制國立中央大學）畢業，著名史學家、地學家及教育家。曾任中華民
　　　國教育部部長、中國國民黨秘書長、總統府資政等要職，亦爲中國文化大學
　　　之創辦人。1949 年初，經過遼沈、平津、淮海三大戰役，國民黨軍隊的有生
　　　力量已被消滅過半，國民黨在大陸的統治面臨徹底垮臺的命運。此時蔣介石
　　　採納了張其昀的建議，決定把台灣作爲退身之所。當時蔣介石和張其昀都認
　　　爲：退居台灣，退可守，進可攻；台灣與大陸隔著一條海峽，憑藉海峽天險
　　　和海、空軍力量，可以抗衡當時尚無海、空軍的中國共產黨，以積聚力量，
　　　待國際形勢發生於己有利的變化時，再「反攻大陸」。

化形式,開展出中華文化譜系中,兼具著開放性的多元文化的海島文化特色。而大陸在中共的統治下,在 1956 年開始歷經了十年的文化大革命,對於中華文化的摧毀,至今尚未恢復元氣,而產生了「斷層文化」。相對的,臺灣歷經清代與戰後國民政府的統治,經過了兩次漢文化的洗禮,相較於大陸因文革時期所造成的文化斷層現象,反具有連續性的文化傳承。

在同屬漢人的背景屬性之文化系列下,臺灣的漢人民間宗教文化與位於中原一帶的道統文化中心,形成「中心」與「邊陲」的地理對比,在文化上也有著「大傳統」與「小傳統」的精緻文化與常民文化之別。隔著險峻的黑水溝之臺灣海峽兩望,形成強烈的對比。

臺灣本土宗教主要有二大族群,一為原住民,一為遷臺的漢民族。原住民的信仰型態大多是延續著古老的原始信仰與圖騰崇拜,而遷臺的漢民族則屬於一種儒釋道三教混合的宗教信仰。臺灣漢人民間社會的宗教與文化的關係,延續著華夏文化一脈之天道信仰脈絡下,從原始宗教、天命宗教、道家、儒教、佛教、民間信仰、民間教派,都秉承著一個道統、多種宗派的屬性,歷史悠久、宗教文化多元的「小傳統」系統,是臺灣漢人民間宗教的特色。臺灣民間宗教揉合了源自中國古代儒釋道三教傳統,隨著福建、廣東沿海一帶移民,由大陸華南地區的宗教文化傳播來臺,落地生根,也逐漸發展出臺灣漢人本土的信仰風格,而有別於原鄉的宗教文化。臺灣漢人民間的宗教傳統延續著中國古代之「天地人」、「人鬼神」宗教觀,傳統社會中在天地、鬼神的宇宙意識的觀照下,形成人們安身立命與追求超越的宗教情操。

臺灣漢人民間宗教信仰延續著神話時期所傳承的各種崇拜形式,形式上呈現多元紛歧的現象,有自然崇拜的泛靈系統如樹靈、石頭公崇拜,這是古老的靈物崇拜,保留著從原始社會的形式。其次,改造過的各種天神地祇崇拜系統,以土地公為代表,作為社祭是地方聚落重要守護神。其它又如日月星辰、風雨雷電、社稷五嶽、山林川澤等,皆屬於天神地祇崇拜系統。另外,神格化的人鬼系統,因在人間流傳著豐功偉業,因此被尊奉為天界的神,轉而成為鄉土重要的守護神,如泉州移民的保生大帝、廣澤尊王、保儀尊王等,漳州移民的開漳聖王、清水祖師等。

我們在本章中,主要探討臺灣漢人民間宗教的特色與常民的宗教意識,由於臺灣漢人民間宗教早已為廣大的漢人閩、客族群民間所信仰的專稱,故以下以「民間宗教」稱之。首先,我們對於臺灣漢人的歷史淵源作一探討,大致是大陸東南沿海一帶的閩南人與客家人為主。其次,對於臺灣民間宗教信仰

內涵作一理解，介紹民間信仰中的天神、地祇、人鬼系統。以及，臺灣民間宗教意識上，有著許多別於其它地區的特色，如「多重至上神」、「游宗」、「和緣共振」、「含混共意」等特色。最後，我們探討臺灣漢人如何緬懷著漢人空間觀念模型，在臺灣打造漢人的原鄉人文地理新市鎮。

第一節 臺灣民間宗教的源流

在漢人移入臺灣的歷史中，在歷史上，的最早可追溯到宋代的記載。〔註2〕元朝南昌人汪大淵在 1349 年在《島夷誌略》中就對於臺灣就有生動的描述：「地勢盤穹，林木合抱。山曰翠麓，曰重曼，曰斧頭，曰大峙，其峙山極高峻。自澎湖望之甚近。余登比山。則觀海潮之消長，夜半則望陽谷之出，紅光燭天，山頂爲之俱明，土潤田沃，宜稼穡。氣候漸暖，俗與澎湖差異。水無舟揖。以筏濟之。男子婦人拳髮，以花布爲衫，煮海水爲鹽，釀蔗漿爲酒，知番主酋長之尊，有父子骨肉之義。他國之人。倘有所犯，則生割其肉以啖之；取其頭懸木竿。地產沙金、黃豆、黍子、琉黃、黃蠟、鹿、豹、鹿皮。貿易之貨，用土珠、瑪瑙、金珠、粗碗、處州磁器之屬。海外諸國，蓋由此始。」〔註3〕元代汪大淵《島夷誌略》書中，清楚的描述出臺灣人當時的樣貌，可見在元代時臺灣還是居處在原住民的生活，雖然已有步向文明的跡象，以及貿易活動的開始，但還是隸屬於原民的文化環境。

臺灣漢人的宗教信仰的形成，從歷史上的考察，大部分是明末清初以來，隨著閩、粵移民的引入，以及原本臺灣島上的原住民的原始宗教，參雜揉合而成的。不過後來在發展上，主要是以漢移民所展現的儒釋道三教型態而成爲主要信仰，以原住民的原始的形態之宗教，僅只剩少數未受漢化的原住民的宗教信仰。本節分爲先民的移臺史、先民在臺早期宗教發展兩個部分探討之。

〔註2〕王曉波：「漢人再由大陸渡海東來，個別的例子很早就有，但眞正的移民應自宋代開始。最遲當在北宋末葉。南宋樓鑰《攻媿集》汪大猷（泉州知府）行狀載：『乾迫七年（西元一一七一年）四月起，知泉州……郡實瀕海，中有沙洲數萬畝，號平湖（部澎湖），忽爲島夷號毗舍耶者奄至，盡刈所種，他日又登海岸殺略，禽四百餘人，殲其渠魁、餘分配諸郡。初則每遇南風，遺戍爲備，更迭勞擾。公即其地。造屋二百間，遺將分屯，軍民皆以爲便，不敢犯境。』由此可見，澎湖在南宋已列入泉州治內，有量、有田、有兵。」王曉波，《臺灣史與近代中國民族運動》，頁 35。
〔註3〕王曉波，《臺灣史與近代中國民族運動》，頁 4～5。

一、先民的移臺史

　　早期臺灣除了原住民外，大多爲大陸漢民族的移民，有閩南人，有客家人。閩南人則自稱「河洛人」，講的是「河洛話」。「河洛」一辭出自《史記》，指中原黃河洛水一帶。這種來自中原的記載，臺灣各家族族譜上都可以看到。並且，臺灣的墓碑上，穎川、泗水、隴西等，也不是閩南漳、泉一帶的地名。客家人，自「永嘉之亂」（西元 311 年），而流落各地，漸漸入粵，而後渡海來臺。客家人是中原爲「原鄉」，日據時期作家鍾理和曾言：「原鄉人的血，必須回到原鄉，才能停止沸騰！」〔註 4〕因此，我們在研究臺灣漢人民間宗教的源流之前，首要入手處必先由臺灣人與中國大陸的歷史臍帶解碼，才能還原其歷史本真。首先閩南人、客家人移臺的歷史開始研究。

　　福建、廣東沿海移民來臺的漢人，也就是俗稱「閩南人」（河洛人）與「客家人」。追溯起「閩南人」與「客家人」的家鄉，根據學者的考察「閩南人」主要來自福建省泉州府（分爲晉江縣、南安縣、惠安縣、安溪縣、同安縣五縣）、福建省漳州府（龍溪縣、漳浦縣、詔安縣、平和縣、南靖縣、長泰縣、海澄縣七縣）及廣東省潮州府的八縣（海陽縣、惠來縣、揭陽縣、豐順縣、潮陽縣、大埔縣、澄海縣、普寧縣）等地方東移而來，最先渡臺者爲泉州人，次爲漳州人；〔註 5〕「客家人」是比「閩南人」較晚從廣東省惠州府（歸善縣、博羅縣、長寧縣、永安縣、海豐縣、陸豐縣、龍川縣、連平縣、河源縣、和平縣十縣）、同省嘉應州（長樂縣、興寧縣、平遠縣、鎮平縣四縣）、同省潮州府的一縣（饒平縣）渡臺者。因此在臺開發墾殖的地點占不利的地位，其人口也不及閩族的五分之一。〔註 6〕

　　回溯「閩南人」（河洛人）與「客家人」的歷史源流，我們則發現閩南人的遷徙要從「河洛」開始。「河洛」一詞首見《史記》封禪書云：「三代之居皆在河洛之閒。」至晉，言中州多用「河洛」，如《晉書》桓溫傳言「河洛蕭條」，孫楚傳言「河洛丘墟」，江逌傳言「北魄河洛」，皆是。〔註 7〕此外，泉、

〔註 4〕王曉波，《臺灣史與近代中國民族運動》，頁 35。
〔註 5〕增田福太郎，黃有興中譯，《臺灣宗教信仰》，頁 100。
〔註 6〕增田福太郎，黃有興中譯，《臺灣宗教信仰》，頁 100。
〔註 7〕吳槐還指出：「當時所謂河洛者，似指乎司州所統十二郡而言。據晉書地理志云，司州爲禹貢豫州之地，漢武帝初置司隸校尉，所部三輔三河諸郡，西得雍州之京兆、馮栩、扶風三郡，北得冀州之河東、河內二郡，東得豫州之弘農、河南二郡，郡凡七。及晉以三輔還屬雍州，立河南、滎陽、弘農、上洛。

漳人之家乘族譜，亦多有此記載。謂祖籍河南光州固始縣，避「永嘉之亂」入閩。河洛人入閩之後，當然避免不了與當地土著或先到之秦漢人萬裔通婚，相互濡化。河洛人入閩。且為「中州士女」，其在文化水平上當然高出土著或先入閩者。故河洛人至閩特有相當的文化優越感。河洛入由閩渡臺，仍保有原來習俗和中原文化之優越感。〔註8〕

　　另外，客家人的遷徙史，在《新方言》中云：「廣東惠、嘉應二州，東得潮之大阜豐順，其民自晉末踰嶺，宅於海濱，言語敦古，廣州人謂之客家。」「晉末」亦是指西晉末年的「永嘉之亂」。「永嘉之亂」漢人大遷徙，並非盡為後來的客家人。〔註9〕這支移民由東晉到隋唐，休養生息，勞困漸甦。不幸。至唐末又發生黃巢之亂。客家先民只得再度遷徙，以避戰亂。〔註10〕所謂「客家人」亦在此一時期形成。到了廣東的客家，後來還有二次移民，一次移向四川，一次移向臺灣。〔註11〕客家為「純粹的華人」，那也未必。不過，經「永嘉之亂」、「五胡亂華」之後，仍留在中原的漢人，處於被征服者地位。對外

　　　　平陽、河東、汲、河内、廣平。陽平、魏。頓丘等一十二郡，縣一百，遂定
　　　　名司州，以司隸校尉統之。」吳槐，〈河洛語叢談〉，《臺北文物》7 卷 4 期，
　　　　臺北：臺北文物雜誌社，1954 年，頁 1～19。
〔註 8〕王曉波，《臺灣史與近代中國民族運動》，頁 6～14。
〔註 9〕羅香林在《客家研究導論》一書中言漢族大遷徙的情形云：「如秦雍（即今陝
　　　　西山西一帶）等州的難民，多走向荊州（即今湖北一帶）南徙，沿漢水流域，
　　　　逐漸徙入今日湖南洞庭湖流域，遠者且入於今日廣西的東部，是為南徙漢族
　　　　的第一支派。而并、司、豫諸的流入，則多南集於今日安徽及河南。湖北、
　　　　江西、江蘇一部分地方，其後又沿郡陽湖流域及贛江而至今日贛南及閩邊諸
　　　　地，是為南徙漢族第二支派。此外青徐諸州的流人，則多集於今日江蘇南部，
　　　　旋復沿太湖流域，徙於今日浙江及福建的北部，是為南徙漢族第三支派。客
　　　　家先民的南徙。實以東晉南渡為始機。又客家各姓譜乘，並往往謂其祖先原
　　　　日嘗居河間（即晉代司豫二州交界地），及安徽東南。江西西北等地。而此等
　　　　地域，即東晉第二支南徙漢人的居地；據此推考，則客家先民的南徙，是屬
　　　　第二支派。」羅香林，《客家研究導論》，臺北：南天書局，1992 年再版，頁
　　　　37～76。
〔註10〕羅香林說：「而第一次逃難後客家先民的居地。乃適當黃巢展轉寇亂的要衝，
　　　　為著救死求生，以是他們只好再向別的地方奔避去了。當時全國擾攘，民無
　　　　寧居，惟江西東南部，（即上饒以南，贛水以東）。福建西南部（即舊日汀州
　　　　八屬）。及廣東東部東北部。（即清南、韶、連、惠、潮、嘉各屬）僥倖未受
　　　　巢害，比較堪稱樂土。其東晉第二支逃難漢族之棲息於河南西南部，江西中
　　　　部北部，及安徽南部的，至是遂有一大部分很幸運地得遷於上述的樂土居住。」
　　　　羅香林，《客家研究導論》，臺北：南天書局，1992 年再版，頁 1～11。
〔註11〕王曉波，《臺灣史與近代中國民族運動》，頁 14～18。

來民族沒有抵抗力，自然容易相混。南遷的漢人，並不是土著的被征服者，且保有文化的優越性，自成一個社會。雖未必不與土著混血，但相對而言，相混可能較少。〔註12〕

因此，我們得知臺灣先民是以閩、粤沿海一帶的居民爲主，早在宋、元朝時期，便有沿海居民入居臺灣，到了明朝嘉慶、萬曆年間，閩、粤居民開始大量移臺，以福建沿海一帶爲代表的「閩南人」（河洛人），或因迫於生活的無奈而遠離家鄉，尋找另一個生活新天地；以廣東沿海一帶爲代表的「客家人」，或因迫於逃避政治的動盪而移臺。

二、先民在臺早期的宗教發展

先民在臺宗教的發展，隨著以漢民族原鄉的聚落而呈現出不同的面貌，依學者的歸納，〔註13〕主要分爲「先民開創時期」、「庄社構成時期」、「庄社發展時期」、「城市形成時期」四個階段，以下略述之。

（一）先民開創時期

在渡臺初期，由於先民必通過險惡的海上航行，通過「黑水溝」才能在臺灣登陸，而到達臺灣之後，又必須面對貧瘠的土地開墾與原住民的攻擊，因此，在此時期的先民，在居無定所的初墾期，爲祈求生命財產的安寧，一肩背著祖先的牌位，一手提著原鄉的神像（如媽祖、開漳聖王、關聖帝君等）渡海來臺，僅只能攜帶原鄉廟宇的香火、護身符或神衹，此一時期並未出現較具規模化的廟宇，僅能將神像放置於工寮、公厝或居屋，朝夕膜拜作爲精神上的慰藉。另外，早期也由於處於移民的初期階段，各項生活條件尚未完備，造成先民在初墾時面對險惡環境身心遭受傷害，因此，如具有護生及驅瘟逐疫職能的神衹，如保生大帝、神農大帝、王爺等，也是這一時期主要供奉的對象。

〔註12〕王曉波，《臺灣史與近代中國民族運動》，頁 19。

〔註13〕謝宗榮主要採取學者劉支萬分爲六個階段，分別爲「先民開創時期」、「庄社構成時期」、「庄社發展時期」、「城市形成時期」、「日治時期」、「臺灣光復以後」六個階段；另外也採納學者李乾朗的意見，分爲的「渡臺期」、「農業期」、「商業期」、「綜合發展期」四個階段。謝宗榮，《臺灣傳統宗教藝術》，臺中：晨星出版社，2003 年，頁 59～68。

（二）庄社構成時期

先民開墾成功後，開始建立村庄，逐漸以原鄉庄社的模式建立家園，此時期為農業主要發展的階段，亦稱農業期。由於先民在這一時期屬於密集的墾殖時期，與土地發生了密切的關係，因此，這個階段所發展出來的神祇，有大部分都與農業與土地有關，如五穀、瘟疫、土地等神祇信仰，如土地祠、五穀先帝廟、王爺廟等，因人們祈求五穀豐收、閤境平安的土地與生存需求，因此蓋一簡單的土地祠，供奉土地公照顧田地與家庭成員，土地公成為最普遍供奉的神祇。

（三）庄社發展時期

由於庄社已趨於穩定，各項生活趨於穩定，因此，開始於轉向以商業貿易為主的庄社發展時期。這一時期，社會走向分工細密的型態，產生了許多資產階級如地主、地方仕紳、商人。於是廟宇在這一時期，隨著經濟的富裕，而大量的成長，也發展出各種不同型態的信仰。

1. 文昌祠之興建，由於經濟發展，生活安定，逐漸重視子弟的教育，興建書院，供奉文昌神與孔廟。

2. 齋堂之興建，因環境逐漸轉變，人心趨異，因此開設齋堂，禮佛誦經，成為共修型態的宗教組織。

3. 各種職能神之發達，由農業生活圈完善後，逐漸發展出各種商業活動，社會分工趨於精細，因此各種職能神守護神，如商業團體的關帝廟、醫藥團體的華陀或神農大帝，音樂團體的田都元帥與西秦王爺等。

4. 鄉土神祇興盛，漢人族群本是鄉土觀念相當強烈之民族，因此，當先民逐漸發展出各自聚守的庄社村落後，基於各自族群的融合，開始興建鄉廟宇的神祇，來守護家園與凝聚信仰的共識，如漳州人之開漳聖王，泉州同安人之保生大帝，客家人之三山國王等。

5. 家庭祠堂之興建，除了供奉原鄉神作為族群的精神寄託凝聚外，以供奉同族之祖先的家庭祠堂，也是這一時期先民供奉的對象。

6. 海上救難神的信奉，是這一時期形成的臺灣與大陸間、粵沿海地區商業往來頻繁，由於商業上需經常往返於海上交通，因此，對於航海安全的重視，而造就了媽祖、水仙尊王等海上救難神祇的信奉。

（四）城市形成時期

先民的聚落開始發展成大規模，產生了大型的城鎮，成爲郡城或邑治，開始有了地方政治、商業、教育、交通的漢人文化城市，開始進入城市形成時期。這一時期由於官方的加入，以官方或官民合建了更大型的文廟、武廟、城隍廟、社稷廟，因官方基於推行文化建設，對於宗教的挹注有期政治上統治目的，因此，這一時期有移風易俗，改善社會風氣的大型廟宇於城市中興建，形成集政治、宗教、教育、文化的共同中心。

因此，由上述的先民的移臺史、先民在臺早期宗教發展來說，臺灣先民是以閩、粵沿海一帶的「閩南人」與「客家人」爲主。隨著這兩大族群進入臺灣的原住民原始部落社會，開始以原鄉的生活型態打造新居，遂而成爲臺灣主要的族群代表。從渡海登臺的開創時期，到以原鄉的模型構成庄社時期，再以原鄉庄社落地深根的發展時期，形成城市的發展完成的最後階段，而其帶來的原鄉的文化、宗教、風俗習慣，也漸成爲臺灣主要的文化意識形態。

第二節　臺灣民間宗教之信仰內涵

在先民移臺的過程中，首先必通過險惡的「黑水溝」臺灣海峽，包含著海盜橫行、天候惡劣。而來臺後，又爲臺灣崎嶇的山坡、沼澤地形所困擾，充滿著未知的水土不服而引起身體疾病，另外在蠻煙瘴癘的島上還要與剽悍的原住民搏鬥爭地。在如此在生活及生命的多重的壓迫下，先民的生命朝不保夕，既有蠻番獵首，又有瘟疫疾病，因此，大都迎奉原鄉神祇來作爲地方守護神，逐步發展成爲移民的精神認同。他們祈求神明的保佑，希冀脫離惡靈陰鬼的侵害，並且保佑辛勤開墾的農地得以豐收。在本節中，主要探討臺灣漢人的宗教信仰溯源、臺灣民間宗教信仰之內涵，分別由民間信仰的主要內涵、民間信仰的結構、三教信仰的本質與民間信仰的神譜五個層面來探討，窺視出臺灣民間宗教信仰的文化內涵。

一、臺灣漢人的宗教溯源以殷商宗教文化爲源頭

臺灣漢人的宗教信仰內涵上，與大陸福建、廣東沿海一帶，連成一片，可視爲一種宗教信仰透由早期漢民的移民，而將原鄉的宗教信仰，移植到臺灣這片土壤上。另外，筆者觀察到臺灣漢民的信仰型態上，與中國殷商時期

的信仰型態相似，如《禮記‧表記》所載：「殷人尊神，率民以事神，先鬼而後禮，先罰而後賞，尊而不親；其民之敝，蕩而不靜，勝而無恥。周人尊禮尚施，事鬼敬神而遠之，近人而忠焉，其賞罰用爵列，親而不尊；其民之敝，利而用巧，文而不慚，賊而蔽。」所云。以下筆者以殷人與臺灣民間宗教漢人的「尊神尚鬼」的宗教觀、殷人「天」的信仰與臺灣民間宗教的「天公」信仰、殷人與臺灣漢民「以祖配天」的祖先崇拜、殷人與臺灣民間宗教重視「現實性」的宗教信仰宗教四個方面來探討。

（一）殷人與臺灣民間宗教的「尊神尚鬼」的宗教觀

殷商時期是中國古代最為「尊神」、「尚鬼」的朝代，殷人盛行使用龜甲來求神問卜，舉凡戰爭、動土、遷移、婚嫁、出行等，無一不先通過卜筮徵求神靈的指示。殷人敬天尚鬼，以天、上帝主宰宇宙萬物和人間禍福，山川、日月、風雨、土地等皆有所屬神祇。如《禮記‧表記》所云：「謀事在人、成事在天」，舉凡一應大事、疑難，都占卜鬼神以問吉凶。以殷商時期的殷人「尊神尚鬼」的宗教觀來投射臺灣漢民的信仰情愫，不難發現有許多相似的地方，比如臺灣漢民的信仰多為「泛靈」的自然崇拜，並崇尚以「五術（山、醫、命、卜、相）」來作為生活的準繩，宗教節慶幾乎是一年四季連續不間斷，殷商時期的殷人與臺灣民間宗教同有濃烈的「尊神尚鬼」宗教觀。

（二）殷人「天」的信仰與臺灣民間宗教的「天公」信仰

從甲骨卜辭和《尚書》諸篇的記載中，我們可以確知殷代有皇天、上帝、帝或天帝的崇拜與祖先神、自然神崇拜等。從商湯、周公所發佈的文告中可知，他們都以天為至上神，以天命為根據，以天與天命為王權所出之本原。臺灣漢民皆以「天公」信仰（拜天公）視為至上神，雖然也有將「天公」視為是道教的至上神——玉皇上帝代稱，不過道教是在東漢時期才創教，也是沿襲三代的信仰而成，因此，若追溯「天公」信仰的源頭，「天」的信仰會比「玉皇大帝」更具有根源性。

（三）殷人與臺灣民間宗教「以祖配天」的祖先崇拜

《禮記‧祭法》說：「殷人禘嚳而郊冥‧祖契而宗湯。」祖先崇拜是從靈魂崇拜與圖騰崇拜發展而來的，殷人的祖先崇拜著重於自然血緣關係，以共同祭祀始祖嚳來維持全族的團結。殷人特別重視「祭祖」，更定時拜祭祖先，

祈求福蔭。另外,《禮記‧正義》:「始祖感而生,祭天則以祖配之。」殷人並把祖先與神靈一同祭祀,視爲同爲至上神「天」所派生。臺灣漢民的重視祖先崇拜(稱爲公媽),並設有祠堂(公媽廳)作爲子孫祭祀的場所,並將祖先牌位(公媽龕)與神明(分靈)並放於廳中的神龕上,供子孫早晚祭拜,並同時向著廳外祭祀「天公」,祭祀祖先的靈魂來庇佑家族子孫,而祖先也因得到子孫奉祀,靈魂得以解脫安頓,不至於留在陰間地府受苦,庇佑後代子孫平安。臺灣漢民的祖先崇拜與神明信仰、「天公」信仰是一種日常的宗教儀式,與殷人「以祖配天」的信仰內涵,如出一轍。

(四)殷人與臺灣民間宗教重視「現實性」的宗教信仰宗教

商代的帝、上帝和神靈,都是消極被動的祈求對象,他們的神性主要體現在滿足他們人們提出的具體要求,即祈求幸福和避免災禍的要求。殷人並不把他們或其一位當作支配人類社會命運的核心力量來崇拜,宗教活動(宗廟)實質在許多方面代替了政治(朝廷)功能。對於商代的政治與宗教而言,往往是一種簡單的互惠主義期待起主導作用。〔註14〕商代時期籠罩在宗教氣氛下的「神權」政治統治,依據上帝鬼神的意志治理國家,對於國家的政務活動幾乎是無事不卜,並設有卜、巫、史等官員。臺灣漢人社會的宗教信仰也有功利現實化的情形,多數神廟信仰以靈驗爲號召,以求神明給予願望的實現與物質上的富足作爲信仰目標,諸多功利上互惠的考量,而所祭祀之眾神,也有如「天上人間」一般,設立了許多政府部門,提供人們對照於現實事務的形上想像。

從歷史上的推敲,司馬遷《史記》載:「昔三代之居,皆在河洛。」「河洛」一詞中之「河」係指「河水」,「河水」即今之黃河,「洛」係指「洛水」,兩水交會處古稱河洛之地,爲中原之中心精華地帶,史記謂夏、商、周三代之君,皆在河洛之間,即河洛爲三代君王之王畿。商傳至紂王爲西方狄族(即周族)所滅,周族在初期只佔領商國都附近一帶,在東方之商族部眾整隊集結,仍試圖反攻復國。周武王死後,周公輔佐成王,奉派監視武庚(紂王之子)之管叔、蔡叔懷疑周公謀篡王位,武庚趁機煽動管叔、蔡叔起兵,在東方之商族部眾見機響應西攻,史稱「管蔡之亂」。周公親自領兵東征,苦戰三年,商族復國運動終歸失敗。留在河洛一帶商民上階層被迫遷至洛邑(今洛

〔註14〕陳詠明,《儒學與中國宗教傳統》,頁41。

陽市西）當奴工營建新都「成周」，下階層被分配至衛、魯國當農奴，亡國者
命運十分悲慘，商民被迫分散至河洛各地成為最基層民眾，商民所保存語音
就成為日後之「河洛話」。其中之洛陽即東周、東漢、西晉之京都，西晉因五
胡亂華而亡，河洛衣冠人士紛紛往南遷徙避難，抵達現今泉州境內，沿江而
居，故稱為晉江。其中幾支到達漳州、泉州，而後又渡海移民來臺。〔註15〕

　　以上從由宗教型態上與歷史考據上來探究，雖無有力的文獻支撐這樣的
說法，不過筆者能提出這樣的假設，希望往後有發現相關的文獻與史料，能
在臺灣民間宗教與殷商時期在宗教信仰上的關連性，更能充實論證。

二、臺灣民間宗教信仰的主要內涵

　　臺灣民間宗教主要的分類可以分成三大類，一類為神話傳說的神祇，一
類為自然崇拜的神祇，一類為鬼靈崇拜的神祇。自然崇拜的神祇有天公、太
陽公、太陰娘娘、北極大帝、南斗星君、魁星、七星娘娘、文昌帝君、二十
八星宿君、水德星君、火德星君、五雷元帥、風神爺、雨師爺、東嶽大帝、
四海龍王、城隍爺、石頭公、大樹公、花神、虎爺、義犬公、豬稠公、牛稠
公、蛇聖公等。另外鬼靈崇拜的神祇包含祖先崇拜及英靈崇拜，還有王爺、
元帥爺、義民爺、大眾爺、有應公、百姓公、水流公、金斗公、萬善公、地
基主、境主王、十八王公、十二客公、軍大王等鬼神祇。臺灣所流行的神話
神祇數量之多、系統之龐雜，所蘊藏宗教資源之的豐富，有待研究學者們深
入研究。以下我們以民間宗教主要信仰之代表——天公、土地公、媽祖、觀
音、母娘等信仰傳統，來還原臺灣民間宗教的原型象徵。

（一）天的信仰

　　天的信仰，或是稱為天公信仰，是臺灣民間宗教的核心信仰，所有的信
仰活動，幾乎都與天的信仰有關。流傳在臺灣民間宗教的天公信仰，追溯其
源頭，與上古天體崇拜有密切的關係，天的信仰是屬於民間崇拜的深層文化，
來自對於上古自然崇拜的敬天意識。自周代以來，天作為超越界的至上神，
在甲骨文或其它古文獻裏記載裡，「天」是作為統轄與主宰宇宙萬事萬物的至
上神，天體崇拜所形成的至上神思維，經由主體的人與客體的天直接相互作
用，逐漸形成一套「天命」思想系統。而後到了春秋戰國時期，天命思想受

─────────────────

〔註15〕王華南，《愛說台語五千年》，臺北：高談文化公司，2007 年，頁 12～17。

到儒家或道家將天的思想哲學化，而演變爲一種抽象的哲學概念。在民間的傳統中，由於大都是以庶民思想爲主，並無法消化精緻的抽象範疇，因此自周代以來的「天命」信仰，民間崇拜已具有著一套宗教思維。也由於天命思想受到哲學化的發展，天命的形上轉化，更加強了天命傳統宗教的信仰意識，深化了民間天命意識的相互交融，形成中國思想文化中，大傳統與小傳統相互交融，相互支持形成穩定性與發展性。

臺灣民間宗教的祭天祭典節慶，俗稱「天公生」，是一個相當重要的歲時節日，顯示出了古代朝廷所主辦天壇祭典之外，民間依然維持著相同的祭天典禮，因此也可證明出天的信仰的普遍性。民間祭天通常是露天設祭，或是於居家正廳前面向外擺設祭壇，爲了表示這個祭壇的神聖性，在板凳上架上八仙桌。祭品遵循古禮的五牲，燒送的紙錢必須是「大壽」的金紙，還有特製大型的「天公金」金紙，也顯示出天公信仰的至高性與莊嚴性。臺灣民間宗教裡，「天公」或「天公祖」爲所有信仰的最高主宰。而後，「天公」信仰轉向與道教合流，也形成了以祭祀玉皇大帝爲主神的「天公廟」，或是等同於元始天尊或玉皇大帝，這是後來天公信仰的道教化轉變。

（二）土地的信仰

中國自古就有土地神的崇拜，《左傳‧通俗篇》有云：「凡有社里，必有土地神，土地神爲守護社里之主，謂之上公。」所謂土地神就是社神，其起源是來自對大地的敬畏與感恩。原始土地信仰是由原始農神「地母」演變而來，后土與皇天相對應，是總管土地的大神，所謂天陽地陰，天公地母。在神話中有后土的傳說，而形成人格化的轉變。說文解字：「社，地主爺。」顧名思義，社就是土地的主人，社稷就是對大地的祭祀，又有后土之說。《禮記》：「后土，社神也。」；《史記‧封禪書》：「湯以伐夏，祭告后土。」後漸由自然崇拜轉化爲人格神；《禮記‧祭法》：「共工氏之霸九州也，其子曰后土，能平九州，故祀以爲社。」《山海經‧大荒北經》：「后土生信，信生夸父。」此言后土乃夸父之祖父。《淮南子‧氾論》：「禹勞力天下，而死爲社。」高誘注：「託祀於后土之神」。

臺灣民間宗教與古代的崇拜意識息息相關，除了天體崇拜之外，另外最重要的就土地的崇拜，也就是大地土神的崇拜，俗稱土地公信仰。先民所營建的社會是以農業爲主，因此對於農夫耕作希冀五穀豐收，對於土地信仰

的依賴是可想而知的。土地的信仰可分成兩個系統，主要有后土信仰與土地公信仰，后土信仰源自古老的神話，而土地公信仰是屬於泛靈化的靈魂崇拜。後來后土又從國家性的祭祀典禮走出，轉變為守墓神的后土神。臺灣繼承了這種喪葬禮俗，在墓側建有石造的后土神。〔註16〕

　　臺灣民間宗教中土地神的名稱為土地公或福德正神，已從遠古的土地崇拜，神話后土型態，轉變成泛靈信仰的人格神，表面上或許僅是一種單純區域的人格化的土地神，但其深厚的宗教內涵，已轉化為具備多種社會職能的地區守護神信仰，形成鄉里村莊凝聚共識的守護神。〔註17〕

（三）媽祖信仰

　　媽祖信仰是一個較為晚出的神祇崇拜，媽祖神蹟開顯於南宋，生於宋太祖建隆期間，姓林名默娘，在民間流傳的神話傳說，林默娘年僅二十八歲就羽化成仙，並以靈通變化顯神異，乘雲遊於沿海島嶼之間。媽祖在民間的主要的神格與感應，側重在解救海難與助擒海寇等神蹟，因此，有「海上救難女神」的稱號。相傳南宋後，南方水、旱、疫、飢等自然災害，只要向媽祖祈求，媽祖便會顯靈來救助。而後宋代帝王對媽祖的褒封，有靈惠昭應夫人、靈惠助順妃、靈惠助順顯衛妃、靈惠助順顯衛英烈妃等，到了明代媽祖的封號，昭孝純正孚濟感應聖妃、護國庇民妙齡昭應宏仁普濟天妃。清朝康熙後，其神格又由天妃晉封為天后，如稱昭靈顯應仁慈大后。連橫的臺灣通史所提，「天上聖母」為康熙所封，媽祖的封號由夫人、妃、天妃、天后、直至天上聖母，因此臺灣民間廟宇太多尊稱媽祖為「天上聖母」。

　　臺灣媽祖信仰能普遍流傳，與早期先民的墾殖文化有密切的關係。首先媽祖是渡臺移民的守護神，海船在遭遇危難時有禱必應，據傳媽祖有隨從，千里眼、順風耳二神，因此聽到求難之呼喚，便能解救於千里之外。另外，民間也流傳，媽祖穿著朱衣乘雲遊於島嶼之間，船舶遇難，只要口誦媽祖聖號，媽祖就會到場營救。我們推想當漢人是從大陸沿海渡過危險黑水溝來臺，海上所遭遇險峻的海象，兇狠的海盜，都是可想而知。先民在渡海祈求海上平安的海上救難女神——媽祖，也就成為臺灣民間宗教中最普遍的神祇之一。無論大庄或小庄、山村或漁村、鄉鎮或市街、港口或內山，都可看到媽

〔註16〕巫凡哲，《道教諸神說》，臺北：益群書店，1991年，頁264。
〔註17〕呂宗力、欒保群，《中國民間諸神》，臺北：學生書局，1991年，頁253。

祖廟。媽祖信仰屬於新的神話，主要是以「威靈顯赫」來作爲「靈感」思維到「靈驗」思惟的最佳寫照，在儀式上也少有巫術的通靈法術，法事採用一般的祭祀與占卜爲主。

（四）觀音信仰

「觀世音菩薩」或稱爲「觀自在菩薩」、「觀音菩薩」，或是臺灣民間稱「觀音佛祖」，是來自於佛教的一種神聖信仰，自印度佛教傳入東土之後，其「大慈大悲」與「救苦救難」的形象，在民間成爲慈悲爲懷、聞聲救苦的神祇化身，被視爲拯救穹蒼的救世主，逐漸成爲中國民間普遍流傳的主神。

觀音信仰源自於佛教的義理宗派系統之外，是一種以慈悲、誓願救度眾生的神聖性的存在，傳入臺灣民間社會的觀音信仰，其內在的義理結構被民間集體意識轉化爲靈感思惟，因此加入了不少神話傳說，流傳於民間的靈驗救護眾生的事蹟，成爲摒除現實苦難的特異功能。觀世音菩薩即是一尊「廣大靈感」的救苦救難的救世主，「聞聲救苦」作爲祂傾聽人間苦難眾生而靈感示現的最佳寫造。

觀音信仰在臺灣民間宗教裡，是一套獨立於漢文化宗教的信仰系統，其信仰的重心是一種佛教的慈悲信仰與靈感思惟的結晶體。這樣的混和方式本質上是以靈感思惟爲本，佛教慈悲爲用，觀音信仰的本質是一套神聖的哲理存在，以「慈悲」兩字來指稱這種哲理的基本內涵，哲理的意境大約又可分爲下列三種層次，分爲觀音性、般若性、誓願性。〔註18〕

所謂「觀音性」，「觀」是境界的體驗工夫，其主要的對象是「音」，合起來爲「觀其音聲」，從聲音中體會到自在本性。所謂聲音包含了世界的各種聲音，故稱「觀世音」。〔註19〕「觀音性」是一種以「聲音」作爲存有的基礎，應包含所有聲音呈現的形式變化，人是無法排除於任何聲音而獨自存在，因此，應抱持以「慈悲」爲懷，救度爲念，排除了分別相，才能與存有合而爲一。所謂「般若性」即如《心經》所云：「觀自在菩薩，行深般若波羅密多時，照見五蘊皆空，度一切苦厄。」（《般若波羅蜜多心經》）主要透過內觀的空性開發人性的般若智慧，排除五蘊色、受、想、行、識的感官經驗，超越人間的煩惱與痛苦。所謂「誓願性」如是〈普門品〉所云：「汝聽觀音行，善應諸

〔註18〕鄭志明，《民間信仰與儀式》，頁149。
〔註19〕鄭志明，《民間信仰與儀式》，頁149。

方所，弘誓深如海，歷劫不思議，侍多千億佛，發大清淨願。」觀音菩薩作為一切苦厄之聲的感應神，誓願在協助人間的苦難眾生，以拯救世人為己任。另外，地藏王菩薩也深具誓願性的特性，稱之為幽冥教主或酆都大帝，結合了民間地獄傳說，為觀音菩薩在陰間的化身，作為亡靈鬼魂在陰間的守護神，所謂「地獄不空，誓不成佛」成為地藏王菩薩拯救亡魂的偉大宏願。

　　觀音信仰透過臺灣民間宗教的靈感思維轉化，其本質已成為一套具有靈驗質性的宗教哲學，顯出符合現實生活的一套神聖理念。觀音菩薩當成一種修行法門的象徵時，必然強調其神聖理念的具體實效，將抽象的觀念轉換成現實的行動，即將「大慈大悲」的關愛轉換成「救苦救難」的庇護神能。「大慈」是指觀音菩薩的福慧境界，「大悲」是指觀音菩薩的救濟弘願，是觀音信仰的神聖內涵，反映出觀音作為形上實體的主要精神實現方式，其實現的具體作為則是「救苦救難」，即以實際救助苦難的行為，體現了慈悲的救度理念，將神聖的信仰情感轉換為強烈的行動願望，以尋聲救難的積極作為，來滿足眾生離苦得樂的需求。〔註20〕

（五）母娘信仰

　　臺灣民間信仰中，女性的神祇的信仰較為普遍，除觀音、媽祖外，「王母娘娘」、「西王母」、「瑤池金母」、「無生老母」、「九天玄女」，再上溯到神話的「女媧」、「地母」，都可概稱為「母娘」信仰。女媧神話是中國原始神話中三皇之一，傳說：「鍊石補天，捏土造人，立極造物，別男女，通婚姻，造笙簧。」人類為她和其兄伏羲的後代。而西王母又稱王母娘娘、瑤池金母，也是中國神話中的一個人物，有關西王母的記載，最早見於《山海經》〈西次三經〉：「玉山，是西王母所居也。西王母，其狀如人，豹尾虎齒而善嘯，蓬髮戴勝（頭上戴花），是司（掌管）天之厲及五殘（瘟疫、刑罰的怪神）。」

　　〈海內北經〉的記載則說：「西王母梯几而戴勝，其南有三青鳥，為王母取，食在崑崙北。」同書〈大荒西經〉的描述較詳細：「西海之南，流少之濱，赤水之後，黑水之前，有大山，名曰昆侖之丘。有神人面虎身，文尾，皆白處之（有白點）。其下有弱水之淵環之，其外有炎火之山，投物輒然（燃燒）。有人戴勝，虎齒，豹尾，穴處，名曰西王母，此山萬物盡有。」顯示出西王母是隻人狀、豹尾、虎齒而善嘯長相可怕的崑崙山神話的神仙。

〔註20〕鄭志明，《民間信仰與儀式》，頁150。

《淮南子》的〈覽冥訓〉有云：「羿請不死之藥於王母，姮娥（嫦娥）竊以奔月。」提到后羿到崑崙山向西王母乞求長生不老仙藥的故事。因此，西王母的神話，常被中國的詩人引用如唐代詩人李商隱的《瑤池詩》：「瑤池阿母綺窗開，黃竹歌聲動地哀。八駿日行三萬里，穆王何事不重來？」後代小說和戲曲裡，將王母轉變成天帝的配偶神，其形象轉化為一絕色皇母，蟠桃宴時群仙慶壽於瑤池，因此又有「瑤池金母」的尊號，又為長生不老的象徵。

雖然母娘信仰中還是有區分為許多不同的系統，不過在靈感思維的信仰形式上，還是有許多是可以相提並論的。透過靈感思維的神話增補與擴充，各種母娘神話的龐大系統，可以與時俱進的分離與重整，神話與教義可以隨機地進行多重的交接與會通，形成什錦龐雜的複合結構。〔註21〕

臺灣民間宗教中「母娘」信仰是建立在靈感思維的感應經驗，經由先民將原鄉的神話引入，含納中國遠古神話的宗教型態與教理，也豐富了民間信仰的哲理支撐。臺灣母娘宗教發展的最大特色，已經融入臺灣民間宗教原有的靈感文化而發展出一股信仰勢力，順著民間信仰逐漸累積成為一股新興的宗教容貌。臺灣母娘系統，雖各自分立，但也有許多相同的型態，背後有源自古代神話的宇宙論，並且有古代原始女性社會的生殖崇拜的象徵，依附在於母娘的情感皈依，如「伊里帕斯」的戀母情節，渴望母娘以其超自然力量來救劫，能回到慈母的孕育生命的胚胎時期之合而為一的狀態，使信仰者身心靈產生平和與安全感。在宇宙中的價值與地位。如此，母娘的信仰在神恩與救贖的宗教原始心理需求下，母娘與信徒之間難以切割的「母——子」臍帶關係，以母娘救劫為象徵，將人與宇宙連接起來，伏首於母娘的撫慰下，獲得了心靈的體驗與精神的安頓。

以上我們以天公、土地公、媽祖、觀音、母娘等來說明臺灣漢人主要信仰來說明宗教內涵，雖然臺灣民間宗教所供俸之神靈有成百上千，但嚴格的分類，不外乎是天神、地祇、人鬼、物靈四類的泛靈信仰，且又延續著原鄉信仰的香火來臺，因此，我們如能稍加辨別，也大致能掌握其主要信仰內涵之所在。

三、臺灣民間宗教信仰的結構

先民的信仰中，「天公」是至上神，其次為「三界公」（即：天、地、水三界之「三官大帝」），我們可從早期的屋厝中先民正廳都懸掛著「天公爐」

〔註21〕鄭志明，〈臺灣西王母信仰的起源與發展〉，《臺灣傳統信仰的鬼神崇拜》，臺北：大元書局，2005 年，頁 160。

及「三界公爐」。其次，臺灣四面環海，天候惡劣，早期先民在渡過臺灣海峽時，經常發生海難，因此海上救難女神——「媽祖」，香火極盛，信仰歷久不衰。另外，「王爺」信仰是中國古代官員神格化的神祈，有著「代天巡狩」的使命。以及守護民間農業、商業、工業，以至守護百業的「福德正神——土地公」。都是先民在移臺開墾時期的艱困歷程，有著對於先民的身心靈安頓，不可磨滅的重要地位。

來自原鄉的守護神有，福建福州籍移民信奉的開閩聖王、臨水夫人，漳州籍移民信奉的開漳聖王，泉州同安籍移民的保生大帝，泉州三邑人的廣澤尊王，青山王，泉州安溪籍的清水祖師、顯應祖師、法主公、保儀大夫、保儀尊王，客家汀州籍的定光古佛及其他客家、潮州移民的三山國王。另外，瘟神與英靈信仰融合的千歲信仰：五府千歲、溫王爺等，死亡鬼靈神格化的有應公與義民爺及民間刑罰府衙神格化的八家將等。以下我們藉引董芳苑先生所作分類（如附圖五）介紹：〔註22〕

1. 核心神——「天公」係民間信仰之核心神格，代表臺灣人敬天思想的熱誠，因祂是專司生死命運的至上神。

2. 內圈諸神——民間主要祀神

   （1）「土地公」係民間之福德正神，代表先民在臺開拓的艱苦奮鬥精神。因祂忙碌的專司人間百業，尤其農業生產及工、商業之守護。

   （2）「媽祖」係海神，代表先民冒險犯難的渡海精神，今為救苦救難聖母神及萬能女神。

   （3）「大道公」係醫神，代表先民的求安心理，今昔皆為病患及健康的守護神。

   （4）「王爺」係瘟神，代表先民來臺與蠻荒瘴癘的搏鬥精神，今為代天巡狩，驅邪縛魅的萬能神格。

3. 中圈諸神——民間十大祀神

   （1）「玄天上帝」、「孚佑帝君」、「中壇元帥」為道教神格之代表。

   （2）「清水祖師」為通俗佛教神格之代表。

   （3）「關聖帝君」、「城隍爺」為儒教神格之代表。

   （4）「廣澤尊王」、「開漳聖王」、「三山國王」為鄉土守護神之代表。

   （5）「神農大帝」為傳說神格之代表。

〔註22〕董芳苑，《臺灣宗教大觀》，臺北：前衛出版社，2008年，頁96～98。

4. 外圈諸神——四位佛與菩薩和四位通俗神格

　　（1）「釋迦」、「觀音」、「地藏王」、「阿彌陀佛」是臺灣民間宗教香火最盛的「佛」與「菩薩」，他們代表著「佛教」的通俗化。

　　（2）「盤古」（神話神格）、「有應公」（孤苦崇拜）、「虎爺」（動物崇拜）、「石頭公」、「大樹公」（自然崇拜）。

　　因此，我們由董芳苑先生的分類來看，結構主要分為核心神、內圈諸神、中圍諸神與外圈諸神的四層結構，核心神——「天公」係民間信仰之核心神格，應證了源自中國古代的天的信仰。其次，內圈的諸神來看，「土地公」、「媽祖」、「大道公」、「王爺」分別表示農務、海事、醫務與驅邪，扣緊了早期先民來臺開墾的實際生活需求。再來，中圍諸神——民間十大祀神都是主要道教神尊，或原鄉的地方神靈，也表示著臺灣民間宗教信仰的主要是以道教為主，以及原鄉性格。最後，外圈的佛教神尊與物靈，則表示佛教本是在臺灣民間宗教的附屬位置，與動物崇拜位居外圍。因此，由上述得知，臺灣民間宗教信仰並非是亂無章法的愚民穿鑿附會之迷信，而是有其信仰脈絡的內在結構。

四、儒釋道三教信仰的本質

　　我們藉由董芳苑所作的從「本質結構圖」〔註23〕（如附圖六），民間信仰的本質為「精靈崇拜」，次為「天祖崇拜」，再次為「儒教」、「道教」、「佛教」三教混雜之信仰內容，但以「道教」的本質影響較大（因為臺灣民間之喜事、喪事均依賴「道士」與「紅頭法師」）。〔註24〕以下分別對於儒釋道三教混和的宗教說明：

（一）儒教

　　「儒教」是儒家思想傳統，被賦與宗教化的形式展現。相較於中國哲學儒學以孔子思想為核心的道德格律，在傳統宗教信仰上則是追朔到周代的天命思想為核心。天命觀可以說是民間崇拜的深層文化，直接來自於上古自然崇拜的敬天意識。思維體系大體上是以天體崇拜所形成的至上神為思維的客題，在經由思維主體（人）與客體（至上神）的相互作用中，形成了一套系統化的「天命」思想觀念。〔註25〕這一套原始天命思想觀念雖然受到儒道等

〔註23〕董芳苑，《臺灣宗教大觀》，頁74。
〔註24〕董芳苑，《臺灣宗教大觀》，頁74。
〔註25〕李甦平，《中國思維座標之迷》，北京：職工教育出版社，1989年，頁3。

思想家的批判與改造，轉向哲學形上體系的建立，〔註26〕如此的形上轉化也回過頭來影響了社會的信仰意識，因而形成原始儒家的思想中「天」的信仰，也是漢人先民首要的「天公信仰」。另外，儒家所強調的孝道及宗親倫理，則體現在「祭祖」（拜公媽）之宗教行為，一直延續至今，都具有一種強烈團結親族的「祖祠」結社宗教信仰方式。其它方面，以儒家思想轉化的人格神如孔廟是以孔子為信仰對象，或是《三國志》中的關公的形象，也是一種儒教的信仰方式。

另外，在周朝《禮記》〈文王世子〉的記載，學校每年都要按四季釋奠於師尊，以表示對於老師的尊師重道之意。不過周朝的先師，並不是指特定的某一個人或某些人；凡是有傳道、授業、解惑之老師，或已經過世的教師，都是師生祭祀的對象。隋朝之後，孔子被尊稱為「至聖先師」，釋奠禮便成為祭孔典禮的專稱。

（二）道教

道教融合老子思想與民間信仰，以仙術、魔術等實行方面為主，佛教則是後漢時由西域傳入中國，一般民眾僅是形式上之奉祀。〔註27〕中國的道教，略可分為正一教、全真教兩種。其中正一教是以江西省龍虎山為中心，推廣至南北。全真教則以直隸山東為中心，推廣至南北。前者以後漢張道陵為開山祖，是一種他力教，後者以全真教王重陽為開山祖。是自力教，其靠神鬼之力，而且子孫代代稱為天師，採取世襲之義。所以兩者教理教法大多不同一教俗稱南宗，而全真教俗稱北宗。〔註28〕臺灣的宗教則屬南宗的正一教，其派別有靈寶派、老君派、瑜咖派、天師派、三奶派。

臺灣的廟宇，多屬道教系統的廟宇，但是純粹的道觀僅有彰化的元清觀（主神為玉皇大帝），其餘多為同祀儒家之神靈或觀音佛等類。而道觀的奉祀者道士，多數居住自宅，專以祭葬、符水禁咒為職。講讀道書而不知其義。廟宇多由僧侶主持。〔註29〕道士之宗教上任務，以度生為主，分為紅頭司公

〔註26〕唐君毅，〈論中國原始宗教信仰與儒家天道關係兼釋中國哲學之起源〉，《中國人文與當今世界》，頁150～181。

〔註27〕陳玲蓉，《日據時期神道統制下的臺灣宗教政策》，臺北：自立晚報，1992年，頁70。

〔註28〕臺灣省文獻委員會主編，《臺灣省通志稿》，臺北：臺灣省文獻委員會，1956年，頁20。

〔註29〕陳玲蓉，《日據時期神道統制下的臺灣宗教政策》，頁73。

與烏頭司公兩種，烏頭司公受佛教的感化，併行度死，而紅頭司公則僅行度生。度死俗稱做功德，是對死者的禮儀。度生俗稱求平安驅邪壓煞等，是對於生者的禮儀。尚有屬於道士之異端的乩童，宣稱神靈附身爲人驅邪除魔等。

（三）佛教

佛教在漢代經西域傳入中國，魏晉南北朝時漸漸普及各地，高僧智識輩出，到隋唐時達於鼎盛。之後，因唐朝保護道教，加上回教喇嘛教的流行，佛教漸趨式微。及至清代，僧侶諸多無學之徒，空擁堂塔伽藍。口誦其經而心不解其義，能說法教化民眾之教者甚少。〔註 30〕臺灣的佛教。多以中國南方的教派爲主流，皆屬禪宗一派，但也非純然之禪宗，其中參雜甚多淨土宗的教義。臺灣人民信仰的中心，以觀音大士爲主，平時所誦經典，朝課爲楞嚴信咒、大悲心陀羅尼般若心經等，暮課爲阿彌陀經、發願文等，又隨時誦念金剛經、楞嚴經、梁皇懺、水懺及許多陀羅尼。〔註 31〕除外，還有齋教系統。齋教有先天派、龍華派、金幢派三派，另有一派空門派而成爲齋教四派。可是空門派因爲沒有特別的教祖及教義，一般不列入派別，不過是屬於出家佛教之在家教團而已。〔註 32〕

因此，孔子、老子及釋迦牟尼作爲三教教主，雖在臺灣民間宗教中，也是漢人宗教主要信奉的神尊，不過伴隨在靈感思維的傳統下，臺灣民間宗教信仰出現了一些靈感大神，由臺灣各地的廟宇分布來看，神廟林立與香火鼎盛，如天公、土地公、觀音、媽祖等才是臺灣流行的主神，各類的靈威顯赫的神蹟與神話傳說流傳，配合風俗習慣的結合，構築了民眾的宗教意識與心靈寄託，以消災解厄的方式滿足了宗教上的心理需求。以靈感思維爲屬性的神祇，其信仰背後的深層文明，即代表了連續型文明在民間操作了數千年，甚至上萬年的宗教儀式，連接了神話時期的原始崇拜，其背後是中國哲學的源頭，包含了豐富的宇宙論與形上學。因此，靈感大神在流行的同時，透過了儀式的操練，除了幫人們消災解厄外，也加強了人們對宇宙論的認識與依賴。透過靈感大神的靈威顯現，構築了人們對於宇宙空間的抽象想像，再經由具體的儀式操演，相互與佛教、道教、民間教派的宇宙論相互激盪，混合出宇宙論的內涵與象徵。

〔註 30〕陳玲蓉，《日據時期神道統制下的臺灣宗教政策》，頁 74。
〔註 31〕陳玲蓉，《日據時期神道統制下的臺灣宗教政策》，頁 74。
〔註 32〕陳玲蓉，《日據時期神道統制下的臺灣宗教政策》，頁 76。

五、民間宗教信仰的神譜

　　臺灣民間宗教所延續「連續型」文明的傳統，臺灣神祈的神譜與中國古代的神譜基本類型，如同董芳苑先生繪製的臺灣神祇的組織圖（如附圖七、八）所示，〔註33〕可一窺究竟，臺灣神祈的職分如同古代朝廷的政府組織一般，含攝了各種政府職能的功能，也證明了臺灣民間宗教延續了中國古代的宗教思想，潛藏對於宗教信仰的想像力，以靈感思惟構築出天上人間般的朝廷組織。

　　比如城隍爺是地方的司法神，其屬下有文判官、武判官、牛爺、馬爺、枷爺、鎖爺、七爺、八爺等衙門官吏。其他又比如五營元帥，則是鎮守東、南、西、北、中的五個方位鎮守神，其中俗稱三太子，即是中壇元帥。還有，陰界的東嶽大帝即是閻羅王，帶領著十殿閻王在陰間掌管鬼靈的善惡分判。

　　在臺灣民間宗教所流傳的民間神話，其思想型態雖未必能與希臘神話相同，但所構成的天庭的神祇譜系，確是目前中國思想研究中，必是源自古代神話思想，並非是單純的投射想像，是累積數千年，甚至上萬年之靈感思惟的高度文明結晶。方東美先生在《原始儒家道家哲學》就以「萬有在神論」（panentheism）來代表古代宗教思想特色，可作爲臺灣民間宗教的比擬：

　　　　中國殷代在祭祀中的三種形式，像大祭祀祭大神祇，中祭祀祭人鬼山川，小祭祀祭百物之魅；依外表看，好像是泛神論而近於多神論，但是事實上不然，它的眞義是：宇宙萬有皆在神聖之中。這正是古代人類，不把世界當作世俗世界，而視之爲神聖世界，就是：「若有神存，則神在萬事萬物之中。」所以，在天上的是皇矣上帝，他的神意流露在日月星辰裏，流露在山河大地裏，再流露貫注在人的存在裏，在草木鳥獸蟲魚的存在裏。這種精神的生命可以貫注一切的一切，所以這一切的一切所構成的宇宙萬有，自然貫注了神聖，而使萬有皆爲神聖。因此，由古代的祭祀看，表面上可以稱之爲泛神論，而事實上應叫作「萬有在神論」。這樣，所謂的精神在整個宇宙中遍在一切，無所不在。

　　　　由此看來，中國在這種宗教制度後面隱藏了一種思想：就是宗教的民主（Religious bemocracy），精神的民主（Spiritual democracy）。

　　方東美先生所指「萬有在神論」宗教思想，相較於臺灣民間宗教的神譜，

〔註33〕董芳苑，《臺灣宗教大觀》，頁 100。

可看其端倪，臺灣民間宗教神譜的內在模式，是以中國古代的政治原型發展而來。另外，陳來先生也《古代思想文化的世界》書中說：

> 以中國文明的情形而言，商代的上層宗教已經不是動物崇拜和圖騰信仰，而表現爲一種多神教的信仰，與早期希臘相當。不同之處是希臘人更加以無與倫比的藝術化想像，使神譜都附有浪漫的故事。禮樂文化自西周建立到春秋的展開，相當於後神話時代，但充滿了理性與神情的較量和緊張。中國文明的人文化不是通過神話人物的人性化來實現，人的自我確證是通過消解神靈信仰和減降神靈地位，突出民、人、德的重要性而得以實現，從而把禮樂文化本有的人文化氣質更加發展起來。〔註34〕

因此，臺灣民間宗教信仰是延續古代神話思惟，一個連續的、完整的宗教系統，並沒有希臘哲學理神論（Deism），也沒有希伯來思想：「神明高居皇天，塵世一無是處。」如此二元對立的西方思想傳統，而是精神與物質相互參滲、互爲表裡的有機存有。不過，臺灣民間宗教信仰主要的信仰成員並非是統治階級或知識份子，不像中國哲學所強調的精緻道統思想，而是以社會中下階層的庶民爲主要成員，汲取於民間的神話傳說之靈感，參膜禮拜於廟宇的祭典儀式，表現出內在是一種與生態環境緊密結合的動態文化顯現，以極大的融攝力統合社會的整體文化，表面看起來是雖是雜亂無章，但內部又有各種宗教形態交換滲透、互相重組的有機體。在每個神祇自身就承載著一種能動的實體，又與不同的社會生態產生能量互動，形成了的獨立而不混同，但又能相同共存的「獨與天地精神往來」（《莊子·天下》）的宗教形態，而又能共同收攝於「道通爲一」的統合之中。

總言之，臺灣民間宗教信仰中，其分疏的信仰系統何其龐多，但大部分只是原本原始宗教型態的翻版與創新，根據原本已存在的文化內在結構基礎上，與時俱進發展出不同的面貌。推回其內在本質上的意義上，其實只是將過去的經驗重新的染色、移位與集化，在複雜多元的系統中，彼此之間還是有脈落聯繫著，因此，一與多的關係，其實是臺灣民間宗教所探討的課題。宗教本質是「一」，是老子所言之「道」，但在表現上，其展現的型態是多重至上神觀，其中以其深層穩定的序化結構的靈感思維所建構而成。

〔註34〕陳來，《古代思想文化的世界——春秋時代的宗教、倫理與社會思想》，北京：三聯書店，2009 年，135 頁。

第三節　臺灣民間宗教意識

　　所謂「意識」，係指像感覺、情境、反思、記憶、思維和自我意識這樣的各種形式主觀經驗。笛卡兒認爲意識是心的本質或心的狀態的普遍意識。羅素說：「當一人用語詞或語詞的映象對他人或自己肯定一個情境的時候，我們就說他意識到這一情境。」〔註35〕因此，以人類認識活動言之，雖有理性論與認識論之爭，唯涉及認識之內容，實爲主體對客體之反映，並且依不同的主體而言，對同一之客體作不同之「反映」。所以，人的社會認識知活動，其認識內容，實爲社會存在之「反映」，此亦爲知識社會學之前提。意識或認識系統化之前的素樸的思想狀態，亦爲主體對客體之反映，或言「存在決定意識」。在人類社會中，或將其個人累積之認識經驗，透過口傳心授，和文字記載的固定化，予以傳播，而成爲一族群或社群共同的認識經驗，作爲解決和促進個人或社群或族群生存和生活問題的參考，並且，這種認識經驗在歷史的過程中不斷累積，而形成社群或民族的文化傳統，亦成爲社會運作的一部分而存在，甚至成爲認識主體的一部分，以認識新產生的其他社會存在。〔註36〕

　　任何的民族文化的形成，都不是一朝一夕可形成的，都是經過少則數百年，多則數萬年的歲月淬煉，滴水穿石逐漸累積而成的，臺灣的宗教文化也是如此。臺灣作爲一個移民社會的文化傳統，其文化的形成，則可分爲原社會型態與新移入的社會型態的文化混合體。明、清之際，正是閩、粵沿海一帶，漢民族大舉移入臺灣的時期，也因此形成了該時在臺灣有兩股文化勢力的抗衡，即是原有的原住民與遷臺的漢民族產生文化激盪。自1662年，鄭成功驅除了荷蘭人在臺灣的政權後，建立了以漢民族爲主體的移民社會，得以取得發展。「臺灣人」不是一個人，而有來自閩、粵不同的語系、風俗。從滿清時期開始，臺灣特殊事物的意識思想外，臺灣民間宗教的風俗與閩粵無異，臺灣孔廟的和各地的書房，傳承的中華文化亦與中原無異。因此，以遷臺的漢人的族群意識，也漸形成主要的社會群體意識，亦即臺灣人的「臺灣意識」。

　　臺灣民間宗教的「宗教意識」，是漢民族多種宗教的混合體，是古老的巫術與崇拜結合了周代以來的禮教、佛教與道教等宗教形態混合而成，主要是民間生活傳統與文人知識傳統的糾結混合，其內容極爲分歧，可以說是亦儒

〔註35〕尼古拉斯・布寧（Nicholas Bunnin）、余紀元編著，《西方哲學英漢對照辭典》，北京：人民出版社，2001年，頁187。
〔註36〕王曉波，《臺灣史與近代中國民族運動》，臺北：帕米爾書店，1986年，頁11。

亦佛亦道，同時是非儒非佛非道，是儒釋道三教的整合卻又不同於儒釋道三教，偏重在神祇崇拜與祭祀活動，直接經由儀式的操作來交感天地鬼神，實現人自身與宇宙一體化的願望，協助人們確立生命存有的意義與目的。〔註37〕

遷臺的漢民族，主要來自閩、粵沿海一帶，因此也保持著閩、粵一帶的生活方式與居住空間，在遷臺的過程中，有著各樣的衝突與挑戰，身家性命的倍遭威脅與迫害。傳統漢民族的宗教信仰，提供了先民的精神信仰與安頓。其方式延續著漢民族的鬼神崇拜與祭祀活動，以及宗親族群共同營造寺廟，作爲集體祭祀的神聖性場所，以凝聚社群生活的共同秩序規範之「宗教意識」。這種「宗教意識」是建立在共同族群奉行的宗教信仰上，是集體生活傳承下創建而成的文化模式，是遷臺的漢民族延續原鄉，累積而成的思想體系，成爲了的先民移臺的心靈寄託與處世方針。

在本節中我們首先就臺灣在地理上的「邊垂」位置，形成之「一統」與「區域」的雙重性格作說明。其次，中國傳統民間是以「多重至上神觀」爲主要宗教神觀，臺灣民間宗教信仰也是秉持這樣的傳統。最後，說明臺灣民間宗教的「多重至上神觀」如何形成「游宗」的宗教意識，以及產生「合緣共振」與「含混多義」的宗教意識來作探討。

一、「一統」與「區域」的雙重性格

臺灣民間宗教信仰，大多是明末清初以來，隨著閩南人與客家人傳入的，因此多數承繼中國南方的宗教傳統，是以儒釋道三教思想爲主體的信仰本質。不過在信仰的模式上，並非是以中國哲學的義理導向的思考模式，隨著先民移臺大多都是屬於農、漁階層的平民階層，少有知識份子般的可以理解中國哲學義理的形上思維，而是偏重於神祇的崇拜上，透過儀式與祭典的形式，來達到身心靈的安頓。因此，所呈現出信仰的本體與宗教現象不一的狀態，本體是以儒釋道三教形上哲理爲核心，在現象上則呈現著多神信仰的神祇崇拜活動上。因此，也延伸出「一統性格」與「區域性格」的文化認知上，也即是「大傳統」與「小傳統」之間的文化落差。

所謂「一統性格」即是中國文化的正統意識，自遠古的洪荒時代，到先秦的諸子百家，中國的民族與文化雖然是相當的多元，可是數千年來經由多

〔註37〕鄭志明，《臺灣全志》卷九社會志宗教與社會篇，南投：臺灣文獻館，2006年，頁105。

次民族與文化的孕育，形成一股穩定的中華文化的道統力量，唐君毅認為源自周初禮樂原始精神的形成。〔註 38〕所謂「區域性格」是指由種族或地緣的差異性所形成的一種獨特的文化性格。可是就傳統社會的教化體系來說，區域性格一直是被一統性格所壓制，強烈地被要求由區域性格走向一統性格。如此，區域性格常被有意或無意的忽略，或者經由某些關聯性轉化成一統性格中的一部份。〔註 39〕誠如鄭志明所言：

> 實際上是由多種文化形式所體現的一種社會狀態，以生活的傳統反映出世代累積的文化經驗，在一統性格與區域性格之間有著多重運作的可能性，取決於外在生態環境的整體變遷；比如當官方的宰制性增強或教化的普遍性擴大，則會凸現出一統性格，把民間信仰壓制在三教文化之下，視為三教文明所沉澱的一種原始狀態，有的甚至把這種原始狀態視為文明發展的腫瘤，強烈地加以排斥或壓制。離政權偏遠或地方文化興盛的社會，一統性格與區域性格會有比較妥協的結合關係，民間信仰能與三教文化鼎足而立，有著相當大的發展空間；就民眾的心智狀態來說，民間崇拜的吸引力與傳染力可能大於三教信仰，可是就社會文化的整體發展來說，一統性格依舊是區域文化的主流，進行著知識的教養與文化的傳承；如此，區域文化雖能保有著其自身的區域性格，可是也滲透入大量的一統性格，提升了其內在的文化素質，灌入更多元與更精緻的思維結構。

〔註 40〕

「大傳統」隸屬於的中國文化傳統，善於義理思想豐富，文詞藻句優美，是一種「文字」型態的精緻文明；相較於「大傳統」的「小傳統」，雖然也是隸屬於中華文化思想洪流之中，但並未以「文字」型態的精緻文化見長，而是深藏於民間的宗教文化，屬於一種百姓日用的生活型態的「語言」庶民文化。

眾所周知，先民移臺之際的身分，大多屬於農民、漁夫的勞動階層，平日勤於耕農工作，對於知識份子的三教義理形式信仰方式，欠缺知識獲取的能力。反倒是以神祇祭拜的方式，透過儀式與祭典，將生命禮儀與民間習俗

〔註 38〕唐君毅，〈中國文化之原始精神及其發展〉，《中國人文與當今世界》，頁 693。
〔註 39〕鄭志明，《民間信仰與儀式》，頁 92。
〔註 40〕鄭志明，《民間信仰與儀式》，頁 92～93。

作成鏈結，並非需要的知識能力，也能將宗教信仰融入日常生活之中。一般學界的研究，大抵還是以「一統性格」的大傳統文化為依歸，將臺灣民間宗教照單全收的納入中國文化思想之中，並將民間崇拜活動視為民間信仰，視為儒釋道三教信仰的一種形式，而未對其有所重視。不過這樣的理解，有著當代詮釋學所謂「過度詮釋」之嫌，畢竟在宗教的形式，與宗教意識的產生，都存在著明顯的差異，無法相提並論，若無法充分的分判出「一統性格」與「區域性格」的大、小傳統的區別，對於臺灣宗教的研究也僅是「見林不見樹」的過度「一統性格」詮釋。對於臺灣民間宗教的理解或是釐清臺灣民間宗教的宗教意識上，存在著明顯的失真與背離現象，與普羅大眾的常民生活習俗，顯然是有所差異的。

因此，在傳統宗教的形式上，屬於儒釋道三教混和的中國哲學義理與宗教傳統。在宗教的形式上，主要以融合了儒、道、釋（佛）三教的思想與信仰，廣泛流傳於民間日常生活與年節慶典中。傳統宗教信仰並沒有其他宗教所具有的特定教主、經典、教義和嚴密的組織等現象，吸收遠古以來的泛靈信仰、多神信仰、祖先崇拜以及儒道釋三教的思想，而是屬於中下階層透過虔誠的信奉、神祇偶像的崇拜，加上神職人員（道士、法師）運用宗教儀式加以庇佑，因此，所呈現的是一種儒釋道三教混和的宗教傳統。

一般說來，儒釋道三教混和的宗教傳統雖然信徒是虔誠的信奉神祇的偶像崇拜，不過其信仰的內涵，還是秉持著三教基本精神。儒教方面，一般人民大都是以家庭為核心的宗親社會，信仰著儒家的「天、地、君、親、師」五倫的社會價值。有些儒家的基本價值，如孝悌、忠信、禮、義等，已內化成一股民族的基本性格，落實於生活的各種情境之中。不過也尚有如「天」的信仰（拜天公），孔廟、文昌廟、關公信仰，也是隸屬儒家精神的具體宗教信仰形式。其次，在道教方面，融合道家思想與道教民間信仰，以儀式、建醮、內丹結合民俗等方面為主。最後，佛教則是以中國南方的教派為主流，皆屬禪宗系統，但一般信眾未必能真正理解佛經知要義，而僅是形式上一般之奉祀。

因此，我們就以上的梳理得知，臺灣民間宗教廣義上隸屬儒釋道的思想傳統，但在狹義上，還是存在著「一統性格」與「區域性格」的大、小傳統的文化認知上。因此，中國民間的宗教來源雖然頗為錯綜複雜，其自身卻會發展出亂中有序的整合作用，這樣整合一方面吸收了原本的宗教形態，一方

面又有其自身的宗教形態，如民間信仰吸收了大量三教的宗教文化，經由內在的消化與安置之後，其宗教形態又超出三教之外。〔註 41〕臺灣民間宗教的內在發展動力，主要依附在三教的哲學形上教化系統，透過常民口耳相傳的將三教神祇以神話與傳說的方式，來建構一龐大的神話系統，透過豐富生動、神靈活現的神話思維世界，將三教義理、典故賦予神聖性的神話詮釋，屬於常民思惟的共同發想與精神生命的集體創作。

二、多重至上神觀

在臺灣民間宗教的信仰傳統中，信仰的內容原本多元而分歧，光是來自閩、粵原鄉的神祇信仰，南轅北轍的差別。因此若是以單一主祀神作為一個完整系統，先不論其開展出其他信仰形式，便有著上百種不同信仰傳統，其母系統與子系統或與旁系系統，有著錯雜相錯的網絡派系。因此，導致民眾在供奉上，常因系統的範疇與分界模糊不清，而形成有神就祈、有廟就拜的信仰心理，對於信仰者而言，無論信仰的對象為誰，所秉持的信仰心理素質基本上是一致的。臺灣民間宗教長期在這種類似系統的交互參雜滲透下，每一個信仰系統也都被雨露均霑般的得到信眾香火的滋潤，在垂直軸上信仰系統被保存下來，在水平軸上又交互激發得到平行串聯交流，因此形而一交錯複雜的龐大信仰系統，即稱為「多重至上神觀」。

所謂「多重至上神觀」，即是多重的神觀，不是單一的至上神，也不是信仰單一的多重至上神，而是多重的多重至上神觀，各種至上神有著許多組合的可能性，及民間隨時會有新的至上神或組合性至上神的產生，有一套自圓其說的詮釋系統。雖然形態上不一樣，其信仰的心理確淵源於社會共有的文化理念，就其內在的深層是有其彼此互通的同化作用，有著深厚的臍帶關係，派生出相似的信仰活動，傳承了民間固有的形而上學，經由信仰的觀念，實現了人與宇宙相互交流的願望，進而確立了生命存在的具體意義與安頓方式。〔註 42〕這樣的方式，可與道家思想的道的創生方式得到呼應，即是「道生一，一生二，二生三，三生萬物」（《老子·四十二章》），「多重至上神觀」在表面上雖是各種神祇的信仰形式，但本質上卻是一致的，形同道生衍萬物的方式一樣。

〔註41〕鄭志明，《臺灣神明的由來》，臺北：中華大道文化，2001 年，頁 143。
〔註42〕鄭志明，《傳統宗教的文化詮釋——天地人鬼神五位一體》，頁 143。

以道教的信仰爲例，道教的神祈大抵是以三清、太上老君、元始天尊爲主。將道家的「道」化身爲老子的神尊——太上老君，並視爲至上神，而隨著民間信仰的流傳與繁衍，太上老君的神祇變化爲其他形式的神尊出現，如太上祖師、混元老祖、無極老祖、無極聖尊、無極至尊等等，其道的大化流行的宇宙生成論觀念，也以不同的教理來對於道德經的道的詮釋，如混元、無極、混沌、混玄、玄玄等，無不指向道的形上本體意涵。因此，「多重至上神觀」理論上是具有綜合、流動與自發的多重屬性，大多透過民間神話的傳衍，儀式的演釋，長期累積各種信仰的共同信仰精神內涵的總合。

「多重至上神觀」的崇拜實際是採「多中心」的開放方式，至上神系統可以因應不同的信仰族群而形成多個信仰中心，有時會出現兩個信仰中心，或同時多個中心。中心與中心間也會互相整合，形成更大結構的信仰大中心，逐漸構成了共同信仰的主流文化。目前民間信仰的大中心主要有下面四個，第一、以傳統天命爲核心所形成的天帝崇拜或玉皇大帝崇拜。第二、以道家的「道」或「混沌」爲核心所形成的太上老君崇拜或三清崇拜。第三、以境界的「家鄉」或「理天」爲核心所形成的觀世音菩薩崇拜、王母娘娘崇拜或無生老母崇拜。第四、以合一的多重組合爲核心所形成的五老崇拜、三教教主或五教教主崇拜。這些大中心又會互相交集，形成更多的小中心，至發展出新的大中心，這是「多中心」下的必然發展趨勢，一定是互爲消長不斷地演化下去。即是民間的至上神崇拜是流動性的，且在「多中心」的滋長下提供其發展的空間。〔註43〕

三、「游宗」的教派意識

在「多重至上神觀」下，其宗教在意識形態上，並非如基督教或伊斯蘭教般的「教派意識」，而是一種是屬於「宗派意識」。「教派意識」下的宗教團體主張，較重視組織的運作，以教徒會遵行組織的制度作爲行爲的依據，組織對內部宗教成員之間的形成一緊密運作的結構。「教派意識」是一種較爲封閉性的宗教形態，如同基督教的教徒採用契約式的入教儀式，受洗後就必須終生成爲教派的一員，並且要延續到後代子孫。臺灣民間宗教則是另一種「宗派意識」下的宗教團體，並不要依附在宗教組織的制度下，而是較重視信仰的實踐，以教法的弘揚與修持的體驗作爲信仰核心。傳統宗教的「宗派宗教」

〔註43〕鄭志明，《傳統宗教的文化詮釋——天地人鬼神五位一體》，頁 161。

下，信眾本身就延續著對於鄉土有著濃厚的信仰感情，並且對生活世界中的其他宗教組織也視如己出，可以到處游走於寺廟宮觀，多重的信仰不同的宗派，不致造成自身的信仰混淆，又不違犯信仰的道德情操，同時拜入不同宗教的門下，或遵奉不同的師父或教派，在傳統信仰中，是司空見慣的。因此這樣如同游牧民族般的四處尋宮廟、訪名師來廣結善緣的方式，也成為臺灣民間宗教信仰的一種特色，即是「游宗」的宗派意識。鄭志明先生對於「游宗」的宗派宗教意識定義：

> 「游宗」來自於直觀的混沌思維，這與中國原始的文化形態有關，延續了古老巫文明的思維模式，是一種思維混同的原始心理形式，以直觀的方式直接與對象進行整體的領悟與傳感，「宗」代表的是神人交感的經驗，這種交感經驗是重意會的整體把握，這種整體把握不是定於一尊的，而是採「游」的方式，進行各式各樣的同構對應，分化與合一是同時並進的，面對不可避免的分化下，渴望著合一的補償與對應，彼此間有著和諧序化的關係，來增強「游宗」的文化能量，在「一」與「不一」的各種對應情境下，能在流變中不斷地互易、互補與互助。
>
> 中國文化在理念上一直有著「定於一尊」的渴望，但是經過漢武帝的獨尊儒術以後，顯示在現實操作的過程中，「定於一尊」是不可行的，極易形成霸權式的宰制性文化，帶有著強烈排他的性格，導致文化間的相互對立與衝突。「定於一尊」是理念下的追求遠景，懷抱著「合」的理想目標，轉化成綜合的包容性格，形成了相互協調的多體文化，在精神理念上不排除「定於一尊」的可能性，在實際操作下，則是追求理念的交通與形式的交流，在「一」的願望下發展出各種「不一」的和合形式。
>
> 「游宗」的「宗」，是與中國文化下的「多重至上神觀」相呼應的，其所宗的神觀原本就是多重的，有古代流傳下來的天命信仰，意識到「上帝」或「天」為支配宇宙萬物的大神靈，在先秦時代經過儒道等百家爭鳴，其神觀的內容也是多元分立的，呂理政認為西元前二千年到西元前三世紀是中國文明的形成期，這個時期的宇宙意識呈現了豐富而多歧的內容，其宇宙的認知方式是多重的，至少可以分成神話與巫術、古代天文學、儒家思想與道家思想等四個方面來

理解。東漢以後，傳統社會的神觀更爲複雜，主要是佛教的傳入與
道教的傳播，佛教的神觀也是多元的，有幾個不同境界的佛與菩薩，
轉而成爲民眾崇拜的主神。各以其淨土境界來吸引眾生。道教主要
是建立在「道」的人格神崇拜，但「道」可以轉化成不少的至上神，
如太上老君、元始天尊、瑤池金母等，也可三元的組合，如三清，
或五元的組合，如五老，進而多元組合，建構出無數天尊的天界系
統。民間信仰在前面三大系統的教化下，主張三教合一，將三大教
的神觀加以調和與創新，發展出不少新的神觀系統。〔註44〕

因此，「游宗」是臺灣民間社會固有的信仰模式，允許各種宗教系統的多
元並立與相互統合，在開放的包容性格下，任何外來或新興的宗教團體多能
在臺灣獲得發展的契機。宗教信仰的大門是自由開放，同時其後門也相當大，
很難將信徒強留下來阻止其向外游走。臺灣社會可以說是各種宗教團體宣教
的樂園，「教派宗教」與「宗派宗教」都能有蓬勃發展的機會，但最難的是守
成，很難保障可以歷久不衰的發展下去，表面上的風光，可能是短暫的，若
後續無力很快就衰退，繼之而起的是新興的宗教勢力。臺灣的宗教團體是不
斷地此起彼落，不管是本土宗教或外來宗教，團體的興盛來自於源源不絕的
活動能量，要與群眾隨時能相應相合，強化彼此間的因緣和合，不斷地開發
新的宣教策略來取得較佳的傳播地位。信眾的總數有多少是無法估計的，但
是要在各種活動場景裡與民眾維持「合緣共振」的情感交流。〔註45〕

因此，臺灣民間宗教即是「宗派宗教」長期教養下的形成信眾「游宗」
心態，隨著「多重至上神觀」神話與傳說的流衍，重視自我修持的體驗作爲
信仰核心，保存著直接靈感性心理素質，常以直覺的方式來感受整體存有的
臨降，形成神我意識模糊的密契主義的思維狀態。在運作模式上呈現的是「合
緣共振」之宗教現象，而在信仰的表達上則是「含混多義」，以下我們分別就
「合緣共振」與「含混多義」說明之。

（一）「合緣共振」的運作模式

所謂「合緣共振」，是指任何宗教團體的發展都必須適應群眾的文化教養
與宗教經驗，各依其緣份的接觸，在真實的宗教體驗中產生共振的信仰關係。

〔註44〕 鄭志明，《傳統宗教的文化詮釋——天地人鬼神五位一體》，頁215～216。
〔註45〕 鄭志明，《臺灣全志》卷九社會志宗教與社會篇，頁48～49。

本土宗教與新興宗教大多是採「合緣共振」的方式來進行信仰擴張，所謂「合緣」是尊重主體的價值選擇，是以信眾既有的價值觀念與精神系統來交接宗教，合緣者留與不合緣者去，是有著主動的選擇性與調適性。所謂「共振」是指宗教團體與信眾之間的感情創造能量，能量大則留者久，能量小則離者速，是有著交感的因緣性與和合性。民眾在宗教信仰的活動上，不是毫無章法的隨機或任意參與，實際上每一次的「合緣」都帶有著心靈上的「共振」，進行自我文化的調適，只是在「游宗」的心態下，這種心靈的創造活動不是唯一的，可以與時變遷，在新的機緣下重整自身的信仰情感。信眾對宗教團體的態度不必擇一而終，宗教團體在形態的表現上也可以不斷地推陳出新，以吸引新的合緣群眾。社會是一個動態場域，提供民眾與宗教相互流動的機會，促成「合緣」與「共振」的可能性。〔註46〕

「合緣」在於尊重主體的自我信仰選擇，「共振」在於尋求一種共通的信仰形式，旨在去除紛雜的教派義理，回歸宗教的終極純粹形式。因此，「合緣共振」的最高指導原則即是「道通為一」、「萬流歸宗」的一種具普遍性的宗教共同意識上。彼此共同的承認，又共同的存在，彼此和諧共存，並具有一共通的普遍終極宗教意識。所謂的「三教合一」，就是要跨越宗教的外在形式的藩籬，來尋求宗教本質上的會通，透過「多重至上神」的信仰體系建構，建構出大融合的信仰體系，使三教的至上神可以自然地相互交織，都具有著相通的信仰本質，派別不同的各種至上神可以和平共存，宗教之間不是壁壘分明，而是以包容的信仰心態來肯定每一種至上神的超越神能。在宗教形態上雖然是多重多樣，透過「道」的統合性來化解彼此在現象上的分殊與對立，形成了一個模糊的共相整體，也憑藉著共通的形上理論，來支援各信仰體系的擴充與完備。

（二）「含混多義」的信仰的表達

所謂「含混」，是指渾然一體的渾沌思維，主體與客體是互滲合一，重點在於泯除外在形式的界限，採直回本心的精神作用。所謂「多義」是指具有開放性的詮釋空間，允許在形式與內容之間存在著許多各自表述的可能性，可以超越外在的物象形式，進行多重主觀意象的詮釋，外在的具體形式可以同時與各種主觀意識相結合，各自有不同的領悟與詮釋。臺灣宗教團體在發

〔註46〕鄭志明，《臺灣全志》卷九社會志宗教與社會篇，頁49。

展上不太受限於具象形式，大多仍偏重在人神互動與人神一體的交感經驗上，就其宗教本質是「含混」的，其形式則是「多義」，能以不變的主體去應付萬變的客體作用，在生存上有著左右逢源的會通態勢，比外來宗教更能爭取到民眾的認同。〔註47〕

「含混」是對於宇宙空間的認識沒有切割的一整全的有機體。主體與客體之間是相互含攝、共為依存，如同易經中的太極圖一樣，陰中有陽、陽中有陰，彼此交織又互為主、客體。主體的心靈經驗不是很明確的，隨時可以虛實相滲，形成心靈互滲、主客互滲與靈實互滲等現象。〔註48〕「含混」是傳統宗教的特色，在宗教意識與儀式中，主體的感受可依自身的感受與宗教教義作一關聯性的串連，以自身的處境來與宗教信仰產生互動，因自身的宗教體驗往往是個人性的體悟，其神秘體悟而難以以自身狀態向他人啓口，因此呈現的方式多為主體直觀觀照的主體思惟，主要在破除語言的界線，而回歸本心的精神作用。「多義」是指民間信仰具有著開放性的解釋空間，常以具體形式表達複雜多樣性的內容。〔註49〕

文字作為一種符號的表達，常以自身的文化系統文字來表述一切普遍現象事物，而文字本身卻也有著本身文化系統的限制，並未能充分的表達出不同的事物眞實的情境。又因宗教經驗的本身，往往又是屬特殊性的個人宗教體驗，文字的功能也僅能作為簡易的記錄功能，而有賴於神職人員的宗教詮釋，才能賦予具有神聖義涵的符號象徵。如同在表述一動態的儀式活動，也始終避免不了「多義」的現象。不同的儀式適用於不同的時空背景，而儀式本身又具有受外在環境的區別，可調整其儀式的形式，因此相同的儀式文字記錄，便形成不同神職人員依其自身的需求，採取不同「多義」的儀式文字解讀。

總之，臺灣民間宗教所呈現的「多重至上神觀」宗教意識，是臺灣漢人民間的「游宗」的宗教性仰形態，主要呈現出「合緣共振」的宗教現象，其信仰的表達上則是「含混多義」。「多重至上神觀」宗教意識雖然顯現的是「多元而多統」的表現形式，形成多重文化並立與共存的現象，但其本質上，還

〔註47〕鄭志明，《臺灣全志》卷九社會志宗教與社會篇，頁50。
〔註48〕苗啓明、溫益群，《原始社會精神歷史架構》，昆明：雲南人民出版社，1993年，頁32。
〔註49〕中元村，林太、馬小鶴譯，《東方民族的思維方法》，杭州：浙江人民出版社，1989年，頁142。

是屬於一種「一統而多元」的「道」的本體。一切多元的文化分化最終還是回到「道」的一體上而統一。〔註 50〕傳統宗教的信仰對象可以是多重的至上神，在這多重的神祇的終極實體，卻又可以相對於道體的一，因此，「一」是理想的追求，「多」的實現整合，「一」與「多」是同時並存的文化現象，發展出體一而用多的宗教形態，肯定終極實體在本質上是應相應於「道」的一，終極實體再開顯時，卻能多元多重，形成了「多重至上神」特殊的神觀現象。〔註 51〕

第四節　臺灣漢人原鄉的人文地理

　　臺灣漢人文化有其文化歷史的發展脈絡，是淵源流長的一套生活方式，其背後依附著龐大的文化意識與人文景觀，是漢人社會世代相傳的信仰體系，因此，漢人來臺移墾與定居後，以三、四百年的時間來開墾、建莊、立街，傳承與發揚了漢人的文化傳統，繼承了漢人歷史縱深的生活方式，〔註 52〕積極地以「原鄉的生活方式」〔註 53〕來建構生存的文化空間。在農務上開闢出水利農耕的生產模式，使臺灣的平原地區，成為另一個江南的魚米之鄉。在宗教信仰上，當聚落或村莊在形成的過程中，也傳承了移民漢族社群共有的價值認知系統，延續著漢民族的鬼神崇拜與祭祀活動，開始共同出資來營造寺廟，作為集體祭祀的神聖性場所，是漢民移臺在現實生活實踐下的體證，綜合各種知識與文化而形成精神性的心靈建構，來凝聚出社群生活秩序規範的群體意識。

　　生存環境的營建，不能只是外在自然景觀的改造或創新，而是要進入到深層的社會結構之中，生活環境的物質建設是表層的文化空間，還有中層的社會行為空間，以及深層的觀念系統空間，這三個文化空間是彼此關連，其核心在於深層的觀念系統上，是文化形成與發展的基礎。〔註 54〕漢人的民間宗教文化，涉及到鬼神崇拜下的深層觀念系統，其內容相當龐雜，經過長期

〔註 50〕林安梧，《儒學與中國傳統社會之哲學省察》，臺北：幼獅出版公司，頁 100。
〔註 51〕鄭志明，《傳統宗教的文化詮釋──天地人鬼神五位一體》，頁 11。
〔註 52〕潘朝陽，《臺灣傳統漢文化區域構成及其空間性──以貓裏地區為例的文化歷史地理詮釋》博士論文，臺北：臺灣師範大學地理研究所，1994 年，頁 15。
〔註 53〕施添福，《清代在台漢人的祖籍分布和原鄉生活方式》，臺北：臺灣師範大學地理學系，1987。
〔註 54〕何星亮，《中國自然神與自然崇拜》，上海：三聯書店，1992 年，頁 5。

的生活傳承與累積消化，發展出社會成員共同信奉與遵循的宇宙觀、社會觀、價值觀與人生觀等，能統攝與指導人們的意識形態與社會心理，可作為民眾社會生活明確的精神支柱與行動指南。〔註55〕以下我們就漢人原鄉的人文地理的三個側面，分別是「中心——四方」的神聖空間、「多核神聖中心」的宗教組織與神廟的社會功能，來探討臺灣民間宗教的人文地理特性。

一、「中心——四方」的神聖空間

漢人的聚落本身就是一種神聖空間的營造，發展出「中心—四方」的向心性空間，創造出屬於自己可以安身立命的生存與生活的場所。〔註56〕漢人民間社會的精神性核心的營建，村落大多由幾個聚落角頭組合，發展出村落性質的「境」，其神聖中心就是「神廟」，是各角頭共同祭祀的主神與場所，確立人們主體存在的意義性網絡。因此，「神廟」作為宗教共同祭祀場所的神聖中心，安置漢族宗親精神信仰的歸宿，也溝通了漢民與天地、祖先、鬼神的溝通管道，在村落環境裏，廟宇成為了天地與鬼神的進駐場地，漢民獲得了神聖性的庇護，與上天、大地、鬼神有著緊密交感的神聖精神世界。因此，「神廟」建立宗教信仰的精神核心，顯示出人與天地鬼神合一的神聖境域，人們也致力於廟宇的神聖中心，從事各種信仰儀式與祭典等相關精神性活動，以建構出平安祥和的生活場域。

然而，村落間也會形成更大的村落聚集，而形成更大型的神聖中心的大廟，一般稱為「聯庄公廟」。在地緣交陪性質的「境」逐漸產生交集，擴及到鄰近數個村落，成為跨村落的神聖中心，因此，村民的信仰歸宿上，成了兩個信仰同心圓，除了參與自己村廟的祭祀，也相需要參與聯庄公廟的祭祀，如此，聯庄公廟成為「中心」的大境，村廟相對地成為「四方」的小境。一般常以村落為人群的基本整合單位，形成了一村一大廟的模式，村廟象徵著村民社群的一元化，各個角頭願意以村廟作為共同的神聖中心，發展出完整的村落大廟是該村的神聖中心，作為村落核心的「境」，各角頭福德祠成為環繞「中心」的「四方」，構成了「中心——四方」神聖空間。〔註57〕「四方」

〔註55〕鄭志明，《傳統宗教的文化詮釋——天地人鬼神五位一體》，頁331～332。

〔註56〕潘朝陽，《臺灣傳統漢文化區域構成及其空間性——以貓裏地區為例的文化歷史地理詮釋》，頁215。

〔註57〕潘朝陽，《臺灣傳統漢文化區域構成及其空間性——以貓裏地區為例的文化歷史地理詮釋》，頁215～255。

不只四個方位，代表對應「中心」而來的外環空間，即境的外緣地帶，習慣以四方位作為統稱，稱為「四境」，即「境——四境」的空間形式，四境的土地公廟必然要認同於核心的村大廟，成為鎮守四方的「境」，各方小境統合在村大廟的中央境之下。當村落各角頭的居民無法整合時，會出現二座以上的村大廟，這些村大廟也大多採共存共生的方式，有可能形成地位較高的「龍頭廟」，成為象徵村落統合的「境」。

聯庄公廟的神祇形同這個信仰區域的地方首長，以其顯赫神靈擔負起護衛區域眾生的重責大任，並且成為連繫區域群眾的神聖中心。這些聯庄公廟在組織上大多來自多種成員的組成，部分來自供奉的主神來組神明會，或是宗族來組神明會，最大的成員組織來自村落或角頭為單位來組神明會。早期是以維繫祖籍或宗族間的聯誼關係，是超越地緣社區的信仰組合，往往是以奉祀某神為主的「神明會」或「神明盟」，是以爐主輪祀的方式形成了共祭組織，規模較大的就進一步集資蓋廟，發展成地緣群眾共同的祭祀中心，淡化其原有宗族或祖籍的色彩，形成社會群體信仰的共祭組織，民間信仰的寺廟具有整合鄉庄社會的任務，幫助民族從傳統的宗族或祖籍的分類意識中釋放出來，在新的移民環境中建立新的社會秩序。〔註58〕

二、「多核神聖中心」的宗教組織

傳統習俗上，在每年的祭典活動上，透過公廟的神祇來卜請爐主來負責當年的祭祀活動，或是採輪庄的方式，輪流由一庄負責一次年度的祭祀活動，因此，即「聯庄公廟」是成為每個村落神明會的聯合組織，設有專屬的神像與爐，來卜請每年的祭祀活動由哪個村落負責，或是分成幾個小聯庄單位來輪流祭祀。有時因為村落的數量太多，這些小聯庄可能二、三十年才輪到該庄頭的爐主來主持祭典。同時一個村落同時隸屬於兩個以上的聯庄大廟，也是司空見慣，因此，會產生多間的區域的聯庄大廟，呈現出多個聯庄大廟的「多核神聖中心」。

「聯庄公廟」的祭典的活動安排，也是凝聚四方村落居民共同信仰的重頭戲。廟會的祭典的神豬、神羊的競祭，延續了古代祭禮的殺牲禮敬天地神祇的傳統。以全豬、全羊作為牲禮來表式人們對於神祇的虔誠的心意，從牲禮的賽會上，透過神祇意志來遴選祭祀的豬羊，象徵了對神祇進獻的慎重，

〔註58〕陳其南，《臺灣的傳統中國社會》，臺北：允晨文化，1987年，頁117。

並且經由牲禮的獻祭獲得神祇的護佑。以客家族群的義民廟的中元普渡為例，每次參賽的神豬、神羊就超過千隻，場面極為壯觀，增添了祀場的神聖氣氛。這種神豬、神羊競祭，每年都會在客家村落在廟會祭典活動中舉行。因此，祭典的禮儀是文化的傳承，將人與人生活間的互動關係延伸到人與神的交際儀式上，人們經由祭典的供品與莊嚴的禮儀，來向神靈祈禱與致敬，最簡單的方式就是獻神靈獻飲食，稱為「享」或「薦」，表達了人們奉獻的心意，將人間最美好的食物與神祇共享，這就是「禮」，但是在獻禮的同時是有所求的，所謂祈禱是要將心意傳達給神，進而獲得神的回報與賜福。〔註 59〕從「境」、「神廟」到「祭典」形成的「多核神聖中心」過程中，這樣的宗教型態，逐漸成為村落信仰認同的從事模式，透過信仰空間的營造，到身體力行的參與祭典的精神饗宴，實際身入其境的體驗神聖活動，成為漢民建構集體共同遵奉的信仰活動。

聯庄大廟所形成的「多核神聖中心」信仰組織，平時並沒有嚴密的宗教組織，寺廟與地緣群眾也沒有主從關係，只要在節慶祭典時期，村落的人們會產生一種神聖的集體意識的趨向性，自發性的去執行這項神聖的意志。一般人類學者常用「祭祀圈」一詞，將民眾信仰與地緣區域結合，忽略了民眾參與祭祀的自主性與多樣性。所謂「祭祀圈」是指有一定地域範圍，有一個主祭神，有共同的祭祀活動與祭祀組織等，學者林美容認為祭祀圈因地緣的大小，可分成「聚落性祭祀圈」、「村落性祭祀圈」、「超村落祭祀圈」、「全鎮性祭祀圈」與「超鎮域信仰圈」等。〔註 60〕不過，由「境」、「神廟」到「祭典」形成「多核神聖中心」過程中，以「祭祀圈」的觀點似乎無法說明清楚整套動態過程，只能看到最表層的「祭典」文化，而無法看清先宗教現象背後的形上思維，因此，「祭祀圈」理論顯得有所不足。就漢人的聚落形式來說，是一個「境」、「廟」、「祭」等三位一體的存在空間，最外層的「祭」還是來自於最內層的「境」，自身有其豐富的文化觀念與操作體系。「境」不是單一的，而是扣著傳統天地人的三才思維而來，進行人與鬼神的豐富對應文化，天神、地祇與人鬼始終圍這三個境，應當對「境」難有貼近的文化理解，就不易深入觀察「廟」與「祭」的宗教活動。〔註61〕

〔註 59〕鄭志明，《民間信仰與儀式》，頁 350。
〔註 60〕林美容，《人類學與臺灣》，臺北：稻鄉出版社，1989 年，頁 70～73。
〔註 61〕鄭志明，《民間信仰與儀式》，頁 350～351。

因此，經由「中心」、「四方」、「境」、「神廟」、「祭典」的一連串動態的信仰實踐過程，都流露著文化脈絡與歷史源流，是地方聚落向心精神意識凝聚之場域。小到村落的小角頭，大到大區域的聯庄公廟，作為中心的「境」是無所不在的，漢民在生活世界中，都感受到天、地、人、鬼、神的精神慰藉，獲得來自中心到四方的都沈浸在神聖的精神國度之中。

三、神廟的社會功能

神廟是祭神的場所，村落的居民平時可以前往進香與朝拜，可以進行個人私自性的祈求，或是集體性的共祀活動。因此，在多核神聖中心的神廟中，發展出村民與神祇交感的慶典活動，以大型團體性的祭典儀式中，居民與神、居民與居民、人與外村居民的藩籬消失了，彼此交融在一場神聖嘉年華會，緊密地連結著使人與神成為一體，消災解厄與庇佑賜福成為人們信仰的皈依情感。在傳統的社會裡，「廟」扮演著重要的角色，與社會有著互為一體的緊密關係，分享著彼此共通的無形精神文化與有形的物質資源，宗教除了滿足人們精神需求之外，也同時扮演著實際社會資源運作分配的集散中心。

據莊芳榮在《臺灣地區寺廟發展之研究》一書中，指出早期臺灣寺廟有下列九種社會功能：一、促進聚落的形成與地區的繁榮。二、促進的地方安定與團結。三、自治防衛的中心。四、郊商的聚集場所。五、反映民意的象徵性機構。六、祭典的多重社會功能。七、民俗醫療的功能。八、文化藝術之保存與傳承。九、其他社會功能。〔註62〕在傳統的臺灣社會裡，因各項資源分配不完善，統治者也未必能善盡責任，因此由地方宗親族群形成的「神廟」神聖中心，不僅是宗教信仰的中心，同時各種社會功能的中心，形同現在的中央機構組織，是地區武力、財力、權力等中心，也是人們社交、聯誼、娛樂、教化等中心。主要的功能應可分為神聖性功能與世俗性功能來探討。

（一）神聖性功能

所謂神聖功能指能以神靈的超自然力作為濟世的資源，即以神祇的靈驗來化解人間現實的苦難，經由對神祇的祈禱獻祭，求得神祇的憐憫與協助，完成今世與來世的圓融自在，如祭祀、祈禱、許願、普渡、超生、消災、解

〔註62〕莊芳榮，《臺灣地區寺廟發展之研究》博士論文，臺北：中國文化大學，1987年，頁281～295。

厄、祈禳、齋醮與法會等。〔註63〕信仰的目的，主要是要使人產生眞、善、美、聖的人生價值。生活回歸於純眞，人際關係求善，人文藝術講究於美，生命境界才能成聖。成聖即是能有超越現實的能力與自我完滿的能力。因此，神廟將村落居民的信仰精神意志予以統合，匯集全體社會超越意識，在神聖的信仰空間中安立了個體在宇宙中的地位，使個人生命得以安頓，也形成普世社會求優價值。

神廟的空間，主要有兩種功能，一作爲人祭拜神的神聖場域，二作爲神將其超越精神能量投入人們，作爲世間的精神資源。神的存在是提供世人趨吉避凶的超越智慧，來化解人們在世間的種種災禍。因此，神靈降身於廟堂之中，而不是高高在上，是以神示道慈悲濟世的化身，接受村民的崇拜，下凡來解除世間人們的苦難。因此，人們總是祈求神祇的靈感與顯聖上，希望神祇的指點迷津與靈力顯現，解決各種人世間的生存危機，提供趨吉避凶的良策建議，在現實生活上得到滿足與實現。

（二）世俗性功能

俗事是聖事的延伸，更能彰顯出神祇濟世愛民的神聖性格。俗事服務就是一般所謂的社會服務，以取之於社會用之於社會的方式，以下以五個面向的功能來討論。

1、政治功能

傳統社會中，廟宇經常是地方仕紳領袖，積極爭相參與的政治舞台。政治參與者都積極參與寺廟的運作，地方領袖常藉神祇的力量，擔任廟宇爐主或組織領袖，凝聚地方百姓向心力，從事地方建設，頗有西方社會所謂的「政教合一」意味。

2、教育功能

傳統社會中，一般村民都是屬於中下階層的務農子弟，極少有機會能受到教育，因此，廟宇透過佈道施教的活動，宮廟辦宣講、說善書、演忠孝節義劇等，將處事治世的準則與態度，禮儀倫常的規範，因果報應的觀念，蘊藏在潛移默化儀式與祭典之中。

〔註63〕鄭志明，《臺灣新興宗教現象——傳統信仰篇》，嘉義：南華管理學院，蜀葛葛牘年，頁213～214。

3、經濟功能

廟宇是各個村落的信仰中心，也是各個村落的集散中心，因此民間的各種商業的活動，也會在廟宇四周聚集，形成市集。

4、文化功能

在廟宇的慶典上，經常是民間宗教文化的表演場所，如地方戲曲、宋江陣、陣頭遊行等慶典活動，形成人文薈萃的藝文中心。另外，廟宇所呈現的建築、神像造型、雕刻等，都夾雜著高度的宗教藝術。

5、社福功能

廟宇平日提供村民休憩的場所，在慶典的時候，村民的積極參與，即鞏固鄉土意識，造成族群的融合。另外，廟宇也經常扮演社會救助的角色，對於弱勢族群提供佈施米糧、捐款送衣、救災賑急等關懷。

因此，根據上述的神聖性與世俗性功能來說，「神廟」的存在價值，是兼顧宗教意涵與社會意涵兩個層面，並且是有其自身獨特的歷史與文化因素，也是地區社會長期累積的生活形態的符號象徵，形成一網絡複雜的有機生命共同體。

總言之，臺灣民間宗教傳統在豐富的人文宗教氛圍中擴充，轉而成為最大神聖中心的「境」。由「境」、「神廟」到「祭典」形成「多核神聖中心」，是移臺漢族的集體生活意識，共同選擇生活型態與宗教信仰繼承，經由歲時儀式長期的書寫，轉化成為世代口耳相傳的文化記憶，是漢民族的文化認同與集體創造，透過信仰領域的擴充與完成，漢民族在臺灣傳統社會中，承繼原鄉色彩又具台灣本土特色，逐漸發展出完整的一套宗教文化系統，而形成臺灣民間宗教的宗教意識。

小　結

臺灣漢人的宗教意識的形成與先民的移臺過程是密不可分的，在明、清之際大量的閩、粵沿海一帶移民移入臺灣，主要是「閩南人」與「客家人」為主，而形成臺灣漢人族群的廣大基礎。而又隨著這兩大族群侵入了原住民原始部落社會，逐漸成為臺灣的主要的族群代表。漢人民間文化的歷史傳承有其發展脈絡，是從原始宗教型態到中國古代社會，有著一套漢人獨具的生活方式，其背後依附著龐大的漢人民間文化意識與人文景觀，與儒釋道三教

與民間信仰混雜的信仰體系。因此，早期先民來臺移墾與定居後，以三、四百年的時間來開墾、建莊、立街，以原鄉的生活方式建構生活世界與文化空間。在早期的移民過程發展上，從渡海登臺的開創時期，到原鄉模型構成的庄社時期，再到原鄉庄社落地深根的發展時期，最後形成城市的發展完成的時期。在這移民的過程中，先民帶著原鄉文化意識在臺灣墾荒、建莊，也將原鄉的宗教、風俗、習慣植入在臺灣所打造出新市鎮中，成為臺灣主要的文化意識形態。

在宗教的發展上，延續著民間宗教傳統在歷經多個朝代的相互交流與蘊育下，儒釋道三教早已透過文化的淬煉，形成了高度的統合與會通，並且融入於常民的日常生活習俗之中，凝聚成漢民族共同的宗教意識。漢民族移臺之後，這樣的宗教傳統，在臺灣這片文化土壤得以繼續的保存與發展。結合著原本原住民的原始宗教形態，加上儒教、道教、佛教相互融攝的民族信仰。此信仰系統在傳統文化的涵攝下有著強烈的包容性格，多種宗教可以並立與共生，跳過正統與異端的對立情節，自由與靈活地進行統整教義的文化內涵，從社會功能與倫理實踐不斷地進行相應的調整與轉化，發展出和而不同的宗教共生關係。〔註64〕

臺灣民間宗教的信仰中，外表上雖然游走於儒釋道三教的信仰系統中，看似雖與中國傳統宗教文化連成一氣，但在三教神祇信仰的糖衣包裝下，其本質的神觀，卻是含混不明的。一般的理解，大都以三教信仰信統來牽強附會來理解傳統宗教神觀，所呈現出的神觀，經常是無法充分顯露出傳統宗教的原汁原味。因此，在理解臺灣宗教的信仰的神觀，必須跳脫出三教信仰的框架，才能理解出傳統信仰的特殊神觀。

因此，誠如《老子》所云：「以身觀身，以家觀家，以鄉觀鄉，以邦觀邦，以天下觀天下。」（《老子·五十四章》）臺灣民間宗教有著濃厚的「區域性格」內涵與特色，除了源自於中國古代的神話傳說之外，其他相關的習俗、儀式、人文景觀，都是依附在社會大眾民俗生活所需，以及所累積的意識型態或精神信仰之中，並無制式化的教條、教義，也無固定的經典、儀軌，在其安居樂業穩定的民間生活作息中，將源自於中國古代的原始神話宗教信仰，轉換成負有人文素養的生命關懷，雜揉與滲透到臺灣民間社會的文化心理與生活習俗之中。

〔註64〕吳洲，《中國宗教學概論》，臺北：中華道統出版社，頁325。

第六章　臺灣民間宗教之宗教觀與生命觀

　　臺灣傳承自閩、粵習俗文化，已有兩、三百年的歷史，延續著漢民族的生活模式，包含著中國文化大、小傳統的傳承與洗禮，早期渡海開墾的先民，對於原鄉的習俗文化，有著深厚的民族情感與歷史記憶，具有貫通古今的歸屬感與認同感，依舊遙憶著漢民族深層結構的潛意識，即使受到當代西方文明衝擊與挑戰，但是源自於遠古的知書達禮、禮樂之教的儒家，與崇尚自然、無為而治的道家思想，夾雜著民間宗教天地神鬼信仰的混拌，呈現民族思想的豐富與多元性，飄洋過海散播在臺灣的土壤上，以漢文化為核心與各種文化的交流與融合中，蘊藏強大的涵化力與適應力，展現堅強的傳承性與生命力。

　　本質上，臺灣民間宗教還是基存於中國宗教的大傳統體系中，延續著遠古原始宗教活動，其深層的文化意識與心理結構是華夏民族的常民精神結晶，經由長期的宗教傳承與儀式推演，直到今日，仍是臺灣民眾日常生活所進行的信仰活動與文化形態。一般而言，在儀式中通過言詞上向神明的禱告與身體上的頂禮膜拜，來表達祈求神明的啟迪與庇護，透過儀式上人神溝通，體會到人與天地萬有間的存有秩序，與自身的處境與趨吉避凶之道。從神話思維到儀式的操演過程中，臺灣人傳統社會的宗教意識也逐漸建立，雖然或許帶有許多荒誕、無知且帶有神祕主義的色彩，但是在宗教文化作用上，也含藏內在理性與形上哲思，雖然未能被當代科學所驗證，但在精神領域上的教化功能上，卻是臺灣民間社會道德理性與精神文明的奠基根據。

　　臺灣民間宗教信仰中，其分疏的信仰系統何其龐多，但大部分只是原本原始宗教型態的翻版與創新，根據原本已存在的文化內在結構基礎上，與時

俱進發展出不同的面貌。推回其內在本質意義上，其實只是將過去的經驗重新的染色、移位與集化，在複雜多元的系統中，彼此之間還是有脈絡聯繫著，因此，「一」與「多」的關係，其實是臺灣傳統宗教所探討的課題，宗教本質是「一」，是老子所言之「道」，但在表現上，其展現的型態是「多重至上神觀」，其中以其深層穩定的序化結構的靈感思維所建構而成。

對於臺灣民間宗教的生命觀而言，架構在靈感思維下的「神話」與「儀式」是互爲依存的一種宗教現象，神職人員透過祭典儀式的進行，將領悟到的抽象的神話觀念，具體化以神話思維傳達給民眾。臺灣民間宗教並非西方宗教以教義來傳達宗教理念，而是透過神人感通的祭典儀式，強化神話的信仰感情，在祭典儀式衍進的過程中，信眾自身彷彿進入一個神聖的精神領域之中，透過祭典「通靈」儀式的進行，神職人員的口中詮釋了神的旨意，這時候所講的語言都直接變成了神話，信眾也在著神聖的氛圍之中，啓動了自我構建的靈感思維，產生了許多空靈冥想。

這種宗教的生命觀負有通靈化與巫術化的民間精神文化系統，是一種直接訴諸於神的交感活動，在與神祇直接感通的過程中，透過靈感思維，因此，民間有不少的神話是被創造出來的。民間神話的傳播，往往建立在地方神廟禮儀的操作行爲，將神聖的靈感思維傳播出去，使靈感思維的傳播成爲一種固定的傳播模式，而所造就的神話傳說，也經常有其固定的脈絡可循。透過「信仰圈」組織地方人群形成一個完整性的神聖空間，信仰圈則成爲了神話語醞釀的溫床，強化了多核信仰核心區域的村民共有的宗教情誼。

我們在本章探討臺灣民間宗教之宗教觀與生命觀，主要分爲四節討論，分別是臺灣民間宗教儀式中的聖境、臺灣民間宗教的修行與靈修、中元普渡的儀式與文化內涵、臺灣民間宗教的生命禮儀。

第一節　臺灣民間宗教儀式中的聖境

臺灣民間宗教的發展與中國宗教文化發展有密不可分的關係，早期先民播遷移臺，其背後所承載的即是漢民族淵遠流長的歷史文化，依附著龐大的人文精神與宗教意識，累積了漢人社會數千年的信仰系統，雖然漂洋過海來到了臺灣這塊原住民的土壤中，但其傳承的卻是漢民族的文化傳承。對於宗教的依賴，是基於民族長久的信仰成因，主要是一個由凡入聖、由俗世到神聖的心靈殿堂，提供人們消災祈福、安頓心靈的信仰居所。

　　漢人移臺於宗族聚落建立以廟宇為神聖中心，廟宇即成為了是臺灣民間宗教信仰的核心所在。一般而言，廟宇提供了靜態與動態的活動，靜態包含祭祀對象、祭祀空間、宗教信仰文物；動態活動包含慶典及習俗等，靜態與動態的活動，通稱為「廟會」的信仰慶典活動。臺灣廟會的內容，若以舉行的時間來區分，有定期性廟會與不定期性廟會。定期性廟會一般多為配合歲時節慶與神明聖誕舉辦之祭祀、迎神活動，以及廟宇為信眾舉行的例行性之祭祀、祈福活動；不定期性廟會舉行的時間不一定，通常在廟宇或聚落有特殊需求時，如廟宇慶成、入火安座，以及為聚落信眾消災祈福所舉辦之法會、繞境活動等。其次，就廟會的性質來說，主要有依據傳統宗教功能的祈福、解厄、超渡等所舉辦者；結合現代文化活動而使廟會活動兼具現代教育、休閒等社會。藝術功能的現代化廟會活動。再者，若依照廟會的類型來加以區分，主要有祭拜、迎神、儀式等三大類。〔註1〕以民間每年七月十五的中元普渡祭典為例，除了祭壇的中央有普渡法會外，在活動正式展開之前，豎燈篙、點普渡公燈或放水燈等活動。類似著樣的祭典活動，不勝枚舉，也是一般常民往往動員最多、層面最廣爭相前往的祭慶典，類似傳統村落的「嘉年華會」。許多歷史悠久的祭典伴隨著陣頭、習俗等廟會活動，是漢人民間社會的宗教信仰意涵。我們在本節探討臺灣民間宗教儀式中的聖境，由臺灣民間宗教廟宇的神聖空間、道教儀式的宇宙論象徵，以及儀式與神聖空間的變化歷程分為三個部分探討。

一、臺灣民間宗教廟宇的神聖空間

　　臺灣民間宗教廟宇的格局大都模仿中國古代的宮殿，通常也是有平面延展的院落的空間，古代帝王的宮殿，通常面南而建，飛簷斗拱，畫棟雕樑，金碧輝煌。中央的殿堂的主要功能是供奉神像，主要的神像總是要安置在最醒目、最便於人們祭祖禮拜的中央位置，便於人們祭祖禮拜的位置，一般是築一個大型平臺，比供桌高一些，可以稱為中心神台，另外，兩旁的殿堂則安置附屬的神像，以古代朝廷官僚體系為模式的整個神靈集團，神殿象徵宇宙的神聖權力機構。

　　以道教為例，主尊的大殿和中心神台，大都以三清教主——元始天尊、靈寶天尊、道德天尊主要的神像，兩旁的殿堂可能安排道教或儒教相較其它

〔註1〕謝宗榮，《臺灣傳統宗教藝術》，臺中：晨星出版社，2003年，頁182～183。

的神像，中心神台就位於大殿中央，三清教主位於中央靠著像背後建屏障，較小神台供奉次要神像，如中壇元帥、孚佑帝君、關聖帝君等，以中心神台爲主，連接兩邊的神台，形成一大型神龕。殿堂內以三清教主的中心神，所有祭典的佈置以主神爲中心，其它附屬的神明作爲主神的將領，作爲一統治的天將集團，整體上是一個象徵性的神聖空間。而中心三清教主神台會升高位置，形成一個更高層次的象徵性神聖空間。因此，廟宇殿堂是提供信眾作爲神聖性的交流場所，中心主要神台是神靈自我存在的空間，其象徵意義在於提供超越精神的神聖核心。在廟宇的空間，基本上是從方圓的空間布置而來，核心與五方的空間對應，反映古代天圓地方的宇宙圖式，天的圓形籠罩在五方的地上，以外圓包容內方，內方又有中心的祭壇，形成同心軸的多維空間。

以中心的神壇祭祀儀式爲主體，以廟宇作爲廟會的中心，而延伸出周圍的各式祭典活動。在祭典儀式的進行，所參與的宗教神職人員如道士、法師、禮生等。在祭祀的祭品上，準備了品類豐富、數量眾多的祭祀供品，五牲、香燭、紙錢等，作爲對於神祇的虔敬之意。除外，在祭壇的中心之外，許多迎神繞境與陣頭、戲劇、市集、藝文活動，形成以廟宇祭壇爲中心向外擴張的同心圓（如附圖九）。〔註 2〕

根據圖示我們可以得知，在廟會的中心一層是「神祇的祭儀」；第二層是「祭司、祭者」與「祭品」、「供品」；第三層是「迎神活動」的陣頭、演戲；最後一層是「市集」與「藝文活動」。在臺灣宗教廟會祭儀中，空間是以「圓環」向「中心」縈繞方式展開，這與《莊子》「環中」的觀念一致，越往核心所進行的活動越具宗教意義，象徵神聖的「境」，而由中心向外推去，則活動性質兼趨世俗性，也象徵著俗世的「環」。由「中」的神聖力不斷地擴充到四周活動的「環」上，讓民眾進入到「環境」中，在這樣神聖的氛圍中，而提升本身「境界」，感受到神聖的宇宙觀。

二、道教儀式的宇宙論象徵

道教的儀式本身也蘊含著宇宙論的象徵，儀式本身就是一種超自然力與人交涉的感應活動，包含著美感、藝術、宗教的精神活動交織而成，在科儀當中有行禮如儀的宗教禮法，也有行雲流水曼妙的歌聲與舞蹈，伴隨著道士

〔註 2〕謝宗榮，《臺灣傳統宗教藝術》，頁 183。

的讚頌、歌舞、音樂的宗教精神與美感經驗，在浮光掠影、撲朔迷離的禮讚中，達到虛實交涉的作用，人們透過動態實際的科儀中，建立人神溝通的模式，在儀式中獲得心靈精神的滿足。

儀式的主要的對象是人與人、天地、鬼神溝通的模式，主要是以「人」為本位，當人們先意識到自身的主體性，進而推往人與人之間的對應關係，而形成族群網絡的生活群體，從主體朝向群體，營造共同的居住空間。人除了關心人群之外，對於天地自然的存有，也產生了主體認知宇宙向度。最後，人除了的生存需求之外，精神生命的豐富，必須仰賴超越的鬼神世界，安頓人們的精神和諧需求。

以「步虛」儀式而言，「步虛」是一種道教常見的齋醮科儀，結合樂歌舞的宗教儀式，是道教科儀環繞香爐所進行的活動。廟宇殿堂的香爐象徵著神人居住的神聖洞天，具有神人交感的作用，旋繞香爐象徵著上通神境。「步虛」是一種儀式，一種藝術，同時也是一種境界，在儀式的操作過程中表達了人們對超自然世界的感悟、領會與交際。步虛代表著神聖的接觸，有形的「步」與無形的「虛」能夠會合為一，經由身體動作的迴旋對應與語言的贊祝稱頌，讓人可以更加地趨向或接近於神。步虛象徵了人與神交通的行為方式，在於進入到超越的神聖體驗中，這就是所謂「昇玄」的目的。〔註3〕

又如道教跪拜禮移，兩腳立成八字型，兩手手心向下疊成十字形。左手摟著右手，雙膝與手同時著地，同時頭往下俯。道教傳說是老子歷代化身，下降人世，傳經授法。根據宋代道士集成《太上老君八十一化圖》所載，腳象八、手象十、頭象一，合起來就是八十一，就象徵老子八十一化。另外，一種帶掐訣抱拳方式，拳心內掐子午訣，就是將左手大指插入右手虎口內，掐住右手四指根部，稱為「子文」。象徵十二地支中的「子」，即陰極而轉陽的節點；右手大指屈於左大指下，掐住右手三指頂部，稱為「午文」，象徵十二地支中的「午」，即陽極而轉陰的節點；兩虎口外呈太極圖形，象徵陰陽和合。〔註4〕而太極八卦圖則是道教直接表述其宇宙觀念的符號，以「太極」、「兩儀」、「四象」、「八卦」的符號，來象徵《周易》的陰陽生成變化的宇宙觀。

〔註3〕鄭志明，《中國神話與儀式》，頁335。
〔註4〕居閱時、高福進，《中國象徵文化圖志》，濟南：山東畫報出版社，2010年，頁24～25。

儀式就是廟會祭典「中」與「環」的中介，介於具體與抽象的臨界點，透由儀式的轉換，神聖與世俗可瞬間轉換，在儀式快速的動作下，人們彷彿進入一個虛擬的真實超越境界中。儀式以具體的操作，將抽象的精神價值以具體的儀式符號呈現，在時間與空間中產生了文化與觀念合一的巨集，將中心超越的生命主體，擴散輻射到四周世俗的圓環上，形成一巨大的精神國度。

儀式的過程即是一種心靈成長的轉換機制，可以視為一種由俗世走向神聖，沐淋了神聖儀式的洗禮，人彷彿精神生命受到了嘉勉，帶著新生的生命重返世俗的生活，也希望維持住心中這一份珍貴的神聖氣息，散播在生活中的每一份空間。因此，儀式是一種「俗——聖——俗」的宗教旅程，「儀式」透過聖俗之間的空間運動，從圓環向中心進行類似朝聖般的定向運動，從凡入神，再從聖反凡，展現了人們宗教活動固定的行為模式，也在儀式行為彰顯了宇宙圖式的存有關懷。

三、儀式與神聖空間的變化歷程

儀式本身是一種文化的符號象徵，在類似表演的儀式中，也帶有是一種宗教意識的凝聚，從儀式的文化形式，承載了歷史文化的與宗教感情，是時間轉移、空間轉換中，從行禮如儀的過程中，聚合與實現有著新的空間佈置，在行為形式的轉移下空間產生了變化，重新又喚醒存有者本身的純然生存狀態，使生命恢復本然的原貌。因此，鄭志明先生歸納了儀式與神聖空間的變化歷程，其變化的歷程主要有三：〔註5〕

（一）迎接聖境

在圓環的俗界中迎接中心聖境的到來，表達對中心的強烈渴望，企圖經由儀式邁向中心的聖境，其方法則是在俗界迎向聖境，意識到聖境的到來。俗界可以經由儀式來溝通聖境，儀式是溝通的媒介，讓中心的聖境得以降臨與展現，說明了中心是隨時相應圓環而來，聖境與俗界是可以經由儀式而統一，二者也具有著同體合一的可能，這種可能是經由儀式來加以完成的，儀式讓聖境降臨俗界，展現出來自中心的生命力。這種迎接聖境的儀式，是以儀式來脫離世俗的常態情境，脫離原來的生活結構，準備進入聖境的生活結構。儀式是一種象徵性的行為，帶領參與者改變原來現實的生命狀態，迎接

〔註5〕鄭志明，《傳統宗教的文化詮釋——天地人鬼神五位一體》，頁251～252。

來自中心神聖力量的到來。即原先的生存世界是世俗的，是無序與混亂的，渴望能經由儀式來接引中心，進入到完整的宇宙圖式中，感受到其秩序的神聖力量來改變其生活的結構與環境。

（二）安置聖境

聖境原本是隱藏的，儀式不只用來感受到聖境的存有，還要轉俗界為聖境，在俗界中安置了聖境，讓參與者真正進入到聖境的意義結構之中，此時的空間是聖俗交織，俗界已被聖境所取代，完全進入到神聖狀態，與中心合為一體，直接體驗到昇華的神聖感情。安置聖境的儀式，在儀式的過程中一切都已是聖化的象徵，建構了形而上的精神領域，體驗了天地人神四位一體的內在感情，停頓了原先世俗化的時空，轉而成為全面神聖化的時空。安置聖境可以說是一種淨化的儀式，排除了各種邪惡的世俗情境，回歸原善的秩序。造就了空間的潔淨，象徵了聖境的落實與安置。空間的淨化，是精神性文化價值的體現，讓天地萬物都能各安其位，獲得形而上的安頓與滿足。是人精神需求的空間實現，在儀式的過程中，攤除凶頑與攘逐災禍，以致迎納吉祥，展現主體生命的聖化境界。

（三）打破聖境

不可能永遠停留在安置聖境的儀式上，儀式到最後，要打破聖境返回俗界，以脫離聖境的儀式來象徵聖俗一體的完成。儀式的目的是要滿足世俗生活的願望，是獲得神聖護持的世俗。打破聖境大多採用非常態的儀式行為，比如以狂歡的嘉年華會，呈現了混亂的浪漫氣氛。表面看起來，似乎逸出了生活常規，實際上這是一種特意的行為安排，神聖的宇宙世界是用來圓滿現世生活的。暫時背離原先的生活秩序，以戲謔的歡樂氣氛顛倒了原來的文化規範，發展出從神聖返回世俗的相關儀式。用來象徵悖反原秩序結構，不是原來的世俗情境，也不是後來的神聖情境，而是聖俗交混的情境，在世俗領域中完成了神聖整合的文化作用。異於常態的儀式狂歡，就是要打破聖境的嚴肅氣氛，讓聖境能與俗界真實的結合，使儀式完成了空間轉換的效用，以神聖的常存，建立交感的生存秩序。

總之，儀式是先民信仰活動的中心，也是精神力量的來源，除了崇拜天神、地鬼的祭祀之外，提供源自中國古代神話所宇宙意識，暗藏在祭祀儀式的神祇擺設、廟宇的建築等等。儀式中的廟宇本身雖然是具象的存在建築，

不過所營造的空間卻是一種「實境虛擬」，象徵著抽象神聖空間所存有的「聖境」。人們在廟裡祭拜的同時，可以在廟宇文化種種符應之下，領略時間與空間之交集，天地精神融會的神聖場域，感受天地造化之生生之德。

綜合上述，臺灣民間宗教並沒有成型的教義系統，其思想形成的理論基礎就是「神話」，透過儀式與祭典的具體操作，產生以靈感思維爲主的一套語言系統來建構神人交感的思維模式，而形成普遍流傳的民間觀念與民俗文化，其傳播上就是以神話的形式來表達，在民眾崇拜鬼神的活動之中，隨著神祇崇拜的多元性與多樣性，孕育了臺灣民間宗教靈感思維的多元性與豐富性，包容了共種形式的衝突，也克服了不同族群的紛爭。不過靈感思維的功能上，也有其信仰的現實性，早期先民都是力圖求取生存，因此，在現實生活與功利目的需求下，現實性的朝向，也是靈感思維的另一項特色，在追求透過靈感思維達到現世的利益，即是靈驗的宗教現象，有利於生存的神話思維模式，成爲先民在宗教信仰上的趨向性，也形成宗教的神聖性與民間的世俗性現實，達成一神聖與世俗的抗爭。因此，臺灣民間宗教信仰，爲了同時保其神聖性，又必須兼顧世俗的現實層面，採取由現實禮俗的實際操作，由靈感思維來儲存與積澱集體的信仰記憶，經由長期時空文化累積下來的綜合集體的創作形態，也成就了臺灣民間宗教精采豐富的面貌，常民百姓也因襲了族群的原本共同宗教價值，形成了民間集體意識的共通思想與行爲準則，衍生出臺灣漢人民俗心理的生存規範。

第二節　臺灣民間宗教的修行與靈修

臺灣民間宗教的修行方式，延續著中國古老的宗教儀式，但與中國原始宗教的差別在於，在早期中國進入到夏、商、周人文社會以後，受到商代與周代等至上神與「天命」信仰洗禮，再加上透由先秦儒家、道家等天道思想建構，加強了從原始宗教所流傳下來的生命主體自覺意識。因此，中國宗教著重在「內在的存有」，是採用「氣化的傳統」，是通過「內在的同一性」的活動，強調的是超絕的世界與人的世界是合一與連續的，不是斷裂的，因此人的生命修持直接可以即有限而無限，是「肉身成道」的境界。〔註6〕在中國

〔註6〕林安梧，《儒家與中國傳統社會之哲學省察》，臺北：幼獅文化公司，1996年，頁233。

的宗教修行系統的脈絡裡，「肉身」所強調的身心鍛鍊方式，是修行主要的課題，不論是透過身體來體悟宗教真理的修行次第，或是宗教真理需由身體鍛鍊來體現過程，都脫離不了「肉身成道」的人與超越界的靈相互交感關係。也透過生命在朝上神聖存在身體力行之修行，歷經根本轉換的過程，自我的身心與靈性得到完善的感受與體現。肉身的修持是最基本的進路，重視身體的具體踐行，來配合心靈的覺知體驗，是從外到內與從內到外的一體互動，顯示修身是帶有著積極性的修行功能，從外在形體的修持有助於內在靈性的感通。〔註7〕

　　「修行」是臺灣民間宗教的生命教育中，透由信仰理念轉化成實際的生命實踐，民間宗教最重要的宗教實踐方式之一。所謂「修行」，是指人與靈體的神聖體驗，不只是強調彼此可以相互交通的靈感關係，更重視的是人們追求靈我合一的生命修持，人不是被動地接受終極實體的感召，應是主動地將人性提昇到與靈體同在的神聖場域，人的心靈生命與終極實體可以不斷地相互過渡與合一，重視自身生命力與潛意識的自我體驗，在修行的過程中，讓超越的力量能存留在人的身體與心靈中，達到與道合一的生命境界。〔註8〕

　　「修行」是各個宗教相當重視的生命行為表現，甚至有著自成系統的龐大修行體制，指導其信眾進行身體的訓練與精神的修習，在身的修煉與心的證悟，達到知行合一與即身入神的生命境界，將個人的有限生命帶人到終極實體的造化之域。〔註9〕臺灣民間宗教源遠流長傳承自原始宗教，在儒釋道三教信仰與教育下，重視個人信仰下的生命體驗與修持。透過生命體驗與修持，相信生命本身就有著與超自然相通的能力，經過各式的宗教修養、修行、修煉等的生命體練功夫，類似氣功的靜坐、導引、吐納等方法在自身上體現出來，便能夠提升生命層次與精神境界。在宗教信仰的精神體驗下，感受神聖力量的直覺式感受，不只是追求與神相通的神秘經驗，是經由修行開發出來的神聖能量，還有著得道成仙與悟道成佛的身心修煉工夫。〔註10〕

　　除了修行之外，從臺灣民間宗教也重視「靈修」的。「靈修」的精神鍛鍊方式，則是延續著中國古代神話思維的「靈感」思維方式。在臺灣民間宗教

〔註7〕鄭志明，《宗教生死學》，頁38。
〔註8〕鄭志明，《宗教生死學》，頁38。
〔註9〕鄭志明，《宗教生死學》，頁38。
〔註10〕蕭登福，《道教與密宗》，臺北：新文豐出版公司，1993年，頁316。

中，降神是延續古老巫術的「靈感」儀式，在臺灣民間社會常見的宗教活動，仍保有著大量從原始宗教流傳至今的巫術文化，透由宗教的神職人員，稱爲靈人，古代稱爲巫或薩滿，現代稱爲靈媒，如黑頭、紅頭道士，童乩等，來作爲天地鬼神相互交往的中介者，是漢人傳統宗教最主要的「靈感」方式，堪稱現今社會留存的古老原始宗教「活化石」。祭祀是臺灣民間宗教中流傳最爲普遍的「靈感」儀式，在集體性的共同祭祀中，人們向天地鬼神祈求祝願與頂禮膜拜。將人們集體共有的文化意識與生存模式，透由供奉祭品的行爲向天地鬼神傳達訊息的方式，在「人」祭祀「天地鬼神」儀式之中，將世俗世界與神聖世界搭起連結之橋樑，在人們強烈心理需求下，產生出心靈的悸動與洗滌，使人們從有限之現實世界轉向無限之超越世界。

臺灣民間宗教長期在儒釋道三教的洗禮下，由原始宗教傳承下來的「靈感」儀式，轉換成各式各樣的靈性鍛鍊方式，稱爲「靈修」。「靈修」的宗教體驗，是一種人與天地鬼神直接遭遇、相會與合一等生命轉化歷程，重視人對天地鬼神直覺式的體驗與感受，直接自覺到與神際遇或合一的神聖境界。〔註11〕各種民間宗教教派，從「靈感」領域發展到「靈修」領域，累積出龐大的「靈修」法門。如佛教所稱「八萬四千法門」，每種法門，都是一種靈性鍛鍊的方式，主要是協助人們進入到與天地鬼神交通際遇的超驗世界，旨在讓人能契入宗教的高境界。臺灣民間宗教的靈修方法相當繁多，結合了道教與佛教的修行方式，爲民間教派的吸收與轉化，發展出多重多樣的靈修法門如坐忘、止念、定觀、存神、導引、吐納等方法，都是臺灣民間宗教靈修的方式。

另外，「五術」之「山」、「醫」、「命」、「卜」、「相」的方式，亦是民間宗教龐大的「靈感」系統，所謂，「山」，即是神仙之道、養生之法。「醫」，即是中醫、漢醫學。「命」，即是命理術數，如八字學、姓名學等皆是。「卜」，即是卜卦，即論斷吉凶的術法。「相」，即是相術，觀人身形面貌來推斷運勢之術。「五術」以占卜、方術、術數等感通方式，進行「人」與「天地鬼神」的靈感溝通，產生出各種物事的徵兆，藉由神職人員的理解與掌握來推斷人事的吉凶禍福。

臺灣民間宗教的身心訓練方式，主要延續著儒釋道三教的「修行」方式，以及原始宗教的靈感思維下的「靈修」方式。「修行」重視身體力行與實踐，「靈修」重視心理狀態的神靈活現，在身心相互一體的修習鍛鍊，契入宗教

〔註11〕鄭志明，《傳統宗教的文化詮釋──天地人鬼神五位一體》，頁 46。

真理的終極實現。以下我們對於傳統中國哲學的儒釋道三教的修行方式說明，進而對臺灣民間宗教的靈修方式探討。

一、儒釋道三教的修行方式

儒釋道三教的工夫心法有別，儒家是走心理修養進路的本體工夫次第，道教是以身體修煉工夫進路，而佛教則是身心並行的修行路線。以下我們就針對儒釋道三教的修行工夫略作說明。

（一）儒家的修行工夫

儒家的修行工夫是對於中國古代儒生的價值意識與意志鍛鍊的活動，如何能夠從士人到君子，再到賢人、最後到達聖人，如此的生命境界提升，是儒家所追尋的生命方向。又如何能修身、齊家、治國、平天下，從個人修為到家庭美滿，又由家庭美滿推向國泰民安，而最後達到天下太平的世界大同，更是從古至今的儒生所嚮往的神聖使命。因此，儒家的修行有很濃厚的主體修養工夫，是一種「己欲立而立人，己欲達而達人」（《論語・雍也》），透過自我身心的修養的提升，來達到推己及人的社會實現。

儒家的修行工夫強調在主體意義上進行活動，在《論語》中主要以「仁」的概念所推展開來的各項修養德目，如「忠」、「恕」、「禮」、「孝」、「敬」。《孟子》則以「性善論」為主軸的心性之學，所提倡的「惻隱之心」、「羞惡之心」、「辭讓之心」、「是非之心」之「四端心」，是孟子論述人性本善的根據。

其它儒家文本如《中庸》所云：「天命之謂性，率性之謂道，修道之謂教。」肯定人的心性是由天所命，與天有內在的聯結，人與天地萬物是同質與平等的，道就含攝在心性之中，心性含有著經驗地性格，可以無窮的努力，作無窮的向上，呈現出道德自身的無限性。〔註12〕

又《大學》有云：「大學之道在明明德，在親民，在止於至善。知止而后有定，定而后能靜，靜而后能安，安而后能慮，慮而后能得。物有本末，事有終始，知所先後，則近道矣。」說明內在生命的內聖到外王的成長歷程，透由定、靜、安、慮、得的修養次第，達到止於至善的生命情境。

因此，儒家是以「進德修業」的進路來進行道德性的修行。經由自我道德的體認來朝向人性的道德層面修正，在「修德」的努力下，內在於人性的

〔註12〕徐復觀，《中國人性論史先秦篇》，臺北：台灣商務印書館，1969 年，頁 120。

生命實現，外在人際之間克己復禮的道德實踐，成為在現實的社會情境中「行禮如儀」之的君子典範。

（二）道教的修行工夫

道教的修行工夫，或可稱為道教的修煉工夫，源自東漢時期道教創教祖師，張道陵創立「五斗米道」，作書符、符水治病，教百姓信奉老子。以老子「道」的學說，雜揉古代巫術，秦漢方術，自創天師道。道教所遵奉三清尊神即是，元始天尊、靈寶天尊、道德天尊，而道德天尊正是太上老君，也就是老子的化身。道教的基本信仰跟道家一樣是以「道」為最高原則，三清尊神即是由「道」透過「一氣化三清」衍化而出的三位神尊。

道教與道家的差別在於，道教長生不死的追求，人們祈求生命能夠神化，達到神仙境界，與道家的老莊崇尚自然的思想，形成分野。道教的神仙信仰是建立在人可藉由身體的修煉，而成為神仙，認為人與天地鬼神不只能相互感應，還能混滲為一。道教在生長成仙上建構出理論體系之外，更發展出多元的修煉法門。〔註13〕因此，道教為了長生成仙相當重視身體的養生，道教主要修煉方式有煉丹、服食、吐納、胎息、按摩、導引、房中、辟穀、存想、服符及誦經。並透過道教的經典，有《正統道藏》、《萬歷續道藏》、《道藏輯要》等，記載道教符錄、齋醮、科儀、修煉方法等，道教認為經此方法可以修煉成仙、長生不老。

道教在煉丹成仙的修煉工夫中，包含了身心修持的各種方法，主要在身心訓練中，加強內在意識的自我鍛鍊，致使身心如一與物我兩忘的境界，認為人體可以參與宇宙氣化的流行。透由身心的修煉工夫，生命靈性獲得解脫與超越，達到人與道合一的神人境界。

（三）佛教的修行工夫

佛教的修行工夫源自印度東傳漢土的大乘佛教系統，在魏晉時期隨玄學成長起來的般若學派，經由魏晉時期的「格義」轉變成「六家七宗」的佛教思想。「七宗」一般指本無宗、本無異宗、即色宗、心無義、含識宗、幻化宗、以及緣會宗。傳承到三論宗、四論宗、天台宗、唯識宗、華嚴宗等時，中國佛教達到了鼎盛階段，尤其是天台宗、華嚴宗、淨土宗和禪宗最具特色，可以說是中國化佛教在理論和實踐兩個方面的代表。

〔註13〕卿希泰、詹石窗主編，《道教文化新典上》，臺北：中華道統出版，1996 年，頁 77。

三法印、四聖諦、八正道、十二因緣等是佛教基本的修行工夫。三法印溯源於《雜阿含經》卷十：「一切行無常。一切法無我。涅槃寂滅。」。凡符合「諸行無常印、諸法無我印、涅槃寂靜印」此三原則的，便是佛正法，有如世間印信，用為證明，故名法印。四聖諦佛陀悟道後最早傳授的真理：「苦、集、滅、道。」「諦」原義是事物的內在含義之意，四諦概括了兩重因果關係：集是因，苦是果，是迷界的因果；道是因，滅是果，是悟界的因果。

八正道是佛弟子修行的八項內容：「正見解、正思想、正語言、正行為、正職業、正精進、正意念、正禪定。」而十二因緣與四聖諦名異而義同。過去的無明、行，現在的愛、取、有，屬於集諦；現在的識、名色、六入、觸、受，未來的生、老死，屬於苦諦。以能觀的智慧心豁破生死無明，屬於道諦；因修道而漏盡無明，證得涅槃寂靜，屬於滅諦。

東傳入中國的佛教也都並非僅是義理教派，也有與源自吠陀教、婆羅門教的教義、神話、咒語、儀軌與法術等秘密修行法，稱為密宗或稱密教。以「三密」的修行方式，即身密、語密與意密。身密是指身結印契，一般稱為結手印，語密是指口誦真言，意密是指心住瑜珈觀想，以此三密作為淨除自身三業的手段，以達到成佛的目的。密教還認為三密有神通的功用，可使眾生的貪染三業與如來的清淨三業相應。〔註14〕密宗的修行方式，與本土符籙咒印等法術文化有相當程度的交流與融合，顯示出三密的修行，除了神通外，能召請鬼神來護身、驅鬼、除災、治病等作用，也有類似辟穀、養生藥方、導引之法等，重視身體的修煉與自我的超越。〔註15〕而密教雖與道教結合，但義理系統與佛教結合的，是建立在大乘佛學的基礎上，仍被視為是大乘佛教的修行工夫。

佛教的修行工夫在於般若智慧，要人們在宇宙萬象中了悟生命存有的真相，肯定「眾生皆有佛性」與進入涅槃的無限超越的本能，跳脫出生老病死苦的人間淬鍊，隔離由無明心所產生的無邊無際的現世煩惱。佛教的修行工夫，在深入聖諦的般若智慧與覺醒力量中，使身心獲得安適自在，展現出佛法的殊勝莊嚴的精神境界。

以上我們約略地探討儒家、道教、佛教修行的工夫，事實上，三教的修行方式，各依據其修行最高境界為宗旨，儒家以聖人為最高修養境界，道教

〔註14〕呂建福，《中國密教史》，北京：中國社會科學出版社，1995年，頁99。
〔註15〕蕭登福，《道教與密宗》，臺北：新文豐出版公司，1993年，頁316。

則以修煉成仙為最高目的，而佛教的宗旨在進入涅盤，達到解脫。三教的修行宗旨雖非相同，但身體力行、奉行教義修行，注重自我生死問題，關心人類全體的人性關懷，卻是儒釋道三教共通的修行要旨。

二、臺灣民間宗教的靈修方式

　　臺灣民間宗教的傳統，主要延續著原始宗教的天地鬼神等崇拜形式，同時也繼承了儒家、道教、佛教等三教的信仰模式，但與三教強調的透過教義身體力行的「修行」，民間宗教的生命實踐歷程活動，以天地鬼神為信仰對象，以「靈修」精神活動，作為個人生命提升之方式。「靈修」的精神修煉方式，在宗教儀式中注入自我主體的精神體驗，在人與天地鬼神靈性同化的過程中，體驗到主體生命意義的存在價值，實現人與天地人一體的宇宙境界。本質上雖是天地鬼神的崇拜之情，但在人神互動的過程中，在原有素樸的各種原始神祈「靈感」下，強化了人生命主體需求的精神活動，進而實現自我人性的價值，來實現生命的人文關懷，在信仰活動中圓滿自我的精神家園。〔註16〕臺灣民間宗教與三教的「修行」方式不同，是以「靈修」的方式來達成精神修煉，是一種負有臺灣本土宗教特色的精神性創造與突破。

　　「靈修」是臺灣民間宗教的通靈之術，在宗教的儀式中，肯定人本身具備主體的自覺能力，透由向天地鬼神的感通儀式過程，圓滿成全自我的生命。人生命的主體價值，架構在人與天地鬼神在靈性相通的基礎上，領悟到天地人鬼神是一體的，人通向於神，神也通向於人，達成人與天地鬼神合一的生命境界，將中國哲學「天人合一」的命題，轉向到漢人民間傳統宗教上「神人合一」的信仰觀念。這樣的「靈修」方式，主要分為三種形態，鄭志明先生說：

> 臺灣民間傳統宗教的神聖體驗，主要可以分成三種形態，第一種形態是神的自我靈顯，神靈自在地顯示其神聖的存有。第二種形態是人向神的靈感追求。是人經由各種儀式來感通神的靈顯。第三種形態是人以靈修的方式來通向天地鬼神的靈性，將人的靈性提昇到等同於神的境地。〔註17〕

〔註16〕盧紅等，《宗教：精神還鄉的信仰系統》，天津：南開大學出版社，1990年，頁15。
〔註17〕鄭志明，《傳統宗教的文化詮釋——天地人鬼神五位一體》，頁39。

　　臺灣民間宗教的儀式活動，是一種對凡俗群眾進行經常的神聖性顯現，主要是圍繞在神聖領域的靈顯需求，宗教活動的本身即是神聖的彰顯，主要建立在「天地鬼神」神聖實體的顯現上，不斷地呈現自身與顯現自身，人們接觸到靈性開顯而出的神聖性，進而領悟到整個宇宙都是終極實體。因此，除了自我身心鍛鍊的「靈修」之外，也包含著「靈顯」與「靈感」的形態。

　　所謂「靈顯」，是終極實體自身開顯的神聖性符號，是將宇宙創生圖像複製在人們居住的空間之中，在祝聖的過程中重複宇宙的創造，象徵性地將居住的空間轉化為神聖的宇宙。漢人傳統宗教是意識到「天地鬼神」的靈性在人們的生存空間中經常地顯現其自己，擴大了天與地之間的宇宙聯繫，創造出不同於凡俗世界的神聖中心，透過中心建立起與神聖共融交往的空間，「天地鬼神」等靈性在空間中的靈顯，實際都其有著宇宙論再生的效應，即每一次「天地鬼神」在空間中的靈顯或祝聖都相當於宇宙的創生。〔註18〕

　　所謂「靈感」，關注人與神靈間各種交感的靈顯作用，協助民眾進入到與神聖共融交往的境界之中。各種儀式的展現不只是人們習以為常的生活習俗，而是集體性神聖信仰原型的再現，這種宗教行為的性質不同於一般世俗文化，是具有著特殊神聖意義的精神性活動，訴諸於不可思議的聖神靈顯來滿足民眾生存願望的實現。〔註19〕「靈感」的主要作用在「通神」，表達了人與神的「靈顯」相感的明確意識與願望，在儀式的操作下有助於人從有限的客觀存在，進人到與宇宙合一的神聖體驗之中「天地鬼神」是靈性神聖存在的象徵或代名詞而已，人們真正的目的在於「靈感」的「通」。〔註20〕臺灣民間宗教承繼了原始宗教「靈感」的「通神」文化，人生活在世間是需要與各種鬼神相通與虛實對應，透過人的生命實體來與虛構的天地鬼神進行神秘聯繫與交流，藉由無限的宇宙超自然力，來安頓有限的生命存有。因此，「通神」其思維模式是古代的神話之「靈感思維」，操作模式則是透由「儀式」來與神溝通。

　　由上述得知，「靈修」是人經由各種身心的靈性鍛鍊方式來與天地鬼神交感，「靈修」將「天地鬼神」的神聖性格，置入了人自身的主體性格，在「靈感」狀態下契入到的「通神」精神境界。人們透由自身「靈感」的精神能量，

〔註18〕鄭志明，《傳統宗教的文化詮釋——天地人鬼神五位一體》，頁40。
〔註19〕鄭志明，《傳統宗教的文化詮釋——天地人鬼神五位一體》，頁41。
〔註20〕鄭志明，《傳統宗教的文化詮釋——天地人鬼神五位一體》，頁42。

讓天地鬼神的超越力量進入到人的生命之中，來激發出生命的無限靈性能量，肯定人能與自然宇宙相感應，來達到與「天人合一」的生命境界。因此「靈修」是透由「天地鬼神」神聖的「靈顯」，人成為祭祀禮儀中的「靈感」主體，使人們在自然中領悟超自然的存有，達到自我身心鍛鍊的「靈修」。

總言之，臺灣民間宗教有其自身成套的教義體系，包含了兩個系統，一個是儒釋道偏重於身體修為鍛鍊的「修行」系統，另一個是民間教派偏重於宗教與神感通的「靈修」系統。「修行」傾向於身體層面的鍛鍊，「靈修」傾向於心理層面的鍛鍊，二者是一體兩面，修身與修心同是人通往宗教真理的必經過程。「修行」與「靈修」，一者經由身體力行的鍛鍊來修正外在行為，一者經由宗教儀式上來與天地鬼神感通，提升個人心理素質與精神能量。因此，臺灣民間宗教以「修行」與「靈修」方式，指引其信眾們在思想上與行為上遵守教義與教法，重視自我生命主體內在價值與終極價值的實現，強調提昇自己的精神體驗達到與天地鬼神合一，注重自身德行的修持，成就個人生活的幸福美滿與社會的安和樂利。

第三節　中元普渡的儀式與文化內涵

臺灣民間宗教中，風行於民間的許多的廟會、慶典，如中元普渡、媽祖祭典、王船遶境、道教醮儀等等，都是流傳於中國古代的祭祀慶典，在諸多的祭祀慶典中，都有其豐富的宗教儀式，在儀式的背後，也都有其源起的古老的神話傳說。以中元普渡而言，每年農曆七月的中元普渡祭典，是臺灣最為禮敬崇拜的超渡祭典，在普渡與祭祀的活動過程中，除了眾所周知的中元節神話傳說外，在神話的背後也傳承了民眾集體性的信仰，而形成背後存在著一套宗教系統。在這套宗教系統的理論根據，並沒有一套明確的教理、教義，而是透過中元普渡的宗教儀式操作系統，來理解其信仰的理論或解釋系統，這樣的經由儀式系統的傳統，是臺灣漢人來自社會自發性的一種精神系統，在儀式的操演過程中，將臺灣漢人的歷史記憶一幕幕的重回再現，在過去的宗教學領域而言，沒有一套完整的教義的信仰系統，往往被視為僅是一種穿鑿附會民間信仰，但透過當代符號哲學與人類學的研究，以神話與儀式互為表裡的宗教研究，已成當代宗教研究的新方向。

因此，神話是一個區域的信仰系統，大到國家、民族小至團體、家庭，神話象徵了這一群體所表現出來的宇宙觀、生命觀、倫理學，也是遠古的先

民的歷史記憶。儀式則體現了神話的形上思維，在儀式的重複性操演下，喚起了人們的深層意識，傳承了過去的古禮，也將現代的宗教情感，投向了未來，在儀式的進行中，繫住了個人與群體的焦距，同時也與世界其它宗教產生聯結。誠如基督教的聖餐、伊蘭斯的朝聖，都是人們耳熟能詳的宗教神話與儀式。

　　在本章中，我們先對於中元普渡的神話傳說作探討。其次，對於中元普渡的儀式過程作說明。最後，我們探討中元普渡所代表的宗教教育，以及儀式背後所透露出的「悲天憫人」的人文精神，是促進臺灣民間社會和諧與人們互助合作的重要來源之所在。

一、中元普渡的神話傳說

　　農曆七月時，俗稱「鬼月」，相傳在農曆七月時，地獄大門會打開，在陰間的鬼魂在那個月可重返陽間。有後代可以祭祀的鬼魂，可以返家接受子孫的香火供養；沒有後嗣的孤魂野鬼就到處遊蕩，留連於人間尋找供食、設祭的場所，接受人間提供的公共祭祀香火。因此，漢人就會在農曆七月，普遍廣泛設食祭祀、誦經作法等「普渡」活動，以超渡無人供養的孤魂野鬼，防止「厲鬼」會危害人間，造成家庭社會生活不安寧，同時也祈求鬼魂幫助去除疫病和保佑家宅平安。在農曆七月十五是中元節，是農曆七月的重頭戲，這一天大部分臺灣的廟宇都有普渡的習俗，一般稱為「中元普渡」，佛教的傳統亦稱為「盂蘭盆會」。中元節與過年、清明節、重陽節等，是臺灣民間所遵守漢人傳統的四大節慶。

　　關於中元節的典故，主要可來自道教與佛教兩個神話傳說，屬於道教「中元地官節」與佛教的「盂蘭盆會」相結合。道教流傳以正月十五日為上元，七月十五日為中元，十月十五日為下元，而道教流行道士誦經普度眾鬼，期使獲得三官中的地官赦罪，獲得解脫。佛教則供養「夏安居」結束後的僧眾，在七月十五日午時前「齋僧」，以僧眾誦經的功德，迴向給在地獄受苦的鬼魂，因此，民間流傳的中元節是結合道教與佛教混合一體的民間習俗。我們以下分別就道教與佛教的神話傳說典故來說明。

（一）道教的中元節典故

　　道教的中元開始於五斗米教的三官之說。根據《三國志》「張魯傳」注引《典略》記載：

> 光和中，……漢中有張修，……修爲五斗米道。……爲鬼吏，主爲
> 病者請禱。請禱之法，書病人姓字，說服罪之意。作三通，其一上
> 之山，著山上。其一埋之地，其一沈之水，謂之三官手書。（《三國
> 志》）

　　而後三官的信仰又延伸出三元之說，大約於六朝時就已確立。根據六朝
古道經中的《玄都大獻經》上說：

> 七月十五日，中元之節也。……是日地官校閱，搜說眾人，分別善
> 惡。諸天聖眾，譜詣宮中，簡定劫數人鬼簿錄，餓鬼囚徒，一時俱
> 集，以其日作玄都大齋，敵於玉京。及採諸花果，世間所有奇異之
> 物，玩弄服飾，幢幡寶蓋，莊嚴供養之具，清膳飲食，百味芬芳，
> 獻諸眾聖，及與道士。與其日月講誦是經，十方大聖，高錄靈篇，
> 囚徒餓鬼，當時解脫，一俱飽滿，免於眾苦。得選人中，若非如此，
> 難可拔脫。（《玄都大獻經》）

　　道教中的「三官大帝」信仰，相傳是古代傳說人物堯帝、舜帝與禹帝。
並以堯帝至仁可爲「天官」、舜帝墾地可爲「地官」、禹地治水堪爲「水官」，
而合稱天、地、水三界之「三官大帝」（三界公）。同時給予誕辰之日子，即
「天官」正月十五，「地官」七月十五，「水官」十月十五。〔註21〕因爲中元
節是地官的誕辰之日，此日地官可對於地獄鬼魂赦罪，因此道士都在這一天
誦經，作法事以三牲五果普度十方孤魂野鬼。

（二）佛教的中元節典故

　　佛教在七月十五日稱爲「盂蘭盆會」，起源於印度舊制，僧眾在夏季有三
個月安居靜修之節期。據《歲時廣記》卷廿九引《荊楚歲時記》的說法：

> 四月十五日乃法王禁足之辰，釋子護生之日。僧尼以此日就禪刹結
> 夏力，又謂之結制。蓋長養之節在外行恐傷草木蟲類，故九十日安
> 居，至七月十五日解夏，又謂之解制」。（《歲時廣記》）

　　夏安居是印度的傳說，在每年四月十五日至七月十五日之間是屬於夏天
雨季，動物活動很頻繁，一個修行人在外很容易傷到眾生，所以利用夏安居
的修行來減少活動量，佛陀也就是在這樣的時代背景跟歷史背景，創制了三
個月的禁足的習慣，讓弟子們定期的回到道場，依止善知識的教導，重新集

〔註21〕董芳苑，《臺灣人的神明》，頁38。

合起來再教化，在佛陀的教法裡面，稱之爲三個月的「夏安居」。因此，七月十五象徵著復活與新生。

　　佛教在七月十五日稱爲「盂蘭盆會」，其典故來自佛經中的目蓮救母的故事，是梵文音譯，原意爲「救倒懸」，也就是解救在地獄裡受苦的鬼魂。據《佛說盂蘭盆經》記載：

> 大目乾連始得六通，欲度父母報乳哺之恩。即以道眼觀視世間。見其亡母生餓鬼中。不見飲食，皮骨連立。目連悲哀，即缽盛飯往餉其母。母得缽飯，便以左手障飯，右手摶飯，食未入口，化成火炭，遂不得食。目連大叫悲號啼泣，馳還白佛，具陳如此。佛言汝母罪根深結，非汝一人力所奈何。……吾今當爲汝說救濟之法。……佛告目連，十方眾僧於七月十五日僧自恣時，當爲七世父母，及現在父母厄難中者，具飯百味五果汲灌盆器，香油錠燭床敷臥具，盡世甘美以著盆中，供養十方大德眾僧。（《佛說盂蘭盆經》）

　　這個故事是說，目蓮想要拯救在地獄受苦的母親的鬼魂，他請問佛陀要如何做。佛陀告訴他，唯一的方法就是替他的母親作大功德。作大功德就是供養清淨比丘僧，而正在作夏安居的比丘僧因爲在這段期間，比丘都不在外面行動，所以就沒有造業。三個月的精進福德圓滿，在行法當中也沒有偏差，行爲當中也沒有戒律問題。就在這樣的情況下，在七月十五日中午前，準備齋飯供養比丘，用齋僧的福德來迴向給目蓮的母親，就可以拯救目蓮的母親了。因此，佛教後來以七月十五日定爲「盂蘭盆會」，其用意就是在七月十五日午時前，用「齋僧」之功德，迴向給地獄的親人或眾生，使其免除地獄之苦。

　　因此，道教之中元節與佛教之盂蘭盆會的最終目的都在於普度眾生，時日一久，兩者之間的界限就逐漸模糊，形成了目前這個以孝順、博愛爲宗旨的節日。〔註22〕

二、中元普渡儀式過程——以雞籠中元祭爲例

　　關於臺灣民間中元節普渡的習俗，自明、清時期延續至今，更夾雜了臺灣漢民的移民情感，使臺灣社會中元節的習俗添增了本土色彩，如雞籠中元

〔註22〕王秋桂主編，《中元》（中國節日叢書），臺北：行院文化建設委員會，1995年，頁8～16。

祭、新竹義民節等，都是本土每年重要的中元節祭典活動。以下我們根據基隆的文獻記載，﹝註23﹞以雞籠（基隆）中元祭來作為說明。

雞籠中元祭，起源於清朝咸豐元年（西元 1851 年）八月之漳泉械鬥，雙方死傷眾多；挑釁報仇即將發生的時候，有漳泉地方人士出面調解，再次械鬥之衝突終於平息；取代以字姓輪值主普，輪流舉辦中元超渡、普施孤魂幽靈，以血緣代替地域觀念，以賽陣頭來代替打破頭的野蠻行為；達成社會和諧，共存共榮的大同世界，行之已有一百餘年，堪稱歷史悠久。

早年清代有從福建漳州、泉洲一代移民來此，日後人數大量增加。漳、泉兩地居民，常因拓墾的土地境界或水稻灌溉等問題，發生爭鬥。清咸豐元年期間在「魴頂」﹝註24﹞的漳泉移民大械鬥更導致上百人罹難。清咸豐四年，漳州、泉洲的仕紳，為了徹底革除械鬥的陋習，商議超渡抵抗荷蘭、西班牙入侵的烈士或因械鬥、渡海瘟疫而死的先民孤魂，將死難者合葬一處，後稱為「老大公墓」。為革除陋習倡議以普渡民俗活動之陣頭競技代替血肉拼鬥，並以「老大公廟」為主祭地點，藉以喚起民眾血的教訓。

仕紳眾議定後，決沿襲中元本土的風俗，在七月舉行中元普渡之日醮祭，並經抽籤結果，由張廖簡、吳、劉唐杜、陳胡姚、謝、林、江、鄭、何藍韓、賴、許等十一姓首輪主辦。參加範圍包括金包里（萬里、金山一帶）、基隆、三貂嶺與石碇等地。

迄至咸豐五年時，較具有中元普渡祭祀的規模，沿由爐主籌辦，邀請主會、主壇、主礁、主普四大柱舉行，最初由碼頭「源發號」苦勞（碼頭工人）間負責，後來，改由「慶安會」﹝註25﹞承辦。主會、主壇、主礁分三區輪辦，現已停辦，主普由十一姓輪辦，一姓一單位。咸豐年間這「十一字姓」倡議中元普渡，並且輪流擔任主普，在全基隆最矚目的中元祭典裡扮演主導角色。一百多年下來，便成為基隆最重要的宗親組織。

﹝註23﹞李豐楙等，《雞籠中元祭祭典儀式專輯》，基隆：基隆市政府，1991 年。

﹝註24﹞清朝移臺的泉州人在聚集在雞籠的魴頂一帶，即是目前基隆八堵附近的暖暖地區，接近南榮公墓一帶。

﹝註25﹞慶安宮位於本市仁愛區，靠近火車站，為商業中心之精華區。緣於早期漳州移民，來基從事漁撈，於牛稠港及哨船頭濱海區築屋而居，漸成部落，居民為要求航海、漁撈順遂，在牛稠港虎子山畔建一小廟，供奉媽祖。漳州移民日增，移向崁仔頂發展。清嘉慶 20 年（西元 1851 年）地方士紳發起籌資興建「慶安宮」由內湖庄何士蘭獻其土地為基地，建成後，自牛稠港小廟移奉媽祖於新廟宇。後屢有翻修添建，目前已成本市媽祖信仰的中心。

雞籠中元祭慶典自農曆七月一日老大公廟開龕門開始歷經十二日主普壇開燈放彩，十三日迎斗燈遶境祈福，十四日放水燈遊行，海濱放水燈頭以及十五日公私普渡、跳鍾馗，八月一日的關龕門，慶典儀式活動時間長達一個月。以下我們依據基隆中元節祭典的文獻資料，〔註26〕針對中元祭典的儀式依時間順序說明。

1、開燈夜（農曆六月廿九日 23 時 30 分，地點：老大公廟）

開燈俗稱起燈腳，每年農曆六月最後一天深夜十二時，由慶典主委、市長、廟方共同舉行開燈祭拜儀式，點亮普渡公燈照引老大公（義民英靈）、好兄弟（陰間鬼魂）返回人間享受供奉。

2、開龕門（農曆七月一日中午，地點：老大公廟）

「龕」：依佛之意爲「塔」或「塔下室」，其觀念爲埋在此的義民遺骸，另依龕的意義活用，表明老大公的神格已逐漸提高成神。農曆七月一日開地獄，謂之開鬼門，值年主普主祭，備供祭果品牲肴在「老大公廟」祭典，啓墓扉、放幽魂，使「好兄弟」到陽間覓食，期限至三十日止，即關鬼門。開龕門儀式在每年的農曆七月初一中午十二時舉行。全程約一個小時。開龕門的意義，就是象徵著讓幽靈離開陰間，接受陽間整月的奉祭。

3、立燈篙（農曆七月十日上午 6 時，地點：主普壇）

於主普壇前設立燈篙，採用留有「大柏尾」的青竹，喻有頭有尾，而於青竹上懸掛旗幡及燈幟，日夜輪替升降，主要目的除了招引陰間孤魂野鬼來共享盛宴外，尚有邀請天上諸神監醮及共享成果之意。

4、送燈獻敬（農曆七月十日至十一日，地點：慶安宮）

各姓爐主或理事長（會館）、各燈首宅由輪值主普姓請來的法師，從七月二十二日開始，依各斗首、各姓宗親會理事長及爐主名冊，一一到每個人府上「送燈獻敬」，所送的燈爲普渡燈，燈上書寫「慶讚中元」、「某某敬獻」。送燈當日，法師和鼓吹隊乘車送燈至府上，主人也都準備香案迎接，法師在香案前誦經獻敬，爲主家赦罪增福，帶來好運。

〔註26〕國立藝術學院傳統藝術研究中心，《雞籠中元祭》，基隆：基隆市政府民政局，1989 年。

5、開燈放彩（農曆七月十二日19時，地點：主普壇）

開燈前先請法師施法淨壇，接著由輪值主普主任委員、爐主及副主任委員等執事人員，同時按下開關，讓已佈置完善的主普壇瞬間大放光彩。

6、迎斗燈（農曆七月十三日14時，各姓氏斗燈市街遊行後奉慶安宮）

斗燈為寺廟建醮，普渡常見的避邪祈福之物，可為信眾祈求福祥，每年固定於農曆七月十三日下午舉行，平常這些斗燈大都安奉在各字姓會館中，遊街後，安奉在慶安宮，這個活動一直都被視為放水燈之前的一個小高潮，每年都能吸引一些有興趣的人。前來觀賞各宗姓美侖美奐，具有民族藝術價值的斗燈。

「斗燈」為一姓所共有，或數個姓所供奉，斗燈代表同字姓的血緣關係，象徵著命運共同體。斗燈分成天、地、人三部組合而成。最上層斗中擺有尺、剪刀、秤、劍以及鏡子等吉祥物件。「尺」可度之長短，「剪刀」可「大小由之」。「秤」可「權衡輕重」，劍號巨闕，可「辟除不祥」。而燄光前一面圓鏡，發出祥和的燄光，象徵生命的無限靈光，斗燈一旦點燃，不能熄滅，借以求取元辰煥彩的吉兆。

7、點燈發表（農曆七月十四日上午6時，地點：主普壇）

早上六時，主普姓爐主及各姓宗親會在法師的經誦中開壇，接著發表：向上蒼表明賑濟的心意，發文通告三界入壇監醮。壇內擺放的大士山、同歸所、寒林院也在上午完成開光、安位的儀式，讓十方孤魂有所依歸，並有大士、三界諸神監視壇所。接著鎮日開懺獻供、誦經招魂，是晚上放水燈前必有的儀式。

8、水燈頭（農曆七月十四日19時，地點：基隆市街遊行）

水燈頭市街遊行是整個中元祭典群眾參與的最高潮，也是萬人矚目的焦點。主普及各姓宗親會各以鮮明的服飾，以眩目的燈車、藝閣、陣頭，迎送欲施放的水燈頭，繞行市街。以陣頭來代替族群競爭、相互較勁的民俗傳統。

9、燃燒奉送水燈頭（農曆七月十四日23時，地點：望海巷海濱）

水燈頭遊行畢，所有水燈頭都要集中在設有香案、供桌的岸邊，供上三牲金帛，延請法師誦經致祭，然後在經懺及鞭炮聲中，各姓負責人將水燈頭抬至海中，推離岸邊後，將水燈頭內塞滿的更衣、銀紙引燃。放水燈的用意

是爲招請海上孤魂慰安，並化贈新的棲止之所及通用之財。而民間咸信焚化水燈頭時，火要燒得旺，要飄得遠，則宗族字姓的運也越旺。

10、祈安法會普施孤魂（農曆七月十五日 17 時，地點：主普壇）

中元祭的重心就是普施，民間社會基於怖懼的心理，爲防無主的厲鬼作祟，即有祭拜求安的心理，普施的場所除主普壇外，尚有老大公廟及慶安宮等主要場所。普渡的儀式中，要慎重地貼出榜文，法師在掛榜後，以硃筆簽押，讓民眾觀賞明瞭法會的內容，同時也昭告受召的孤魂前來聽經聞懺，受甘露法食，咸得解脫；對陰界的告示，使用黃榜，佛教所行的普施主要是以經誦爲主，佛手所現的手印，寓有接引鬼魂西方，昇登天界之意。普渡的形式分爲私普和公普兩種：

（1）私普

就是以街、莊等居住單位爲主的普渡，從七月初一到三十，各村按照規定的日子輪流舉行。舉行普渡當天的下午，家家戶戶在門口擺上豐盛的飯菜，俗稱「拜門口」。每盤菜都插一支香（老大公不能插香，好兄弟才可以。）祭拜完畢，焚燒紙錢，然後撤供。而佛教徒戒殺生，所以盂蘭盆會都採用素食。

（2）公普

又稱「廟普」，一般都在七月十五日舉行，俗語叫「拜七月半」，以各村莊的寺廟爲中心，主祭人都是當地的富豪或寺廟主持人。在舉行公普的前夕，先在廟前「豎燈篙」，通知孤魂前來領受普渡。廟普當天，在廟前設「主普壇」，上面寫「盂蘭盆會」或懸掛三官大帝像。壇前設一列長桌供民眾置放祭品，廟前左右擺設紙紮的人像。此外又需架設孤棚，以供置放牲醴等祭品。每樣祭品上都要插一面三角旗，上首寫「慶讚中元」或「敬奉陰光」，下首寫善男信女之姓名。

11、跳鍾馗（農曆七月十五日 22 時，地點：主普壇）

由道士所扮之鍾馗，先唸咒語，再咬破雞冠向五方刺符，然後舞動一卷兩頭點燃符制的草席，破五風、壓煞氣，施行「押孤」，請前來領受施食的「好兄弟」，既已聽經聞懺，理應解悟；又已領受甘露法食，得饜飢渴，就應依冥規回轉，莫要流連徘徊陽間。

12、交接手爐（農曆七月十五日 23 時，地點：慶安宮）

普渡之夜整個儀式完成後，於慶安宮由法師主持儀式，在各字姓代表之監督下，本年度這一姓氏主普宗親代表十五位將「手爐」交給明年另一姓氏主普宗親代表十五位。

13、關龕門（八月初一下午 5 時，地點：老大公廟）

關龕門是七月中元祭的結束儀式，意指各陰間「好兄弟」已在人間享用一個月的祭祀，應已飽食滿意，該回歸地府，從此與人相安無事，不作惡陽世。輪值主普仍以三獻禮祭祀，然後廟方將錦盒捧出，交給輪值主普主任委員簽寫年月日及關龕門者的姓名，再取出鑰匙，關鐵門上鎖後，最後將鑰匙放回鎖龕中，交還老大公廟主事者保管，關龕門的儀式遂告完成，整個雞籠中元祭的祭典活動至此也圓滿結束。

每項基隆中元祭慶典皆有其歷史傳統、文化內涵及民俗意義；開龕門的意義是使孤魂幽靈皆能於農曆七月至陽間領受甘露法食，聽經聞懺，並得以解脫。比如「斗燈」代表著同姓血緣生命共同體的濃厚關係，其上有尺、剪刀、秤、劍、鏡子各自代表著「古老傳統」的吉祥意義，字姓手爐的交接象徵著「代代薪傳」；放水燈頭是爲水上孤魂照路，招引至陸地共享。七月十五日跳鍾馗，其意爲押孤魂回府；八月一日的關龕門儀式，令使孤魂回歸冥界免遭害世間；農曆七月基隆中元祭慶典儀式全部圓滿結束。

三、中元普渡的文化內涵

在漢人社會裡，每逢農曆七月中元祭典，已成爲每個臺灣民間生活中不可或缺的一部份。「中元普渡」在民間社會本質內涵上，並不只是個熱鬧的「大拜拜」而已，即使面臨時代變遷與社會生活型態的轉變下，其本體文化內涵依然與時俱進，有著還有凝聚村民意識和尊重、愛惜生命的深層內涵。以下我們針對中元普渡的文化內涵，分爲「祈神禳鬼」的宗教意識、「天地人鬼神」的一體性超越、悲天憫人的宗教生命教育，以及超越族群的社會融合四個部分，進行討論說明。

（一）「祈神禳鬼」的宗教意識

臺灣民間的宗教信仰中，「鬼神」觀念始終位於傳統文化的核心位置，人對於萬物採信於萬有靈論的看法，認爲萬物中皆有靈性，人根據著種種的鬼

神靈氣變化，而產生人的吉凶禍福。因此，人與天地萬物的和諧，人在家庭社會關係的融洽，是建立在人與鬼神的超自然和諧中。人所面對的天地萬物都具有著靈性，有著不同的善惡對應關係，其中有散播疾病的精怪，同時也有各種庇護眾生的靈神。〔註 27〕臺灣民間的鬼神意識是延續著原始宗教所傳承下來的深層精神活動，在實際生活的生、老、病、死過程中，以人作為主體來與鬼神迴避與祈求，人與超自然的交往，正是人們自身的生存基礎與生存活動本身。〔註 28〕

　　民間社會的吉凶禍福，是建立在鬼神信仰為核心的超自然和諧中，人與鬼神在精神上可以相互感通，人起一善念，天神會給予協助；人起一惡念，則惡鬼則給予逞罰，因此，人間社會的傷、亡、病、災、禍等凶事，是由於鬼神對應關係的失調，渴望經由祈神禳鬼的對應行為，以祭祀神靈來鎮鬼壓邪。〔註 29〕「中元普渡」基本是建立在這樣的「祈神禳鬼」的宗教意識下，厲鬼信仰是臺灣傳統民間的重要信仰之一，人們相信，厲鬼作祟對於人間的危害，造成疾病與災難，影響了人們的日常作息，因此，人們為了趨吉避凶的和諧需求下，需要在農曆七月仲夏時節裡，以連續的「祈神禳鬼」儀式，一方面祭祀祖先，一方面以豐富的祭品來施普鬼魂，以道士、僧眾的法力與功德，迴向給地獄受苦的鬼魂，希望在農曆七月重返陽間的鬼魂，能聽經聞法、飽食填飢，早日得以超渡離開地獄，不用而危害人間社會。因此，「中元普渡」對於臺灣漢人而言，是建立在「祈神禳鬼」的宗教意識上，有一種對於厲鬼的補償心理，以普渡的功德給予鬼魂抵償，換取日常生活的安寧。

（二）「天地人鬼神」的一體性超越

　　臺灣民間社會是一個以「人」作為主體的存在空間，〔註 30〕對應著宇宙來產生主體的存在，在自然對應上，對應出人與天地的關係；在超自然對應上，對應出人與鬼神的關係，是「人」集體共同的宇宙觀與宗教意識。在「中元普渡」的儀式上，是根據傳統社會的「宇宙圖示」所展開的儀式空間，以

〔註 27〕　何星亮，《中國自然神與自然崇拜》，上海：上海三聯書店，1992 年，頁 35。
〔註 28〕　苗啓明、溫益群，《原始社會的精神歷史架構》，昆明：雲南人民出版社，1993年，頁 122。
〔註 29〕　鄭曉江主編，《中國辟邪文化大觀》，廣州：花城出版社，1994 年，頁 410。
〔註 30〕　陳文尚，《台灣傳統三合院式家屋的身體意象》，臺北：中國文化大學，1993年，頁 23。

古代「天圓地方」的宇宙認知下，即是一個「中心」與一個「外環」的「圓形」空間基型。〔註31〕「中元普渡」的儀式以人爲中心，對應著四周外環的天地鬼神，構成一圓形的儀式空間。

「中元普渡」的儀式是以人作爲核心，包含了文化、宇宙論的核心，也是人們共同生存意義下的集體意識與生活實踐。根據「天地人鬼神」的理論，可以拆成兩組，即是「天地人一體」與「人鬼神一體」，人的存在必須依據與天地的自然和諧，以及與鬼神的超自然融洽，人才能獲得安身立命的生存價值。

在「中元普渡」的儀式裡，人從有限通向無限的象徵符號，可以在精神意識上與自然的天地、超自然的鬼神等生命結成一體，能跨越出時間與空間的限制，領悟到生命的歸宿不是虛無的毀滅而是永恆的延續。〔註32〕人們透過「中元普渡」儀式可以與天地交感，亦可以與鬼神交感。「天地」與「鬼神」都是一種抽象的形上存有，人們所必須依附天地、鬼神的形上超越力量，才能獲得生命的洗滌，重獲生機。而「天地」與「鬼神」也由於人的斡旋，將天地、鬼神與人一體安置於核心位置之上，形成「天地人鬼神五位一體」的宇宙圖示，以及「天地人鬼神」的一體性超越。在「中元普渡」的儀式裡，對人而言「天地」與「鬼神」是同等重要，支配著人間生活的方向法則，儀式中自然與超自然的形上價值得到確定，人們回到現實生活之後，生活世界的和諧與安寧得到了保證。

（三）悲天憫人的宗教生命教育

宗教的生命教育可以稱爲靈性教育。其目的在於教育人們體認自我的生命本質，經由信仰來確立自身存在的目的與價值。所謂靈性教育或可稱爲人性教育，肯定人性與靈性是合而爲一的，人的生命是相應於宇宙所有生命的內在本質，是超越出肉體的有限形式，理解到人與宇宙之間存在著不可分割的一體關係，培養與教導出人們對宇宙嚮往與回歸的情感，形成明確宇宙圖式的體認，確定了人在宇宙中的地位與存在意義。〔註33〕由此可知，「中元普渡」的宗教儀式是一套完整的宗教生命教育學程，從開龕門、立燈篙、迎斗燈到普渡儀式、交接手爐、關龕門，無不負有深刻的宗教生命教育於其中。

〔註31〕潘朝陽，《建築現象學導論》，頁 340
〔註32〕馮天策，《信仰導論》，廣西：廣西人民出版社，1992 年，頁 106。
〔註33〕馮天策，《信仰導論》，頁 23。

　　我們由「中元普渡」的儀式來說，在施普的過程中，以人對於地獄鬼魂的慈悲，著重在以人作為主體的價值實現，透由道士或僧眾作法事，將神本的信仰導入於人本的生命自覺上。透過「天地人鬼神」一體的宗教儀式中，來實現人在宇宙中的存有地位，人性才是宗教最為根本的關懷課題，也是生命教育的核心主題，其教育的主要目的，是要教導人們真實地面對自我的生命，在靈性的體驗下安立自我的生存意義與生活目的。〔註34〕

　　儀式的過程中，不免讓人能緬懷先民歷經移民拓墾、殖民統治與族群仇恨，在一個月的祭典過程中，人們可抱持著慈悲與寬容來緬懷過去、傳承歷史。人們透過「中元普渡」的精神教育的根本轉化下，學習到自我舉止、知識、心理品質等方面的修養工夫，強化內在人性的文化素質，以完善的生命木性來對應自然的宇宙法則，重視的是以心靈為本位的真誠外露行為，通過與他人形成適宜的關聯而自我實現。〔註35〕因此，「中元普渡」的祭典的社會功能與文化意涵上，發揮了悲天憫人與慈愛精神，融通古今「民胞物與」的宗教大愛情懷，完成自身存在的本質價值，進而展現出合乎宇宙秩序的人文情懷，使人們能感懷過去，去除仇恨，在天地人鬼神一體的關懷下，生命得以洗滌而獲重生。

（四）超越族群的社會融合

　　宗教與社會原本就是緊密結合的生命共同體，其中間的媒介在於人主體的生命自覺，人必須經由信仰來確立存有的價值，進而拓展出集體共有的生活模式，將宗教與社會貫穿在一起，以信仰的情感來約制與體現社會的發展秩序。〔註36〕以基隆的中元祭來說，原發生在清朝先民來臺的漳州與泉州兩大族群，這兩大族群由於沿海一帶糧食不足的原因才冒險渡海來臺，因此在爭地、耕作上產生極大的衝突，在基隆爆發了漳泉兩大族群械鬥事件，結果兩敗俱傷，雙方死傷眾多，彼此並沒有因為械鬥的結果得到相對的利益。因此兩大族群的宗長出面協調並達成協議，主張以姓氏宗族輪值主普，輪流舉辦中元超渡、普施孤魂幽靈，以祭拜因械鬥而命喪的亡魂，而形成基隆中元祭的傳統。也由於有這麼特殊的宗教傳統，以賽陣頭來代替械鬥的野蠻行為，

〔註34〕鄭志明，《宗教生死學》，頁69。
〔註35〕Frederick J. Streng 著，金澤、何其敏譯，《人與神——宗教生活的理解》，上海：上海人民出版社。
〔註36〕鄭志明，《宗教生死學》，頁62。

達成族群的和諧的生活方式，共同創造彼此命運共同體的生命保障。

因此，我們由基隆中元祭的傳統來看，臺灣民間社會的結構是脫離不了與宗教的互動關係，引進形上的「天地人鬼神」宇宙秩序與禮儀的操作規範，來整合社會集體實現的生活模式，透過宗教的實踐來形成共同的生命典範。

綜合上述，「中元普渡」儀式是傳承於道教與佛教的宗教儀式，流傳於民間的一個殊勝的宗教習俗，在農曆七月期間透過施普宗教儀式，使地獄受苦的鬼魂，得以重返陽間，獲取聽經聞法、充飢飽食，是人們對於幽冥鬼魂所採取的悲天憫人的宗教實踐。「中元普渡」除了是傳統的「祈神禳鬼」宗教活動之外，在儀式中是以「人」作爲主體的存在空間，感受「天地人鬼神」的一體性超越，以宗教的生命教育來提昇人的自然本性。除此之外，透過不同的社會族群積極地參與祭典儀式，可以打破族群的藩籬與不同文化觀念的視域融合，不僅重視個人的生存利益，更關懷社會整體的共同利益，是從人性的光輝來照耀出社會的和諧運作，從神聖性的體驗來促進社會平衡狀態的有序結構。〔註37〕

第四節　臺灣民間宗教的生命禮儀

臺灣民間社會在閩南人、客家人與原住民的族群融合的過程中，由於臺灣與原鄉福建、廣東沿海一帶，有著不同的自然環境與社會族群，因此也逐漸形成了某些習俗是承繼著閩粵傳統，某些習俗則隨著臺灣社會的發展，而產生了臺灣本地特色的習俗，不論是與原鄉的一致習俗，或是在臺灣衍生的新習俗，這些習俗在傳統宗教的天地、鬼神信仰生命觀下，形成許許多多由宗教儀式所的演進的「生命禮儀」。臺灣民間宗教「生命禮儀」中，提供了人們從出生到生命的結束，生命必須通過不同階段的關卡，爲促使人們能安然通過這些成長的關卡，隨著宗教神話思維的渲染下，發展出各式在不同時節的生命禮儀與祭祀活動，從這些儀式的祭祀活動內容中涵，可以看出臺灣民間宗教在生命禮儀的特色。

根據日本學者鈴木清一郎所著《臺灣舊慣習俗信仰》所載，〔註38〕臺灣早期社會從民間信仰、祭祀歲時、生命禮俗、冠禮結婚、喪祭習俗、歲時祀

〔註37〕鄭志明，《宗教生死學》，頁 69。

〔註38〕鈴木清一郎著，高賢治、馮作民譯，《臺灣舊慣習俗信仰》，臺北：眾文書局，1994 年。

典、民俗器物與生活習俗等，無不與原鄉生活相似，延續著漢民族的傳統習俗。相較於以中國歷代思想主流的文化而言，臺灣傳承則是一種庶民的祭祀文化，重視於祭典習俗與崇拜禮儀，雖無大傳統文化的璀璨精緻的人文素質，但流露的確是另一種「小傳統」宗教文化，屬漢民族勞動階層身體力行、血汗交織崇高的宗教信仰文明，交織形成一幅龐大的原鄉生活世界，透由各式的宗教禮拜、生命禮儀與民俗生活，涵攝於天人一體的天地鬼神信仰中。我們在本節探討臺灣民間宗教的生命禮儀，由臺灣民間宗教在生命禮儀的沿革、儀式的心靈轉化功能、「天地人鬼神五位一體」的宗教禮儀，以及「生命禮儀」的四種生命觀四個部分探討。

一、臺灣民間宗教在生命禮儀的沿革

　　臺灣民間宗教在生命禮儀的根據，我們可以追溯到周代《禮記》的記載，《禮記·禮運》曰：

　　　　夫禮，先王以承天之道，以治人之情。故失之者死，得之者生。《詩》曰：「相鼠有體，人而無禮，人而無禮，胡不遄死！是故夫禮，必本於天，殽於地，列於鬼神，達於喪祭射御冠昏朝聘。故聖人以禮示之，故天下國家可得而正也。（《禮記·禮運》）

　　又如《禮記·昏義》云：

　　　　夫禮，始於冠，本於昏，重於喪祭，尊於朝聘，和於射鄉，此禮之大體也。（《禮記·昏義》）

　　《禮記》所謂「禮之大體」主要，包含了冠、昏、喪祭、朝聘、射鄉五項，冠是成年禮，昏則是婚禮，加上喪祭，五項中包含三項是「生命禮儀」的核心，《禮記》顯示「生命禮儀」的重要性，落在於以生死為本位的生命歷程中。所謂「始於冠」，就個體生命來說，冠禮比出生禮更為重要，出生是被父母所決定的，在冠禮以前是依賴在父母之下，冠禮代表了個體生命的真正成長，又稱為成年禮，經由此儀式來象徵脫離了童子階段進入到生命的另一個階段，「始」說明自我責任的承擔，往後的言行都必須依循禮儀來自我實現，進入到人類承先啟後的歷史責任之中。

　　所謂「本於昏」，說明男女陰陽的結合，是宇宙生命的本源，人類傳承的生生不已是奠立在婚禮，經過儀式的操作讓夫妻能夠完成增廣子嗣的繁衍目的。所謂「重於喪祭」，說明人們對個體死亡的重視，這雖然是個人生命的結

局，卻能體會出社會集體生命的成長功能，其儀式的繁複操作，帶有著豐富的教育作用，也表達生者對死者濃郁的情意。﹝註39﹞

　　早在周朝由周公建立的「制禮作樂」系統，主要是以制度化的禮樂來強化人們對生命的體認，省去了艱澀繁雜的文字義理，使常民百姓易於遵從奉行，主要是以神聖的宗教儀式，在莊嚴肅穆的儀式展演中，人們的個體生命爲得到提升，延續到社會集體的精神生活，使生命價值得以在生命禮儀中揚升。周代之後，先秦時代生命禮儀已有相當的精神文明高度，以生命禮儀的神聖性來建立各種社會的人文價值，使後代發展成爲「禮儀之邦」的泱泱大國。

　　因此，臺灣民間宗教傳承了漢民族的禮儀傳統，「生命禮儀」所涵蓋的範圍，幾乎與中國古代宗教禮儀一致，涵蓋了百姓日常生活的婚、喪、喜、慶活動，也包括了人的生、老、病、死的時間過程，有如出生禮、成年禮、婚禮、壽禮、喪禮等，構成了臺灣漢民族豐富的「生命禮儀」內涵。「生命禮儀」也意謂著一種文化傳承與教養的過程，對於兒童的生長過程而言，成年不單是生物意義上的身體成熟，是個體文化濡化的過程，是個體適應其周遭的生態文化，並學會與完成適合其身分與角色行爲的過程。﹝註40﹞

　　在臺灣移墾的漢人的後代子孫，也在這富有原鄉色彩濃厚的「生命禮儀」，接受了漢文化的儒化教育，接收了原鄉文化傳承與累積的民族性格。在諸多的「生命禮儀」裏，大部分的儀式必須敬祀神祇與祖先，請求天地、鬼神、祖先的庇佑，使儀式的過程能進行圓滿，在儀式中的主角，能受到儀式的洗禮，使其生命素質轉變。儀式中透過專業的神職人員，與祭祀法器儀式動作的展演，增添「生命禮儀」許多莊嚴殊勝的神聖氛圍。

　　另外，在舉行禮儀的過程中，會展現各種繽紛多彩的傳統鄉土民俗器物，例如：在傳統的出生禮中，新生嬰兒的外婆或親友所贈送的繡工精緻的傳統帽飾、衣服、鞋子和金銀飾等；婚禮時的傳統花轎、傳統新娘禮服、親友相贈的喜幛；祈求庇佑幼童平安長大而繫在脖子上的絭牌等；壽禮中充滿民俗祝賀意趣的壽幛、壽聯；喪禮中充滿傳統民俗色彩與技術的紙糊藝術的靈厝、魂轎等等，這些鄉土民俗藝術資源，充分反映在各種相關的禮俗文物之中。﹝註41﹞

﹝註39﹞鄭志明，《民俗生死學》，頁13。

﹝註40﹞鍾年，《文化之道——人類學啓示錄》，武漢：湖北人民出版社，1999年，頁165。

﹝註41﹞李秀娥，《臺灣傳統生命禮儀》，臺北：晨星出版公司，2003年，頁56。

二、儀式的心靈轉化功能

先民的宗教意識在面對外在的生命威脅，生活困苦，內心徬徨、恐懼、焦慮、空虛不安時，所產生之神靈信仰，可解除個人不安的心理狀態，帶給人踏實、自信，安頓人生命精神的作用。同時，宗教對同一的信仰集團而言，亦有凝聚共識力、意志力和相互認同、歸屬感的向心力。宗教的精神力量及其人文文化對凝聚人心和建立思想文化而言，具有潛移默化的深廣影響力。〔註42〕誠如石朝穎先生所言：

> 意識的轉化（transformations of consciousness），也就是對小我的轉
> 化作用。因此，宗教的修持對極少數人而言，是具有這種基進的轉
> 化。並不是一般儀式性的宗教信仰，它的作用並非要轉譯（詮釋）
> 生活周邊的世界。真正的轉化，不但不會使小我（我執）得到滿足，
> 反而會導致我執（小我）的消退。〔註43〕

任何一個國家和民族，都具有自身獨特的儀式，儀式的背後，也正是體現著國家與民族的獨特的文化內涵。因此，儀式的另一層意涵，則代表著一個群體的精神世界，儀式是群體中精神認同的具體表現，人們在儀式的進行中，自身進入了的群體的精神義義中，因此自身存在的意義，從儀式中找到了意義。因此，儀式真正的意義是不在知識的累積，而在埋藏在潛意識、心靈、夢想等思考个及之物。

儀式將我們由一個處境轉移到下一個，如「成人禮」將兒童轉變為成人，亦如「婚禮」將原生家庭的成員轉變為新生家庭的開創者心靈境界的轉換是儀式的另一個功能。宗教儀式是包羅萬象的，但也具備單純性與個人意義。儀式可隸屬於龐大的宗教信仰系統之一，也可以因應時空環境的變化而轉換儀式的形式。主要儀式在強調了人生旅程中不平凡的一面，為重要階段留下了痕跡。有了儀式的引導，人們才能從新的角度看事情，繼續成長。因此，儀式在心靈境界的轉換功能上可稱為「過渡儀式」。

長者會在儀式和引導過程中提供初學者這些工具。儀式外在的形式，並非是儀式研究的重點，古老的儀式如何使人們安然地度過渡時期，繼而找到自己的因應之道，也成為目前宗教儀式研究者的課題。

〔註42〕曾春海，《先秦哲學史》，頁221～222。
〔註43〕石朝穎，《宗教與人生哲學的詮釋問題》，頁67～68。

處在儀式過渡時期的人，面對著無邊的空虛的關卡。在新舊生命之間的空虛有三方面的意義。首先，轉變既是舊生命的死亡過程，也是新生命的誕生過程。混沌並不等於一團糟，事實上，它是一種純粹的能量。只有擁有了這種能量，新的生命才能重新開始。只有從舊生命的角度去看，才要害怕混沌，而從其他角度去看，混沌就意味著生命本身：只是還沒有被賦予具體的生命形式。

其次，生命的瓦解和重組是萬物更新的根源，這也是新舊生命之間存在過渡時期的原因。人們透過混沌狀態，才能重拾眞正的重生，而過渡時期的存在，正是爲了讓我們可以進行自我更新。

最後，過渡時期存在提供我們一個自我反思的生命歷程。這段期間，過去的生活都重新的浮上心頭，那一刻我們才眞正明白生命眞正的含意。生命中有一些不堪的經歷，成爲我們重生的借鏡，有如「過去種種譬如昨日死，未來種種譬如今日生」的心靈轉換，對於這種超越於事物之上的領悟，引領我們往另一個世界的大門，對事物產生了一種非凡的洞察力，能夠以一個全新的角度來看問題，從新以不同的心境重回的社會。

三、「天地人鬼神五位一體」的宗教禮儀

臺灣民間宗教的生命禮儀，主要是建立「天地人」與「人鬼神」兩個生命觀共構「天地人鬼神五位一體」生命觀上，藉由神話的靈感思維形塑形上理據，以儀式的文化符號展演，其內涵爲「天地人三位一體」與「人鬼神三位一體」交疊組成，一方面追求天地人合一的自然和諧秩序，另一方面，尋求人鬼神合一的超自然和諧秩序，而人的靈性與天地鬼神的靈性相契合，感同身受參與天地造化與鬼神靈性變化。在「天地人鬼神五位一體」的生命觀中，臺灣民間社會發展出三類宗教禮儀，即是人與天地的禮儀、人與鬼神的禮儀、人與人的禮儀。這三種主體運作的感通儀式，從根源上的原理，是「天地人鬼神五位一體」的分衍，主要是「人」爲中心推展出的三種認知程序，說明如下：

（一）人與天地的禮儀

人必須自身的存在，進而意識到人與人之間相互共存，推向到多人組成的族群的生活群體。從人的個體生命轉向群體共同生活，彼此相知共融組成了群體的生活世界。人與天地的禮儀，即是人透過儀式來感知宇宙化育與陰

陽變化之理，稱爲「歲時禮儀」，如歲時節慶的禮儀，人在「歲時禮儀」中是天地間的核心主體，透過「歲時禮儀」，人順應一年季節的時空轉換。

　　人與天地的禮儀，涉及到宇宙秩序的生存之道，及其陰陽變化的運作之理，人有必要參與天地化育，才能成爲宇宙中的主體，最具有代表性的是「歲時禮儀」。所謂「歲時禮儀」是指一年的時空循環下，對應著季節推移與氣候轉換而來的歲時活動。形成了依時令而來的節日文化。這種禮儀的目的在於通過歲時轉移下的生存挑戰，以集體的節日儀式來迎接天地的變化，以相關的對應行爲來滿足生存的種種需要。歲時禮儀也是從主體生命出發的，重視人在一年節候中的各種養生之道，以及人際之間倫常關係的維護，儀式表達出重親情與重孝道的心理因素與操作內容。歲時禮儀在於社群的倫理觀念與價值觀念形成了群體的凝聚力，有著共同時空下的社群認同作用，傳達了集體共有的文化記憶，也表達出對應天地變化的思維方式與行爲模式。〔註44〕

（二）人與鬼神的禮儀

　　人對天地自然世界的認知，日月星辰、山川大地自然的生存場域，以及物換星移、成住壞空時間的轉換，進行與時俱進的時間安排，將自身生命的有限時間，適時的安置在永恆時間流轉的時機勢能，產生了主體生命認知與存有時空向度一致。人與鬼神的禮儀，稱之「宗教禮儀」，即是人意識到鬼神雖然與人居處不同的空間界面，但藉由儀式的操演，卻有了人與鬼神相混同居和諧的關係，形成了各種畏鬼、辟邪與敬神的「宗教禮儀」。

　　人與鬼神的禮儀，即是信仰的宗教禮儀，意識到人以外，在天地間另有鬼神的存在，人與鬼神是處在相混同居的關係上。進而產生了各種敬神、畏鬼與辟邪等宗教儀式，經由這些宗教儀式，讓人獲得神聖的護持，保佑天地的風調雨順，農作的五穀豐登，以及社會的國泰民安，導致各種酬祭百神的宗教活動，成爲民間文化的歷史記憶與集體共識，成爲社區群眾組合的象徵性符號，建構出共同的我群意識。信仰儀式擴大了人主體存在的意義價值，在信仰的認同下，進行儀式的文化安置，成爲社會集體共有的制度化行爲，與生命禮儀、歲時禮儀等作用相同，成爲共同認可的文化感情，傳達了生活的意義體系與文化結構。信仰儀式早已成爲社群重要生命狀態的儀式行爲，以儀式的操作來滿足生活存在的願望與目的。〔註45〕

〔註44〕鄭志明，《傳統宗教的文化詮釋——天地人鬼神五位一體》，頁249。
〔註45〕鄭志明，《傳統宗教的文化詮釋——天地人鬼神五位一體》，頁249～250。

（三）人與人的禮儀

人對鬼神的認知，主體生命能在具象的世界的生存，除了物質性的存在之外，也必須仰賴鬼神所建立的無形世界，藉由鬼神所建立的無形世界，來進行現實俗世生命中，進行神聖非凡的超越聯想，以提供人們精神生命的滋養與慰藉。人與人的禮儀，稱之爲「過關禮儀」、也可直接稱之「生命禮儀」。「過關禮儀」即是人在生命中重要關卡上所舉行的禮儀，人在禮儀中得到生死關懷，「生命禮儀」維繫人與人相互交際的禮儀，維繫了家族、社會、國家群體養生送死的禮儀機制。

人與人的禮儀，主要是以人自身禮儀爲主，從個體的生死關懷擴大到集體的養生送死上。此即「生命禮儀」，是人一生中重要的社會儀式操作，這是傳統生活習俗的主要內容，形成了生活的禮制儀節。所謂「生命禮儀」是指人生命中在幾個重要的關卡上所舉行的儀式，最常見的是出生禮、成人禮、婚禮、喪禮等，這是從人一生的循環擴充到社會整體一生的循環，儀式不僅要成就人自身的意義，也要圓滿群體生存的價值。這種「生命禮儀」是從「死而不絕」的生命觀念而來詮解，意識到生命連續性的秩序，人在生死的過程中才能綿延不絕，儀式就是用來安頤生與死，建立從個人到家族、社會的整體生存和諧，不僅要突破個體生命的種種限制，大到群體人際的文化網絡上，創立了人與人之間交際的人文價值世界。〔註46〕

因此，生命禮儀並非僅是約定成俗的行爲模式，本質上，融攝了民族精神意識的記憶與隱喻，在完成每一個儀節過程中，累積了許多世代觀念的沉澱，才能形成轉換與價值的實踐，在每個不同的文化系統下，緊扣著該文化精神意識的理性調適，使其民眾安立自身生命與安居生活。「生命禮儀」可視爲一套完整的人的勞作，在「生命禮儀」中，人的生命擴及到天地宇宙的運行，融入到萬物化育的有序條理中，使人掌握到與天地萬物、陰陽鬼神相通的道理。

臺灣早期民間社會，由於教育並不普及，加上民間的宗教風氣豐富，因此，對於「生命禮儀」的遵奉與實踐，成爲了普羅大眾的行爲依據與價值指南，「生命禮儀」形成一套負有臺灣本土色彩的生命觀。「生命禮儀」的生命觀將人提昇天地永恆的宇宙論上，肯定鬼神無形超越的精神存在，教導人們超越生死的有限形式，尋求精神生命的永垂不朽。

〔註46〕鄭志明，《傳統宗教的文化詮釋——天地人鬼神五位一體》，頁 248～249。

四、「生命禮儀」的四種生命觀

在「生命禮儀」的生命觀的影響下，生命周期的生與死變化，個體的生命會衰老與死亡，但集體的生命香火卻能綿延不絕，領悟到生死無常是不變真理，肯定民族生命能夠代代相傳的存有價值。「生命禮儀」的生命觀主要有四種觀念，說明如下：〔註47〕

（一）死生相續

認為生而死與死而生是一體相承的，死亡不是生命的結束而是另種形態的再生，肯定生命形式是相連續的，死亡只是一種表象而已，形態或許會經歷過各樣的轉變，但是生命的本質是可以常存。這樣的原始思維模式被道家所繼承，如莊子的物化生命觀，強調人的生命是有變化卻無死生，認為生死有如四時的循環是不斷地往復變動，是等同於道的萬化流行，要求人們不要太執著於自我的形體，要能達到齊萬物與道合一的生死境界。道教繼承了道家的生命觀，強調人的生命是可以「不死」，追求長生永存的神仙境界，認為人可以經由精神修煉來淨化肉體，達到超越時空的精神存有，神仙象徵的是不死的永生，跳脫出生死的洪流之中。

（二）死而不絕

肯定死亡是人必經之路，是無法逃避的生命現象，肉體只能暫時性的物質存在，另有靈魂的死後世界來安頓生命的精神存在，死亡是有限身軀的告別儀式，卻能成就精神意識的主體存有，這種主體生命到了先秦哲學名為「心」，認為人的心是相應於天地之心，可以參贊天地的化育，維持宇宙運行的秩序。儒家繼承了這種以「心」為主體的生命觀，強調人心是順應天命的道，本身就具有無限超越的能力，不因肉體的死亡而消失，其精神的能量是能與宇宙長存，不需也不必恐懼死亡。另儒家繼承了祖先崇拜的觀念，主張在血緣的連鎖關係下，家族的命脈是延續不絕，認為前一代的志業可以由後一代來繼承，在孝道的成全中顯揚父母的生命精神，彼此的代代相傳，可以跳脫出有限個體的衰退與老化，追求集體精神的永續長存。

（三）以生制死

強調以「生」的價值來消解對「死」的恐懼，重視「生」自身存有的意

〔註47〕鄭志明，《民俗生死學》，頁83～85。

義與作用，經由「生」來充實與擴充人性的自我圓善，肯定「生」是用來造就永恆不死的精神生命，可以避免死亡的遺憾。儒家、道家與稍後傳入的佛教，都是著重在「以生制死」的生命奮鬥上，強調肉體修持的重要性，要以有限的「生」來領悟無窮的「道」，在「生」與「道」合一的實踐工夫下，樹立了生命不朽的存有價值，滅盡死亡所帶出的各種惡果。從人性圓善的觀點來說，每一個體都要珍惜「生」，在有限的生涯中積極擴充人性的實踐力量，以善性來完成人生永恆價值，如此每一個生命都可以象徵普遍永在的宇宙，無形中克服與戰勝了死亡的威脅。

（四）以死教生

不僅認爲死亡是必然，還能以死亡的儀式歷程來教導人們體悟「生」的價值。人們要勇於承擔「死」的責任，盡心盡力地參與喪事，在安頓亡者的同時可以啓示生者，原始宗教的殯葬文化已具有此一功能，後代儒家、道教與佛教等擴展出更完備的禮儀制度，開啓人們慎終追遠的精神氣度，在有序的禮儀操作過程中，教導人們對自我生命價值的反思，從死亡的儀式參與來領悟生命的傳承作用，激發出承先啓後的歷史承擔與自我負重的責任感。殯葬儀式的廣泛流行，顯示「以死教生」的觀念早已深化爲集體共有的文化意識，經由儀式的不斷演練與踐履，死亡不再是破壞和諧之惡，反而能在禮儀的過程中來成就人倫之善。

綜觀上述，臺灣民間宗教的「生命禮儀」，制定臺灣民間社會百姓生活儀軌的典範，「生命禮儀」的生命觀在整體生命流變之中展現生存智慧。以「天道」推衍「人事」的道家宇宙生命觀，從天地運行的宇宙秩序中，確立了人自身在家庭、社會、大自然中的安處位置，維持遠近親疏、兄友弟恭與長幼有序的倫理規範，將抽象的靈性轉化爲生命的陶冶力量，強調理智與情感的和諧，達到內外合一與仁義兼修的健全人格。〔註48〕「生命禮儀」中感通天命與神道，獲知吉凶禍福用來作爲以安頓人事準則，維持與天神、地祇與人鬼的靈性交感，以使人能與宇宙間存在之力量能保持適當和諧的關係，且與亡逝的祖先維持相當程度的感情聯繫，並使現實生活的各項人際活動能依禮而行。〔註49〕臺灣漢人民間社會的禮儀傳統，是延續著「生命禮儀」的人文

〔註48〕楊向奎，《宗周社會與禮樂文明》，北京：人民出版社，1992 年，頁 226。
〔註49〕林素英，《古代祭禮中之政教觀──以《禮記》成書前爲論》，臺北：文津出版社，1997 年，頁 291。

教化而來，承載著自然生態與人文社會相互交合的生命法則，是人們安身立命的生存原理。因此，「生命禮儀」使百姓能與天地鬼神聯繫超越世界，體現天道性命的生活規範，形成早期臺灣社會庶民百姓奉行的生活準則。

小　結

　　衍傳漢人生命信仰的臺灣宗教觀與生命觀而言，主要是以神話與儀式來作為思想養分，人們在靈感思維的陶冶下，透過人與鬼神的交感禮儀，來領悟宇宙普遍聯繫的法則，確立自身安身立命的價值所在。傳統社會的宗教信仰，是人們日常生活的精神支柱與價值判準，提供生活支柱與行動指南，在儒家、道教、佛教三教思想與儀式的長期耳濡目染的滋養下，民眾早已培育了豐富的人文素養與宗教情懷。各式的鬼神信仰與儀式已傳承了數千年，甚至上萬年的連續文明體系，如此歷久不衰、屹立不搖的存在中國文化的基層上，其文化教育意義與社會功能，是當代科學文明所無法望其向背的。

　　對於臺灣民間宗教的宗教觀與生命觀而言，神話與儀式是一體兩面的，儀式是神話形上思維的延伸，不僅是具體宗教儀式的操作，更象徵著無形的宗教關懷，發展出一套由「神話」的形上到「儀式」形下的完整哲學型態，是先民們集體生存智慧的結晶。形上的神話，不僅在宗教的思想上，提供豐富的中國哲學的前邏輯思維，並且提供了儀式的人類身體符號象徵。這整套的思維型態並非透過哲學思辨來傳達宗教思想，而是透過信仰的儀式活動，在神聖境域的廟堂空間裡，人們經由神職人員來與形上的神靈溝通，在靈感思維的進行下，人們進入了一個神聖的密契體驗中，傾聽天神話語的洗禮來提高生命的能量，達到純潔淨化人的心靈，消除世俗的私利與肉體本能的欲求，領悟超然的精神境界。

　　因此，我們在本章透過臺灣民間宗教儀式中的聖境、臺灣民間宗教的修行與靈修、中元普渡的儀式與文化內涵，以及臺灣民間宗教的生命禮儀的四個視角，我們可以看出臺灣民間宗教架構在「神話」的形上到「儀式」形下的完整哲學系統，透過「天地人鬼神五位一體」的核心概念，從宗教的神聖空間、修行、靈修方式，到中元普渡的儀式與生命禮儀，巧妙地將中國文化的大、小文化串接起來，在臺灣這片移民的新天地，從移臺漢民的血脈中，保留中華文化的民族香火，展現璀璨的宗教情操與無限生機。

第七章　結　論

　　誠如徐復觀先生所言：「宗教的本質，應當在於迷信中有其超迷信的意義。某種宗教的沒落或伸長，完全看它遇著人類知識的抵抗時，能否從迷信中脫皮出來，以發展超迷信的意義。而周初以天命爲中心的宗教的轉化，正是從迷信中脫皮出來的轉化。其次，所謂超迷信的意義，應當是對於現實生活中的人文的肯定，尤其是對於人生價值的肯定、鼓勵與保障；因而給與人生價值以最後的根據與保障。同時也即是以人生價值，重新作爲宗教的最後根據。」〔註1〕

　　雖然在中國哲學的研究上，民間宗教所代表的意涵，大致是原始社會餘留下來的愚昧文化，是缺乏理性自覺的神祕崇拜，對於人文社會的發展偏向負面性。但是，眾所周知，任何文化的形成，皆非一朝一夕可達成，總是有它一定的軌跡，一定的遵循法則與方向，經滴水穿石、日積月累所形成。臺灣民間社會習俗與當代社會的人文發展不是對立的，臺灣民間宗教思想與中國哲學也不是對立，在臺灣漢人的心靈活動中宗教與哲學是一脈相傳的。民間宗教的信仰與人文教養的理性，在精神領域上是有著相互貫通的體驗與傳承，不是二元式的轉化，而是人性發展一體下的兩個不同關懷側面。任何文化都必須經由一段特有原始宗教的轉化歷程，經由長期內在潛移默化的逐漸演進，經過長期的孕育而發展開來。

　　本文所提出道文化與臺灣漢民間宗教研究──以《易》、《老》、《莊》之「天」、「地」、「人」、「鬼」、「神」概念爲核心，詮解了中國古代的天地觀、

―――――――――――――――

〔註 1〕徐復觀，《中國人性論史先秦篇》，頁 36。

鬼神觀與臺灣民間的宗教意識的核心樞紐，透由臺灣民間宗教「神話」與「儀式」研究，還原出臺灣民間宗教的宗教意識與信仰情結，並援入中國哲學的智慧源泉，希冀未來臺灣民間宗教的發展上，脫胎轉化成饒富東方哲思的精緻宗教文化，去蕪存菁地展現臺灣宗教文化的新生命。本章爲本文的結論，分爲兩個章節來討論。第一節是本文回顧；第二節是臺灣民間宗教之天地人鬼神之意涵。

第一節　本文回顧

　　第一章緒論中，依據本論文研究目的和研究範圍的設定，按照所列研究架構和研究目的作說明，分別爲研究動機與目的、文獻回顧與研究方法。在本文研究進路上，嘗試以中國哲學的研究方法論，作爲主要的研究方法，對於臺灣民間宗教給予哲學的視域，並輔以中國神話學、宗教學、人類學等研究領域，作爲彼此參照、對話的互補式研究方式。

　　第一部份爲中國古代的天地鬼神觀。分爲三章來討論，分別爲第二章中國古代神話與儀式、第三章中國古代的宇宙觀、第四章《易》、《老》、《莊》中的天地鬼神觀。

　　第二章爲中國古代神話與儀式。中國古代神話一般來自上古的傳說、歷史、宗教和儀式的綜合體，通常以口耳相傳、祭典、儀式、寓言、小說、舞蹈或戲曲等方式流傳。在中國的古籍中，如《山海經》、《水經注》、《尚書》、《史記》、《禮記》、《楚辭》、《呂氏春秋》、《國語》、《左傳》、《淮南子》等，都有詳盡的記載。中國古代神話主要以「神話思維」的基礎，同時「神話思維」也是構成宗教信仰「靈感思維」的根源。因此，神話與儀式是一體兩面，儀式透過身體來展演，神話透過儀式來展現背後的象徵的形上意義。中國古代的儀式有許多的記載，如古籍《周易》、《莊子》，以及《楚辭》，都保留了詳盡的儀式記載。

　　第三章爲中國古代的宇宙觀。主要說明中國哲學的宇宙觀，深受於上古時期宇宙起源或開天闢地的神話思想的影響，如中國哲學概念中之「天」、「道」、「陰陽」等，都蘊含著上古神話的深刻痕跡，而關於人與宇宙、天地、鬼神命題如「天人關係」、「天道觀」、「鬼神觀」也是中國哲學關切的論題，人如何在現實的環境得到超越，人又如何跳脫現實的枷鎖，諸多關於人自身

處世的生命智慧、生存趨吉避凶之道，是中國人從古至今不曾間斷的生命問題意識。中國古代的宇宙意識，從中國神話的宇宙模式到早期中國哲學的宇宙觀，都是一脈相傳的。著名的例子有《莊子》「環中」的隱喻，探討中國古代神話的神聖空間的特性。還有，《周易》的宇宙觀，說明古代先民的宇宙觀之形成。表述了中國古代宇宙創生之情形，則以《象傳》的乾元生物說爲代表作。

第四章爲《易》、《老》、《莊》中的天地鬼神觀。就中國傳統宗教思想而言，早自商、周時期的至上神信仰開始，就有許多與紛歧靈性的崇拜對象，有著各式各樣的天神、地祇、人鬼等靈體崇拜，可以分成「天」、「地」、「鬼」、「神」等四大類，就中國哲學而言，「天」、「地」、「鬼」、「神」可轉換成形上抽象的哲學義理形式，但就中國宗教神聖本質來說，「天」、「地」、「鬼」、「神」可被視爲宇宙的本源與生命的本源，主控宇宙無限與永恆的運作原理；在精神層面上，可以以其超自然的靈力作爲生命超越的依據，確立自我生命的存在意義與目的。「天」、「地」、「鬼」、「神」與「人」的互動模式，成爲「天地人」、「人鬼神」兩套神話思維，形成民間宗教主要的思維方式。再針對《易》、《老》、《莊》思想中負有「天人合一」的天道推演人事思維方式作探討。其次，探討《老子》天地人三才思想與《莊子》人鬼神一體生命觀。最後，對於《易》、《老》、《莊》思想中蘊藏前哲學「天地人鬼神」的神話思維模式作探討。

第二部份爲衍傳漢人生命信仰的臺灣民間宗教之天地鬼神觀。分爲兩章來討論，分別爲第五章臺灣民間宗教的宗教意識、第六章臺灣民間宗教之宗教觀與生命觀。

第五章爲臺灣民間宗教之宗教意識。中國社會的宗教與文化的關係，從遠古開始就是密不可分的。在中華文化一脈之天道信仰脈絡下，從原始宗教、天命宗教、道家、儒教、佛教、民間信仰、民間教派，都秉承著一個道統、多種宗派的屬性，歷史悠久、文化多元的漢傳統，是中國傳統宗教的特色。臺灣民間宗教揉合了源自中國古代儒釋道三教傳統，隨著福建、廣東沿海一帶移民，由大陸華南地區的宗教文化傳播來臺，落地生根，也逐漸發展出臺灣本土的信仰風格，而有別於原鄉的宗教文化。臺灣漢人的歷史淵源主要是大陸東南沿海一帶的閩南人與客家人移民爲主，在宗教信仰上，大抵是以漢人信仰中的天神、地祇、人鬼系統爲主。雖然臺灣民間宗教意識上，如「多

重至上神」、「游宗」、「和緣共振」、「含混共意」等，有著許多別於其它地區
的特色。但是生存空間的營建上，是緬懷著漢人空間觀念模型，在臺灣打造
漢人的原鄉人文地理新市鎮。

　　第六章爲臺灣民間宗教之宗教觀與生命觀。臺灣民間宗教基存於中國宗
教的大傳統體系中，延續著遠古原始宗教活動，其深層的文化意識與心理結
構是漢民族常民的精神結晶，經由長期的宗教傳承與儀式推演，直到今日，
仍是臺灣民眾日常生活所進行的信仰活動與文化形態。一般而言，在儀式中
通過言詞上向神明的禱告與身體上的頂禮膜拜，來表達祈求神明的啓迪與庇
護，透過儀式上人神溝通，體會到人與天地萬物的存有秩序，投射在自身的處
境上達到趨吉避凶之目的。在臺灣民間宗教的生命觀中，由儀式中的聖境、修
行與靈修、中元普渡的儀式、宗教的生命禮儀四個層面來看，都有詳盡的呈現。

第二節　臺灣民間宗教之天地人鬼神之深層意涵

　　臺灣民間宗教保持著華夏文化的原型，屬於一種儒釋道三教混和的神話
信仰型態，自明、清之際，隨著臺灣先民的移入，形成了獨特的宗教文化。
遷臺的漢民族，主要來自閩、粵沿海一帶，因此也保持著閩、粵一帶的生活
方式、居住型態與空間意識，在遷臺的過程中，有著各樣的衝突與挑戰，身
家性命的倍遭威脅與迫害。因此，傳統漢民族的宗教信仰，爲先民提供了精
神信仰與安頓的方式，延續著漢民族的鬼神崇拜與祭祀活動，以及宗親族群
共同營造寺廟，作爲集體祭祀的神聖性場所，以凝聚社群生活的共同秩序規
範之「宗教意識」。這種「宗教意識」是建立在共同族群奉行的宗教信仰上，
是集體生活傳承下創建而成的文化模式，是遷臺的漢民族延續原鄉意識，累
積而成的信仰體系，成爲了的先民移臺的心靈寄託與處世方針。

　　早期在臺灣開墾的先民，以漢民族「原鄉的生活方式」來建造新鄉的生
存環境時，各個移民的村落社區文化，都是連續與貫通於漢人整體的文化脈
絡，雖然在臺灣開墾、建莊只有三、四百年的歷史，所延續的確是漢人深層
的時間觀與空間觀，追溯其宗教意識與價值觀念，可上溯自中國古代神話的
宇宙觀思維，在先民的集體意識中，將各種宗教祭祀的文化記憶，轉化成在
臺灣各式漢民族的廟宇、祭祀圈的神聖空間，也在這樣的空間意識下，形成
了臺灣人對於天地、鬼神的種種信仰與祭祀活動。中國古代的宗教是建立在
神聖性的精神體驗上，深切地體認出在人之上有著一個超越的實體，可以以

天地或是鬼神來表示，人可以透過特殊的宗教儀式，與天地合而為一，與鬼神合而為一，也稱之為天地觀與鬼神觀。

　　古老的中國宗教文化從未消失過，在近代三、四百年由閩、粵沿海一帶的移民，帶入臺灣到早期社會之中，也因此歷經了各種宗教形態的整合，更顯得豐富與多樣。商周時代「上帝」發展為抽象普遍的「天」的概念，在中國哲學思想上，「天人關係論」、「天地人三才思想」，都是先秦時期的儒家、道家等諸子思想，將「天命」思想賦予哲學化之抽象意涵，而演化出中國哲學史歷代總是以「天」作為主要的哲思學說，是中國哲學的主幹思想之一。而將抽象「天」的思想還原成素樸的「天」的宗教信仰，在臺灣民間宗教的發展上，我們可證得出「天」泛指天地間的至上神，是一種空泛的神統觀，包含了政治與道德上的政教權威，主宰了人間善惡賞罰的最高至上神，具有天界全部神靈的功能，並且以「天命」作為神的權炳象徵。

　　先秦時期的老子提出「天地人」三才思想，其中關於「地」的主張，指人在宇宙的位置除了置身於「天」的神性超越向度之外，「地」所代表的人類文明的建構，亦是人與天地合一的環境中，不可或缺的人文向度。「地」在甲古文的意思，即是「土、方、社」等。若具體而言，即人以工具所建立起之現實世界，如社會、國家等。所具有「自然」含意與人格超越色彩的「天」，與具有「自然」含意與人格現實色彩的「地」，以「人」為中心結合為「人與天」、「人與地」的雙重結構中，一方面表示著自然世界浩瀚無邊的天空的「天」，與山川、平原、森林的「地」；又象徵著宇宙精神超越的主宰的「天」，與人所建造的國家、社稷現實世界的「地」。而「人」位於「天地」之間，形成具精神與物質雙重交集的「天地人」聚合體。

　　因此，早期來臺開墾的先民，遙憶著原鄉的生活方式、居住空間來建構家園，開始以原鄉的模型來建莊、立街，打造人文景觀。原鄉的模型包含了形而上、形而下的整全綜合方式，不只是外在建築物、屋舍、道路的形而下型態，更有隸屬於內在形而上精神內涵，匯合成整套的原鄉傳統文化社群的價值系統。先民所蘊含的內在精神內涵，延續了中國古代神話的原始思維，穩定的透過族群集體意識，發展成「神話思維」。臺灣民間宗教還是基存於中國宗教的大傳統體系中，延續著遠古原始宗教活動，其深層的文化意識與心理結構是漢民族的常民精神結晶，經由長期的宗教傳承與儀式推演，直到今日，仍是臺灣民眾日常生活所進行的信仰活動與文化形態。

在臺灣民間宗教鬼神的思想上，中國古代的原始信仰，是一種泛靈思想所轉換形成的觀念，主要由神祇、鬼魅、精怪所形成的神靈觀念，也稱之爲鬼神觀。中國古代的鬼神觀是經過世代傳承長期累積而成的集體觀念與實踐活動，反映原始生活與大自然、萬物的互動情結，以及長期生命活動中的存有願望，產生了人與自然相互依存的生命觀。先秦時期的墨子將鬼神之說，分辨成「天神」、「地祇」、「人鬼」等精靈，顯現出對古人對於「鬼」觀念採取渾然不分的廣義定義。因此，我們得知中國古人對於「鬼」的觀念建立在兩個層次上來說，一是靈魂不滅，古人認爲人死之後，靈魂是不會因死亡而消失，會形成「鬼」的精神狀態。另一是萬物靈性互通，古人認爲人與天地萬物的靈性是相通的，彼此是可以相互變化轉變成，死後靈魂會移轉到其他天體、人體、動物、植物等，形成各種「天神」、「地祇」、「人鬼」的精神型態，「人」是有形的生命，「鬼神」是無形的生命，「人」由有形生命的延續到無形的「鬼神」生命，無形的「鬼神」生命也能轉化成「人」的有形生命，因此，「人鬼神三位一體」的生命觀，是指靈性透過宇宙法則的機制，可轉化成人、鬼、神的存有形態。

人與鬼神的禮儀，即是信仰的宗教禮儀，意識到人以外，在天地間另有鬼神的存在，人與鬼神是處在相混同居的關係上。進而產生了各種敬神、畏鬼與辟邪等宗教儀式，經由這些宗教儀式，讓人獲得神聖力量的護庇，摻以保佑天地的風調雨順，農作的五穀豐收，以及社會的國泰民安，以各種醮祭的宗教活動來酬謝天地、鬼神，成爲民間文化的歷史記憶與集體共識，成爲社區群眾共同的實踐象徵符號，建構出共同的群體意識。臺灣民間宗教傳承了漢民族的禮儀傳統，「生命禮儀」所涵蓋的範圍，幾乎與中國古代宗教禮儀一致，涵蓋了百姓日常生活的婚、喪、喜、慶活動，也包括了人的生、老、病、死的生命過程，如出生禮、成年禮、婚禮、壽禮、喪禮等，構成了臺灣漢民族豐富的「生命禮儀」內涵。

臺灣民間宗教的特色，是建立在「人」與「天地鬼神」間靈性的相契與相應感通上的神聖性精神體驗。本質上來說，是建立在信仰者與其所信奉對象間的神聖感應，是不可言說的神祕境界與密契經驗上，屬於主觀唯心論的自我心靈個別感受與直接領悟。而這種宗教的密契經驗即是漢人傳統宗教的核心宗教現象，無法僅以歷史性的宗教研究來穿透其核心。必須透過「神話」與「儀式」的理論探討，才能使其宗教深意展現原貌。誠如鄭志明先生說：

「天地人鬼神五位一體」觀念，主要是結合「天地人三位一體」的宇宙觀與「人鬼神三位一體」的生命觀，以「人」為核心下發展出交錯的關係，顯示出實存的人可以對應出抽象性天地鬼神等四個位。形成了「天地人鬼神五位一體」的終極觀。天地鬼神可區分為四個位，也能統合成一個位，一位是一元的宇宙論，四位是四元的宇宙論，加以對應實存的人形成五元宇宙論。傳統宗教不是向一元的宇宙論回歸，其基本的模型是五元宇宙論，進而擴充出多元的宇宙論，在多元宇宙論的分割下其至上神不是唯一的，採的是多元並立的思維形態。

傳統宗教實際是以「人」為宇宙核心，重視實存的人能與天地合其序與鬼神合吉凶的和諧感通能力。抽象的終極實體儘管有多樣的形態，其與人的相通與感應是一致的，自然的天地與超自然的鬼神，都是「道」的造化作用，有助於實有的人在精神性的陰陽消長與幽明感應中確立自身存有的生命主體。〔註2〕

「神話」與「儀式」是生命信仰的一體兩面，主要透過「神話」的「靈感思維」來展現民間宗教「儀式」所象徵的文化符號性內涵。「神話」語言的符號象徵體系與虛實相關的思維模式，拓展「天地人鬼神五位一體」的宇宙論，能直接與終極實體進行精神性的神聖體驗，一直是動態性的宗教經驗活動，能將感性形象與抽象觀念結合，在認知與信仰上重構新的統一與存有的領悟。「神話」是一種直觀性的語言，主要透過「人」的生命主體以感性直覺的方式理解「天地鬼神」的靈性存在，以「人」的現世經驗類比到「天地鬼神」的抽象體驗，將「天地鬼神」擬人化成為與「人」擁有相同的生命的實體，以「人」為核心將「天地鬼神」類比等同，凝聚了「天地人鬼神五位一體」的觀念體系。

「神話」的「靈感思維」可視為是形上思維方式，「儀式」則是一種透過行為符號的形下操作系統。透過行為符號的「儀式」來演繹「神話」所象徵「靈感思維」，「儀式」相較於語言符號的「神話」而言，在宗教的展現上，更具戲劇張力與穿透渲染力。透過具體「儀式」的動作與宗教暗示符號，在祭典中的「儀式」以流光其聲、刀光劍影的儀式展演，具體地將超現實的「天

〔註2〕鄭志明，《傳統宗教的文化詮釋──天地人鬼神五位一體》，頁5。

地鬼神」展現其威靈顯赫的巨大聲勢。因此，「儀式」更能實現「天地鬼神」相通的神聖目的，以具象的「儀式」操演來象徵「天地人鬼神五位一體」的靈性生命。儀式有助於促進「人」與「天地鬼神」的互動關係，主要有兩大功能，第一是「人」透過儀式來強化與「天地鬼神」的接觸，使「人」的生命可以更接近「天地鬼神」的生命，此種功能可以說是「人的聖化」。第二是「天地鬼神」在「人」的禮拜與獻祭後，作出相應的回報，能滿足人們的祈求，使神更趨向或接近於人，這種行爲可以稱爲「神的俗化」。儀式是指「人」經由行爲操作的手段來達到與「天地鬼神」交接的目的，可以經由降神、占卜、祭祀等方式，使「人」可以交感或相通「天地鬼神」的神聖領域之中。

因此，《易》、《老》、《莊》之「天」、「地」、「人」、「鬼」、「神」的核心概念，在中國古老的歲月裏，人對於生命的認知，源自於古老神話的宇宙意識，其生命的存在對應在日月運行、星辰轉換、四季變化的自然秩序中，生命的存在感受著天地氣息的轉變，意識到天道與人道之間共同運行的法則，天道推衍著人間社會的秩序，遵循著宇宙規律的運動規律，國家社會人事安排得以定位，自身生命安置於存有之中得到安頓。臺灣民間宗教的禮儀傳統，延續著「天」、「地」、「人」、「鬼」、「神」的天地觀與鬼神觀，而形成了各種人文教化的「生命禮儀」，承載著人在宇宙的空間位置，人在社會中人的生、老、病、死之生命層次，在「天」、「地」、「人」、「鬼」、「神」的宇宙觀與鬼神觀之下，相互參照交合的生命法則，是人們安身立命的生存原理。因此，「生命禮儀」使百姓能與天地鬼神聯繫超越世界，生活規範中體現天道的超越性，形成臺灣民間社會常民百姓所奉行的生活準則。

參考書目

一、古籍資料

1. 《周易》
2. 《左傳》
3. 《禮記》
4. 《尚書》
5. 《楚辭》
6. 《山海經》
7. 《老子》
8. 《莊子》
9. 《孟子》
10. 《朱子語類卷》
11. 《船山全集》
12. 《繹史》
13. 《船山全集》
14. 《莊子集釋》

二、中文專書

1. 方東美，《原始儒家道家哲學》，臺北：黎明文化公司，1983 年。
2. 方東美，《新儒家哲學十八講》，臺北：黎明文化公司，1983 年。
3. 方東美，《原始儒家道家哲學》，臺北：黎明文化公司，1993 年。
4. 王夫之，《船山全集》第十四冊，長沙：嶽麓書社，1996 年。

5. 王秋桂主編,《中元》(中國節日叢書),臺北:行院文化建設委員會,1995年。

6. 王曉波,《臺灣史與近代中國民族運動》,台北:帕米爾書店,1986年。

7. 王曉波,《道與法:法家思想和黃老哲學解析》,臺北:國立臺灣大學出版中心,2007年。

8. 王華南,《愛說台語五千年》,臺北:高談文化公司,2007年。

9. 史作檉,《二十一世紀宗教與文明新探》,北京:宗教文化出版社紀,2007年。

10. 印順,《中國古代民族的神話與文化之研究》,臺北:正聞出版社,1975年。

11. 朱任飛,《莊子神話的破譯與解析》,長春:東北師範大學出版社,1999年。

12. 朱存民,《靈感思維與原始文化》,上海:學林出版社,1995年。

13. 朱伯崑,《易學哲學史》,臺北:藍燈文化公司,1991年。

14. 朱炳祥,《伏羲與中國文化》,漢口:湖北教育出版社,1997年。

15. 牟宗三,《中國哲學的特質》,臺北:臺灣學生書局,1975年。

16. 牟鐘鑒、胡孚琛、王保玹合著,《道教通論—兼論道家學說》,濟南:齊魯書社,1991年。

17. 何星亮,《中國自然神與自然崇拜》,上海:三聯書店,1992年。

18. 何新,《中國遠古神話與歷史新探》,黑龍江:黑龍江教育出版社,1998年。

19. 余敦康,《周易現代解讀》,北京:華夏出版社,2006年。

20. 吳洲,《中國宗教學概論》,臺北:中華道統出版社,2001年。

21. 呂宗力、欒保群,《中國民間諸神》,臺北:學生書局,1991年。

22. 呂建福,《中國密教史》,北京:中國社會科學出版社,1995年。

23. 呂理政,《天、人、社會:試論中國傳統的宇宙認知模型》,臺北:中研院民族所,1990年。

24. 巫凡哲,《道教諸神說》,臺北:益群書店,1991年。

25. 李子賢,《探尋一個尚未崩潰的神話王國》,昆明:雲南人民出版社,1991年。

26. 李亦園,《文化的圖像——宗教與族群的文化觀察》,臺北:允晨文化公司,1992年。

27. 李杜,《中國古代天道思想論》,臺北:藍燈文化公司,1992年。

28. 李秀娥,《臺灣傳統生命禮儀》,臺北:晨星出版公司,2003年。

29. 李甦平,《中國思維座標之迷》,北京:職工教育出版社,1989 年。

30. 李零,《中國方術考》,北京:東方出版社,2000 年。

31. 李榮善,《文化學引論》,西北大學出版社,1996 年。

32. 李豐楙等,《雞籠中元祭祭典儀式專輯》,基隆:基隆市政府,1991 年。

33. 李豐楙、朱榮貴主編,《儀式、廟會與社區:道教、民間信仰與民間文化》,臺北:中央研究院,1996 年。

34. 杜而未,《莊子宗教與神話》,臺北:臺灣學生書局,1985 年。

35. 杜維明,《現代精神與儒家傳統》臺北:聯經出版事業公司,1996 年。

36. 屈育德,《神話新論》,上海:上海文藝出版社,1987 年。

37. 居閱時、高福進,《中國象徵文化圖志》,濟南:山東畫報出版社,2010 年。

38. 林安梧,《儒學與中國傳統社會之哲學省察》,臺北:幼獅出版公司,1996 年。

39. 林美容,《人類學與臺灣》,臺北:稻鄉出版社,1989 年。

40. 林美容,《祭祀圈與地方社會》,臺北:博揚文化公司,2008 年。

41. 林素英,《古代祭禮中之政教觀──以《禮記》成書前為論》,臺北:文津出版社,1997 年。

42. 林語堂,《吾國與吾民》,臺北:輔新書局,1989 年。

43. 武世珍,《神話學論綱》,蘭州:敦煌文藝出版社,1993 年。

44. 邱博舜,《空間、力與社會》,臺北:中央研究院民族學研究所,1995 年。

45. 金忠烈,《時空與人生》,臺北:華岡出版公司,1970 年。

46. 俞建章、葉舒憲,《符號:語言與藝術》,上海:上海人民出版社,1988 年。

47. 施添福,《清代在台漢人的祖籍分布和原鄉生活方式》,臺北:臺灣師範大學地理學系,1987 年。

48. 苗啟明,《原始思維》,上海:上海人民出版社,1993 年。

49. 苗啟明、溫益群,《原始社會精神歷史架構》,昆明:雲南人民出版社,1993 年。

50. 修毅編著,《人的活動哲學》,北京:中國大百科全書出版社,1994 年。

51. 卿希秦、詹石窗主編,《道教文化新典上》,臺北:中華道統出版,1996 年。

52. 唐君毅,《中國人文與當今世界》,臺北:學生書局,1975 年。

53. 孫周興,《說不可說之神秘──海德格後期思想研究》,上海:上海三聯書店,1994 年。

54. 徐復觀，《中國人性論史先秦篇》，臺北：台灣商務印書館，1969 年。

55. 晉郭象注、唐陸德明釋文、成玄英疏、清郭慶藩集釋，《莊子集釋》，臺北：世界書局，2008 年。

56. 袁珂，《中國神話史》，臺北：時報文化，1991 年。

57. 國立藝術學院傳統藝術研究中心，《雞籠中元祭》，基隆：基隆市政府民政局，1989 年。

58. 張立文，《傳統學引論——中國傳統文化的多維反思》，北京：中國人民大學出版社，1989 年。

59. 張光直，《考古學專題六講》，臺北：稻鄉出版社，1988 年。

60. 張岱年，《中國哲學大綱》，台北：藍燈文化出版社，1992 年。

61. 張家麟，《人神對話：臺灣宗教儀式與社會變遷》，臺北：蘭臺出版社，2008 年。

62. 張珣，《文化媽祖：臺灣媽祖信仰研究論文集》，臺北：中央研究院民族學研究所，2003 年。

63. 張珣，《媽祖‧信仰的追尋》，臺北：博揚文化公司，2008 年。

64. 陳文尚，《台灣傳統三合院式家屋的身體意象》，臺北：中國文化大學，1993 年。

65. 陳來，《古代宗教與倫理——儒家思想的根源》，北京：三聯書店，2009 年。

66. 陳來，《古代思想文化的世界——春秋時代的宗教、倫理與社會思想》，北京：三聯書店，2009 年。

67. 陳其南，《臺灣的傳統中國社會》，臺北：允晨文化，1987 年。

68. 陳秉璋、陳信木，《邁向現代化》，臺北：桂冠圖書公司，1988 年。

68. 陳玲蓉，《日據時期神道統制下的臺灣宗教政策》，臺北：自立晚報，1992 年。

69. 陳詠明，《儒學與中國宗教傳統》，臺北：臺灣商務印書館，2004 年。

70. 陳進國，《信仰、儀式與鄉土社會：風水的歷史人類學探索》上、下，北京：中國社會科學出版社，2005 年。

71. 陳鼓應，《老子今註今譯及評介》，臺北：臺灣商務印書館，1970 年。

72. 陳鼓應，《莊子今註今譯》，臺北：臺灣商務印書館，1975 年。

73. 陳鼓應，《老莊新論》，上海：上海古籍出版社，1992 年。

74. 陳鼓應，《道家易學建構》，臺北：臺灣商務印書館，2003 年。

75. 陳鼓應，《周易今注今譯》，北京：商務印書館，2005 年。

76. 陳鼓應，《道家易學建構》（增訂版），北京：商務印書館，2010 年。

77. 陸思賢，《神話考古》，北京：文物出版社，1995 年。

78. 傅佩榮，《儒道天論發微》，臺北：臺灣學生書局，1988 年。

79. 勞思光，《新編中國哲學史（一）》，臺北：三民書局，1984 年。

80. 曾春海，《易經的哲學原理》，臺北：文津出版社，2003 年。

81. 曾春海主編，《中國哲學概論》，臺北：五南圖書出版公司，2005 年。

82. 曾春海，《先秦哲學史》，臺北：五南圖書公司，2010 年。

83. 馮友蘭，《新編中國哲學史》第二冊，台北：藍燈文化出版社，1991 年。

84. 馮友蘭，《人生的哲理》，臺北：生智文化公司，1997 年。

85. 馮天策，《信仰導論》，南寧：廣西人民出版社，1992 年。

86. 黃美英，《臺灣媽祖的香火與儀式》，臺北：自立晚報文化出版社，1994 年。

87. 黃維憲，《變遷中臺省寺廟的社會福利服務》，臺北：五南圖書出版公司，1990 年。

88. 慈怡主編，《佛光大辭典》（第四冊），高雄：佛光出版社，1989。

89. 楊向奎，《宗周社會與禮樂文明》，北京：人民出版社，1992 年。

90. 楊儒賓，《莊周風貌》，臺北：黎明文化事業，1991 年。

91. 葉舒憲，《中國神話哲學》，北京：中國社會科學出版社，1992 年。

92. 葛兆光，《道教與中國文化》，上海：上海人民出版社，1987 年。

93. 葛魯嘉，《心理文化論要——中西心理學傳統跨文化解析》，遼寧：遼寧師範人學出版社，1995 年。

94. 董芳苑，《原始宗教》，臺北：長青文化事業，1985 年。

95. 董芳苑，《臺灣宗教大觀》，臺北：前衛出版社，2008 年。

96. 詹鄞鑫，《神靈與祭祀——中國傳統宗教綜論》，南京：江蘇古籍出版社，1992 年。

97. 臺灣省文獻委員會主編，《臺灣省通志稿》，臺北：臺灣省文獻委員會，1956 年。

98. 蒙培元，《中國心性論》，臺北：臺灣學生書局，1990 年。

99. 蒙培元主編，《中國傳統哲學思維方式》，浙江人民出版社，1993 年。

100. 劉小楓編著，《靈知主義及其現代性謀殺》，香港：道風書社，2001 年。

101. 劉長林，《中國系統思維》，北京：中國社會科學出版社，1990 年。

102. 劉城淮，《中國上古神話通論》，昆明：雲南人民出版社，1992 年。

103. 劉魁立、馬昌儀、程薔編，《神話新論》，上海：上海文藝出版社，1987 年。

104. 劉魁立等編,《神話新論》,上海:上海文藝出版社,1987 年。

105. 劉還月,《臺灣人的祀神與祭禮》,臺北:常民文化事業公司,2000 年。

106. 歐崇敬,《文化本源中的知識傳統》,臺北:傳統思潮社,1993 年。

107. 潘朝陽,《心靈.空間.環境——人文主義的地理思想》,臺北:五南圖書出版公司,2005 年。

108. 潘朝陽,《建築現象學導論》,季鐵男編,臺北:桂冠出版社,1992。

109. 潘朝陽,《臺灣儒學的傳統與現在》,臺北:台大出版中心,2008 年。

110. 鄭志明,《中國社會的神話思維》,谷風出版社,1993 年。

111. 鄭志明,《文學民俗與民俗文學》,台南,南華管理學院,1999 年。

112. 鄭志明,《臺灣神明的由來》,臺北:中華大道文化,2001 年。

113. 鄭志明,《臺灣傳統信仰的鬼神崇拜》,臺北:大元書局,2005 年。

114. 鄭志明,《臺灣全志》卷九社會志宗教與社會篇,南投:臺灣文獻館,2006 年。

115. 鄭志明,《民俗生死學》,臺北:文津出版社,2008 年。

116. 鄭志明,《中國神話與儀式》,臺北:文津出版社,2009 年。

117. 鄭志明,《傳統宗教的文化詮釋——天地人鬼神五位一體》,臺北:文津出版社,2009 年。

118. 鄭志明,《民間信仰與儀式》,臺北:文津出版社,2010 年。

119. 鄭開,《道家形而上學研究》,北京:宗教文化出版社,2003 年。

120. 鄭曉江主編,《中國辟邪文化大觀》,廣州:花城出版社,1994 年。

121. 盧紅等,《宗教:精神還鄉的信仰系統》,天津:南開大學出版社,1990 年。

122. 蕭兵,《中國文化的精兵——太陽英雄神話比較》,上海:上海文藝出版社,1989 年。

123. 蕭兵,《神話學引論》,臺北:文津出版社,2001 年。

124. 蕭登福,《漢魏六朝佛道兩教之天堂地獄說》,臺北:學生書局,1989 年。

125. 蕭登福,《道教與密宗》,臺北:新文豐出版公司,1993 年。

126. 謝宗榮,《臺灣傳統宗教藝術》,臺中:晨星出版社,2003 年。

127. 羅香林,《客家研究導論》,臺北:南天書局,1992 年再版。

三、西哲譯著

1. Frederick J.Streng 著,金澤、何其敏譯,《人與神——宗教生活的理解》,上海:上海人民出版社,1991 年。

2. Mircea Eliade,楊儒賓譯,《宇宙與歷史——永恆回歸的神話》,臺北:聯

經出版事業公司，2000 年。

3. Mircea Eliade，楊素娥譯，《聖與俗——宗教的本質》，臺北：桂冠圖書公司，2001 年。

4. 卡西勒（Ernst Cassirer），甘陽譯，《人論》，臺北：桂冠圖書公司，1997 年。

5. 卡西爾（Ernst Cassirer），劉述先譯，《論人——人類文化哲學導論》，桂林：廣西師範大學出版社，2006 年。

6. 卡西爾（Ernst Cassirer），黃龍保、周振選譯，《神話思維》，北京：中國社會科學出版社，1992 年。

7. 尼古拉斯‧布寧（Nicholas Bunnin），余紀元編著，《西方哲學英漢對照辭典》，北京：人民出版社，2001 年。

8. 尼采（Nietzsche），陳芳郁譯，《道德系譜學》，臺北：水牛出版社，1975 年。

9. 尼采（Nietzsche），周國平譯，《悲劇的誕生》，臺北：貓頭鷹出版社，2000 年。

10. 杜維明，段德智譯，《論儒學的宗教性——對中庸的現代詮釋》，武漢：武漢大學出版社，1999 年。

11. 石朝穎，《宗教與人生哲學的詮釋問題》，臺北：中國文化大學華岡出版社，2010 年。

12. 伍至學，《人性與符號形式——卡西勒〈人論〉解讀》，臺北：臺灣書店，1998 年。

13. 列維‧布留爾（Levy Bruhl），丁由譯，《原始思維》，北京：商務印書館，1981 年。

14. 佛洛伊德（Sigmund Freud），高覺敷譯，《精神分析引論》，北京：商務印書館，1986 年。

15. 帕瑪（Richard E. Palmer），嚴平譯，《詮釋學》，台北：桂冠圖書公司，1992 年。

16. 威廉‧布瑞奇（William Bridges），袁容等譯，《轉變，需要一場儀式》，臺北：早安財經出版社，2006 年。

17. 海德格（Martin Heidegger），王慶節、陳嘉映譯，《存有與時間》，臺北：桂冠出版社，1990 年。

18. 海德格（Martin Heidegger），孫周興選編，《海德格選集（下）》，上海：上海三聯書店，1996 年。

19. 索緒爾（Saussure），高明凱譯，《普通語言學教程》，北京：商務印書館，1985 年。

20. 馬克斯・謝勒（Max Scheler），《人在宇宙中的地位》上海：上海文化出版社，1998 年。

21. 陳榮華，《葛達瑪詮釋學與中國哲學的詮釋》，臺北：明文書局，1998 年。

22. 勞思光，《存在主義哲學新編》，香港：中文大學出版社，2001 年。

23. 彭兆榮，《人類學儀式的理論與實踐》，北京：民族出版社，2007 年。

24. 阿蘭・鄧迪斯（Alan Dundes）編，朝戈金等譯，《西方神話學論文選》，上海：上海文藝出版社，1994 年。

25. 鄔昆如主編，《哲學入門》，臺北：五南出版公司，2003 年。

26. 榮格（Carl Gustav Jung），逢川、蘇克譯，《心理學與文學——集體無意識的原型》，北京：三聯書店，1987 年。

27. 鍾年，《文化之道——人類學啓示錄》，武漢：湖北人民出版社，1999 年。

28. 薩依德（Edward W. Said），王志弘等譯，《東方主義》（Orientalism），台北，立緒出版社譯，1971 年。

29. 讓-皮埃爾・韋爾南（Jean-Pierre Vernant），余中先譯，《神話與政治之間》，2001 年。

四、日文譯作

1. 中元村，林太、馬小鶴譯，《東方民族的思維方法》，杭州：浙江人民出版社，1989 年。

2. 鈴木清一郎著，高賢治、馮作民譯，《臺灣舊慣習俗信仰》，臺北：眾文書局，1994 年。

3. 增田福太郎，黃有興中譯，《臺灣宗教信仰》，臺北：東大圖書公司，2005 年。

4. 臺灣總督府編著，《臺灣宗教調查報告書》，臺北：捷幼出版社，1993 年重印。

五、博士論文

1. 江志宏，《臺灣傳統常民社會的明幽二元思維—從中元普度談起》博士論文，臺北：臺灣大學社會學研究所，2003 年。

2. 李崇信，《臺灣社會宗教現象的哲學省思——宗教信仰之法律規範的可能性探討》博士論文，臺北：文化大學哲學研究所，2003 年。

3. 林本炫，《當代臺灣民眾宗教信仰變遷的分析》博士論文，臺北：臺灣大學社會學研究所，1998 年。

4. 莊芳榮，《臺灣地區寺廟發展之研究》博士論文，臺北：中國文化大學，1987 年。

5. 劉易齋（原名：劉廣華），《宗教社會化與國家發展之研究—從社會化觀點探討宗教與國家之關係》博士論文，臺北：臺灣師範大學，1998 年。

6. 潘朝陽，《臺灣傳統漢文化區域構成及其空間性——以貓裏地區為例的文化歷史地理詮釋》博士論文，臺北：臺灣師範大學地理研究所，1994 年。

7. 蔡維民，《批判理論與臺灣民間信仰研究：從社會及文化觀點批判》博士論文，臺北：輔仁大學哲學研究所，1996 年。

六、期刊論文

1. 人可野，〈試論楚文化的酒神精神——對古代長江文化精神的初步探討〉，《宜賓師專學報》，1994 年第 3 期。

2. 于乃昌，〈關於神話的哲學研究〉，劉魁立等編，《神話新論》，上海：上海文藝出版社，1987 年。

3. 王世慶，〈民間信仰在不同祖籍移民的鄉村歷史〉，《臺灣文獻》卷 22 期 3，南投：國史館臺灣文獻館，1972 年。

4. 王慶節，〈也談海德格『Ereignis』的中文翻譯與理解〉，《解釋學、海德格與儒道今釋》，2004 年。

5. 李亦園，〈宇宙觀與宗教文化〉，《社會變遷中的幼兒教育》，臺北：泰豐文化基金會，1987 年。

6. 李亦園，〈和諧與均衡——民間信仰中的宇宙詮釋與心靈慰藉模式〉，《現代人心靈的真空及其補償》，臺北：宇宙光出版社，1987 年。

7. 李添春，〈臺北地區之開拓與寺廟〉，《臺北文獻》第一期，臺北：臺北市文獻委員會，1962 年。

8. 李零，〈式與中國古代的宇宙模式〉，《中國方術考》，北京：東方出版社，2000 年。

9. 李豐楙，〈鎮瀾宮建醮科儀之探討〉，《民俗曲藝》，臺北：財團法人施合鄭民俗文化基金會 58 期，1989 年。

10. 李獻章，〈笨港聚落的成立及其媽祖祠祀的發展與信仰實態（上）〉，《大陸雜誌》357 期，1967 年。

11. 李獻章，〈笨港聚落的成立及其媽祖祠祀的發展與信仰實態（中）〉，《大陸雜誌》358 期，臺北：大陸雜誌社，1967 年。

12. 李獻章，〈笨港聚落的成立及其媽祖祠祀的發展與信仰實態（下）〉，《大陸雜誌》359 期，1967 年。

13. 杜正勝，〈內外與八方——中國傳統居室的倫理觀與宇宙觀〉，《空間、力與社會》，1995 年。

14. 屈育德，〈神話創造的思維活動〉，劉魁立等編，《神話新論》，上海：上海文藝出版社，1987 年。

15. 林美容，〈由祭祀圈到信仰圈——臺灣民間社會的地域構成與發展〉，張
炎憲編，《第三屆中國海洋發展史研討會論文集》，臺北：中央研究院三
民主義研究所，1988 年。

16. 林富士，〈略論臺灣漢人社群的厲鬼信仰——以臺北縣境內的「有應公」
信仰爲主的初步探討〉，收入李豐楙、朱榮貴主編，《儀式、廟會與社區：
道教、民間信仰與民間文化》，臺北：中央研究院中國文哲研究所籌備
處，1996 年。

17. 吳槐，〈河洛語叢談〉，《臺北文物》7 卷 4 期，臺北：臺北文物雜誌社，
1954 年。

18. 陳鼓應，〈論道與物關係問題：中國哲學史上的一條主線〉，《臺大文史哲
學報》第 62 期，2005 年 5 月。

19. 陳鼓應，〈三玄四典的學脈關繫——論三玄思想的內在聯繫之一〉，收入
《道家易學建構》（增訂版），北京：商務印書館，2010 年。

20. 陶思炎，〈中國宇宙神話略論〉，《東方文化》第 1 集，南京：東南大學出
版社，1987 年。

21. 黃光國，〈從科學哲學的演變論社會心理學本土化的方法論問題〉，《社
會科學的應用與中國現代化研討會論文集》，花蓮：東華大學，1997
年。

22. 黃有興，〈澎湖的法師與乩童〉，《臺灣文獻》38 卷 3 期，1987 年。

23. 潘英海、陳永芳於 1997 年發表〈五行與中國人的心理療法：以萬國道德
會的性理療法爲例〉，楊國樞主編，《文化、心病及治療》，臺北：桂冠圖
書股份有限公司，1997 年。

24. 潘朝陽，〈「中心——四方」空間形式及其宇宙論形式〉，《心靈‧空間‧
環境——人文主義的地理思想》，臺北：五南圖書公司，2005 年。

25. 鄭志明，〈康有爲的宗教觀〉，收於《第二屆近代中國學術研討會論文集》，
臺北：萬卷樓圖書公司，1996 年。

26. 鄭志明，〈《搜神記》的生命觀〉，《第三屆魏晉南北朝文學與思想學術研
討會論文集》，臺北：文津出版社，1997 年。

27. 鄭志明，〈民間信仰「合緣共振」與「含混多義」的思維模式〉，台北：
華梵大學第五次儒佛會通研討會，2001 年。

28. 鄭志明，〈宗教的生命教育形態〉，《文明探索》第 61 卷，臺北：光敏書
局，2010 年。

29. 蕭兵，〈神話是人類與自然鬥爭的原始性幻想故事〉，《民間文學論壇》（北
京），1985 年第 2 期。

30. 蕭兵，〈中國神話裏的世界中心觀——兼論周人「世界中心」之轉移〉，《中
國神話與傳說學術研討會論文集》，臺北：漢學研究中心，1996 年。

31. 瞿海源、姚麗香，〈臺灣地區宗教變遷之探討〉，瞿海源、章英華編，《臺灣社會文化變遷》，臺北：中央研究院民族學研究所，1986 年。

32. 羅正心，〈身體力行：形、氣、神的互動與文化創造〉，《氣的文化研究：文化、氣與傳統醫學》學術研討會論文，臺北：中央研究院民族學研究所，2000 年 10 月。

七、西文部份

1. Gadamer, Truth and method, London: Sheed & World, 1975.

2. Hans Jonas, The Gnostic Religion: The Message of the Alien God & the Beginnings of Christianity, 3rd edn. Boston: Beacon, 1963.

3. Huston Smith . The world's religions : our great wisdom traditions Harper San Francisco, 1958.

4. Huston Smith, The World's Religion, Harper Collins Publisher Inc. U.S.A., 1995.

5. Ken Wilber, The Marriage Of Sense And Soul, U.S.A.: Witherspoon Associates, INC, 1999.

6. Mary Pat Fisher, Religion in the Twenty-first Century, Calmam & kingLtd, U.S.A., 1999.

7. Mircea Eliade, The Sacred and the Profane: The Nature of Religion. Trans. Willard R. Trask. New York: Harper Torchbooks, 1961.

8. No Boundary：Eastern And Western Approaches To Personal Growth，Boston, U.S.A. Shambhala Publications, Ind, 1991.

附圖目錄

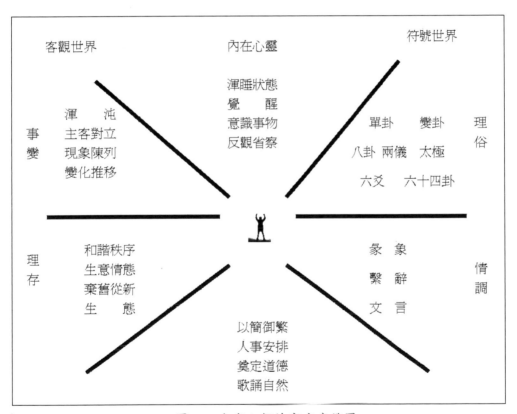

圖一　古代人類的宇宙意識圖

（轉引自金忠烈，《時空與人生》，臺北：華岡出版公司，1970年，頁177。）

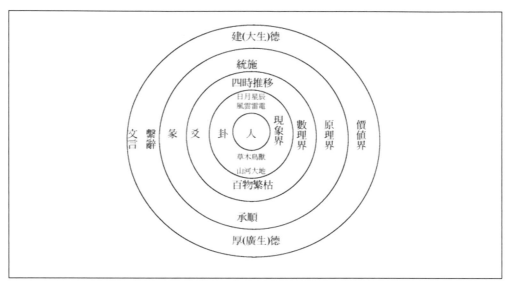

圖二　《周易》的卦、爻辭符號同心圓圖（轉引自金忠烈，《時空與人生》，頁 192）

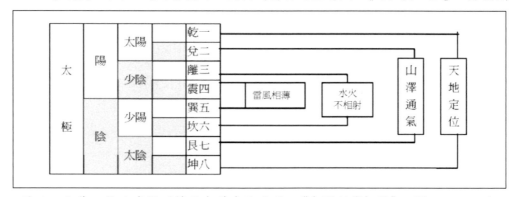

圖三　伏羲八卦次序圖（轉引自曾春海主編，《中國哲學概論》，頁 49～50。）

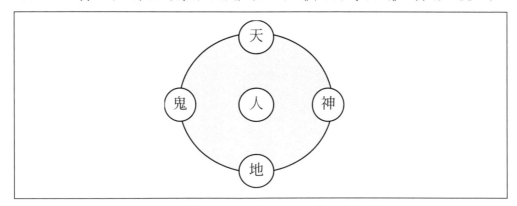

圖四　「天地人鬼神五位一體」宇宙圖

（筆者依鄭志明先生「天地人鬼神五位一體」論述繪製）

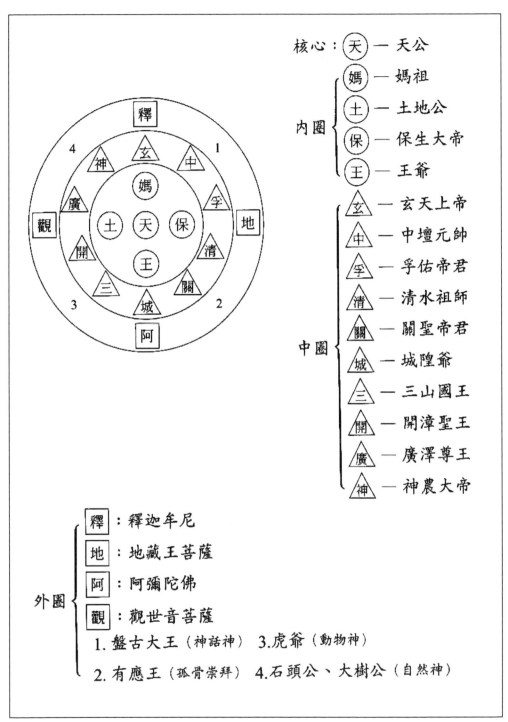

圖五　臺灣民間宗教「信仰核心圖」

（轉引自董芳苑，《臺灣宗教大觀》，臺北：前衛出版社，2008年，頁74。）

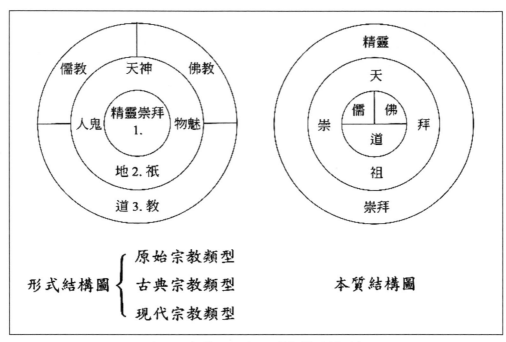

圖六　臺灣民間宗教「本質結構圖」

（轉引自董芳苑，《臺灣宗教大觀》，頁 74。）

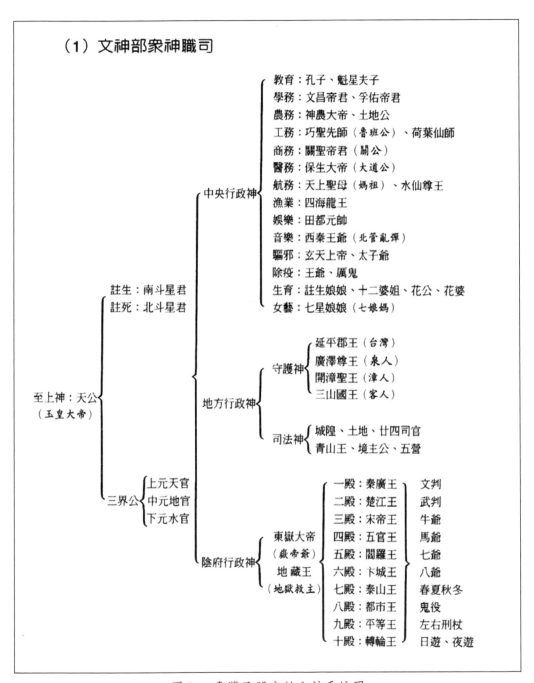

（1）文神部眾神職司

中央行政神
- 教育：孔子、魁星夫子
- 學務：文昌帝君、孚佑帝君
- 農務：神農大帝、土地公
- 工務：巧聖先師（魯班公）、荷葉仙師
- 商務：關聖帝君（關公）
- 醫務：保生大帝（大道公）
- 航務：天上聖母（媽祖）、水仙尊王
- 漁業：四海龍王
- 娛樂：田都元帥
- 音樂：西秦王爺（北管亂彈）
- 驅邪：玄天上帝、太子爺
- 除疫：王爺、厲鬼
- 生育：註生娘娘、十二婆姐、花公、花婆
- 女藝：七星娘娘（七娘媽）

至上神：天公（玉皇大帝）
- 註生：南斗星君
- 註死：北斗星君

地方行政神
- 守護神
  - 延平郡王（台灣）
  - 廣澤尊王（泉人）
  - 開漳聖王（漳人）
  - 三山國王（客人）
- 司法神
  - 城隍、土地、廿四司官
  - 青山王、境主公、五營

三界公
- 上元天官
- 中元地官
- 下元水官

陰府行政神
東嶽大帝（嶽帝爺）
地藏王（地獄教主）
- 一殿：秦廣王　文判
- 二殿：楚江王　武判
- 三殿：宋帝王　牛爺
- 四殿：五官王　馬爺
- 五殿：閻羅王　七爺
- 六殿：卞城王　八爺
- 七殿：泰山王　春夏秋冬
- 八殿：都市王　鬼役
- 九殿：平等王　左右刑杖
- 十殿：轉輪王　日遊、夜遊

圖七　臺灣民間宗教文神系統圖

（轉引董芳苑，《臺灣宗教大觀》，頁 100。）

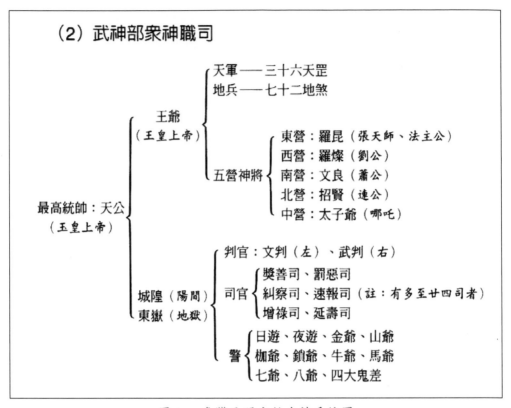

圖八　臺灣民間宗教武神系統圖

（轉引董芳苑，《臺灣宗教大觀》，頁 100。）

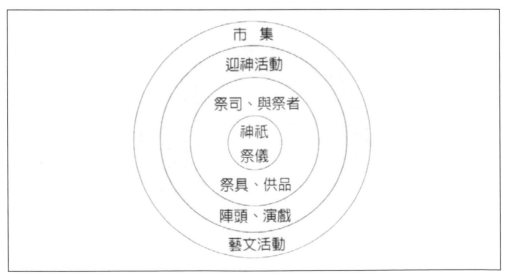

圖九　廟宇祭壇的同心圓圖

（轉引自謝宗榮，《臺灣傳統宗教藝術》，頁 183。）